THROUGHPUT MAX STRATEGY

TOC / LEAN / 6 SIGMA

스루풋 맥스 전략

• 김남영 지음 •

박영사

머리말

스루풋이란 매출을 통하여 기업이 돈을 버는 속도를 의미한다. 따라서 스루풋을 최대화하는 것이 기업의 수익최대화 목표를 달성하는 셈이다. 기업을 여러 활동들이 사슬로 연결된 하나의 '흐름' 시스템이라고 보면 흐름을 원활하게 해야 스루풋이 최대화됨을 쉽게 알 수 있다. 그러므로 흐름을 저해하는 요인이 있다면 그것을 제거하는 것이 최우선의 과제이다.

흐름을 저해하는 요인으로는 제약(혹은 병목), 낭비, 변동성 등 세 가지가 핵심이다. 본서는 이 세 가지 요인들을 제거하거나 완화시키는 데 도움이 되는 도구들의 소개와 함께 명확한 이해를 돕기 위한 내용들로 구성되었다.

제약에 대한 처방전으로 제시되는 도구는 TOC(Theory of Constraints)이다. 제약이론이라고 불리는 이 도구는 시스템적 사고를 강조하는 이론이다. 이 도구의 핵심은 병목이 전체 시스템의 스루풋을 결정하므로 시스템의 운영에 있어서 병목이 일종의 드럼 역할을 하도록 해야 한다는 것이다. 본서에서는 제약이론에서 제시하는 시스템 개선 5단계를 비롯하여 제약이론을 적용한 DBR(Drum-Buffer-Rope) 스케줄링 시스템, Critical Chain 프로젝트관리 기법, 스루풋 회계시스템을 살펴본다.

낭비에 대한 처방전으로 제시되는 도구는 Lean 이다. Lean이라는 개념은 도요타 생산시스템에서 비롯되었다고 보면 된다. 가치는 창출하지 않으면서 자원을 이용하는 모든 활동이 낭비에 포함되는데 과잉생산, 기다림, 불필요한 수송, 과잉공정, 과잉재고, 불필요한 이동, 불량품등이 이에 해당된다. 본서에서는 Lean을 실천하기 위한 다섯 가지 핵심 원칙을 비롯하여 다양한 린 도구들을 살펴본다.

변동성에 대한 처방전으로 제시되는 도구는 6시그마이다. 6시그마는 변동성 감축을 통하여 불량과 사이클타임을 줄이고 고객만족을 증가시켜 경쟁우위를 성취하는 것을 목표로 한다. 본서에서는 6시그마에서 제시하는 DMAIC와 DFSS 라는 프로세스 개선 5단계를 살펴보고 또한 전통적인 TQM과의 차이도 검토한다.

이 책에 대한 평가는 독자의 몫이다. 다만 이 책이 독자의 스루풋 최대화에 도움이 되었으면 하는 희망과 함께 지속적인 개선을 통하여 독자의 스루풋 최대화를 위한 노력을 지속할 것임을 약속드린다. 끝으로 이 책의 발간에 도움을 주신 안종만 회장님 및 편집부 직원 분들을 비롯한 여러분에게 감사드린다.

2015년 6월 연구실에서

저자 김남영

차 례

part 1 스루풋 맥스 전략의 이해

chapter 1 시스템적 사고와 스루풋 맥스 운영원칙

시스템적 사고 3
스루풋 맥스 운영원칙 6

chapter 2 스루풋 맥스 전략의 도구

TOC, Lean, 6 Sigma의 등장 14
TOC, Lean, 6 Sigma의 특성 비교 19
TOC, Lean, 6 Sigma의 융합 22

part 2 TOC와 흐름의 개선

chapter 3 TOC란?

TOC의 원칙 33
시스템 개선을 위한 5단계 프로세스 41
TOC의 장단점 43
The Goal에 대한 이해 44

chapter 4 DBR 시스템

전통적인 DBR 59
S-DBR(Simplified Drum-Buffer-Rope) 64
전통적인 DBR과 S-DBR의 차이점 68
전통적인 시스템과의 비교 69

chapter 5 Critical Chain 프로젝트 관리

Critical Chain 프로젝트 관리 81
전통적인 프로젝트관리 기법(PERT/CPM 기법) 87
부록 해 찾기 사용법 102

chapter 6 TOC 재고관리

Goldratt의 저서 Isn't It Obvious?에 대한 이해 112
TOC 공급사슬관리 117
전통적인 재고관리 120

part 3 Lean과 낭비요소의 제거

chapter 7 Lean이란?

린의 기본 원칙 135
린과 TOC 141

chapter 8 Lean과 도요타 생산시스템

TPS 147
JIT, 칸반, 도요타 생산시스템의 관계 148
도요타 생산시스템에 적용되는 네 가지의 개념 148
개념의 실천을 위한 시스템과 방법 149
TPS의 실천 도구 150

chapter 9 Lean 공급사슬관리

SCM의 개념 159
린 공급사슬관리의 개념 및 역할 161
경쟁력 있는 공급사슬의 디자인 166
전략적 제휴 171
구매통합전략 175
공급사슬의 원활한 흐름을 위한 생산전략 176
배송 및 유통 네트워크 디자인 184
역공급사슬 189

chapter 10 Lean 도구

5S 195
셀룰러 설비배치 201
한 단위 흐름 203
사이클타임과 최소작업자수의 결정 204
혼합모델 스케줄링과 배치크기 축소 204
표준작업 205
지속적인 개선 206
칸반과 풀 시스템 211
라인균형화 215
실수방지(포카요케) 216
탁트타임 217
전사적 생산보전 220
흐름도 221
낭비요소 제거 222

part 4 6 Sigma와 변동성의 감축

chapter 11 6 Sigma란?

6시그마의 기초 235
DMAIC 5단계 접근법 240
6시그마 단계별 유용한 도구 244

chapter 12 관리도와 공정능력

통계적 프로세스관리의 기초 249
관리도의 효과적인 사용 256
프로세스 능력의 계산 267

chapter 13 DFSS

DFSS의 필요성 272
DFSS 방식 273
DFSS 단계별 유용한 도구 279

DMAIC와 DFSS의 차이점 288

chapter 14 6 Sigma와 TQM의 비교

TQM이란? 291
TQM의 특성 293
TQM의 기원 및 진화 298
TQM의 효과 299
TQM의 실천 299
TQM과 ISO 9000과의 관계 305
TQM과 6시그마의 비교 306

찾아보기

국문 310
영문 319

part
1

스루풋 맥스 전략의 이해

스루풋이란 시스템을 거쳐 처리되는 양을 말하며 혹은 매출을 통하여 기업이 돈을 버는 속도를 의미하기도 한다. 기업을 여러 활동이 연결된 하나의 '흐름(flow)' 시스템이라고 보면 흐름에 문제가 생긴다는 것은 스루풋에 차질이 생긴다는 것을 의미하고 이로 인하여 목표를 달성하지 못하는 상황이 초래된다. 흐름에 문제가 생기는 혹은 스루풋에 차질이 생기는 이유는 여러 가지가 있을 수 있으나 다음 세 가지가 핵심적인 요인으로 고려된다.

1. 제약(혹은 병목)
2. 낭비
3. 변동성

따라서 스루풋을 최대화하려면 이러한 문제점들의 개선에 초점을 맞추어야 한다. 전통적으로 기업들은 수익성 개선을 위해서 '비용 최소화'에 초점을 맞추는 경향이 많았으나 이제는 비용 최소화를 통한 수익성 개선에는 한계가 있음을 인식하고 있다. 본서에서는 비용 최소화와 더불어 수익성 개선을 위한 대안들에 대해서 고민을 해보고 이러한 고민에 대한 답을 제시하고자 한다.

스루풋을 최대화하기 위해서는 시스템적 사고를 가지는 것이 중요하다. 1장에서는 기업 운영 차원에서 시스템적 사고를 이해하기 위해서 비용, 생산능력, 재고, 프로세스 개선, 낭비 등의 측면에서 그 의미를 알아본다. 그리고 스루풋 최대화를 위한 실천적인 운영전략의 원칙에 대해서 살펴본다.

2장에서는 스루풋 맥스 전략의 도구 혹은 철학으로서 제약이론(TOC: Theory of Constraints), 린(Lean), 6 시그마(6 Sigma)에 대해서 간략히 살펴본다. 세 가지 도구에 대한 이해와 함께 차이점과 유사점을 알아보고 기업에 어떻게 적절히 적용할지에 대해서 살펴본다. 이러한 도구들은 스루풋에 차질이 발생하는 원인에 대한 일종의 처방전이라고 할 수 있다. 즉, TOC, Lean, 6 Sigma는 각각 제약, 낭비, 변동성으로 인한 스루풋 차질을 예방하거나 치유하는 데 도움이 된다. 이 개념들에 대한 상세한 설명은 2부, 3부, 4부에서 다룬다.

chapter 1

시스템적 사고와 스루풋 맥스 운영원칙

여러 개의 고리가 연결된 체인을 생각해보자. 만일 연결고리 중의 하나가 문제가 생기게 되면 체인 전체의 강도에 영향을 미치게 된다. 반대로 특정 연결고리만 강화된다고 해서 체인 전체가 강화되는 것은 아니다. 기업이나 조직의 활동들도 하나의 연결된 체인과 같아서 개별 활동 중의 하나에 문제가 생기면 조직 전체의 성과에 영향을 미치게 되고 반대로 특정 활동이 강화되더라도 조직 전체에 미치는 효과는 미미할 수 있다. 따라서 하나의 체인이나 조직이 제대로 작동하기 위해서는 부분적인 시각이 아닌 글로벌 시각 혹은 시스템적 사고를 가지는 것이 중요하다. 본 장에서는 이러한 시스템적 사고를 기업의 운영과 관련하여 살펴보고 시스템적 사고를 제대로 실천하기 위해 적용해야 할 원칙을 살펴보기로 한다.

시스템적 사고

스루풋은 Goldratt과 Cox(1992)에서 제시된 제약이론(TOC: Theory of Constraints)에서 등장하는 용어이다. TOC에서 스루풋은 매출을 통하여 기업이 돈을 버는 속도를 의미한다. 이러한 스루풋의 최대화를 위해서는 시스템적 사고를 가지는 것이 중요하다. 기업의 운영과 관련하여 시스템적 사고를 설명하기로 한다.

비용과 시스템적 사고

일반적으로 기업에서는 비용 감축을 통하여 수익을 최대화하려고 한다.

따라서 비용 증가를 수반하는 직원의 충원이나 새로운 설비의 도입 등을 극도로 꺼리게 된다. 그러나 이러한 경향은 시스템적 사고와는 거리가 멀다고 할 수 있다. 시스템적 사고는 새로운 사람이나 설비의 추가를 통하여 스루풋에 어떠한 영향을 미치는지를 검토하고, 만일 추가로 투입되는 비용보다 스루풋의 증가로 인한 혜택이 크다면 비용의 지출은 긍정적으로 고려된다. 물론 이때 스루풋의 증대가 지속가능한지에 대한 검토는 필요하다.

생산능력과 시스템적 사고

생산시스템의 효율성을 최대화하기 위해서는 '생산능력의 균형화'를 추구하는 것이 일반적이다. 이러한 생산능력의 균형화를 위해서는 현재의 시장수요를 고려하여 탁트타임(takt time)을 계산하고 단계별 생산능력을 탁트타임과 일치시킨다(탁트타임이란 가용시간을 시장수요로 나눈 값인데 수요를 충족시키기 위해서 요구되는 단위당 생산시간을 말한다. 상세한 설명은 10장 참조). 생산능력의 균형화를 추구할 때에 탁트타임을 고려한 생산능력을 초과하는 생산능력은 Womack과 Jones(2003)가 말하는 낭비에 해당되므로 제거의 대상이 된다. 그러나 이렇게 생산능력의 균형화를 지향하는 것은 시스템적 사고와는 거리가 있다고 할 수 있다. 그 이유는 생산시스템에서는 변동성이 항상 존재하기 마련이므로 여유생산능력 없이 운영하게 되면 시스템에 변동이 발생할 경우에 대처하는 능력이 떨어지기 때문이다. 따라서 시스템적 사고에서는 변동성에 대비한 여유생산능력을 갖는 것을 추천한다.

재고와 시스템적 사고

재고는 긍정적인 측면과 부정적인 측면이 공존한다. 긍정적인 측면이란 수요와 공급의 조정 역할을 한다는 것이고 부정적인 측면이란 비용이 발생한다는 것이다. 만일 재고의 부정적인 측면만을 강조하여 제거하려고 한다면 이는 시스템적 사고와 거리가 멀다고 할 수 있다. 시스템에는 변동성이 존재하기 마련이고 이러한 변동성에 대비하기 위해서는 재고가 필요하다. 예를 들어, 수요가 갑자기 증가할 것에 대비하기 위해서는 완성품 재고가 필요하며, 또한 일거리가 없어 아까운 병목자원을 놀리는 것을 막기 위해서는 병목자원 앞에 공정중재고를 유지할 필요가 있다. 이렇게 변동성에 대비하기 위해 보유하는 재고나 혹은 시간 등을 버퍼라고 하는데 이러한 버퍼관리가 4장에서 다룰 DBR 시스템의 핵심이다.

프로세스 개선과 시스템적 사고

시스템을 개선할 때에 시스템을 구성하는 개별 프로세스들의 능력 차이를 고려하지 않고 모든 개별 프로세스를 동시에 개선하는 것이 일반적이다. 그러나 비록 모든 개별적인 프로세스의 개선이 가치는 있겠지만 시스템 전체에 미치는 영향은 다를 수 있으며 이를 고려하지 않고 개선을 할 경우에 그 효과가 미미할 수 있다는 것이 문제이다. 예를 들어, 특정 개별 프로세스가 시스템에서 제약으로 작용하고 있을 경우에 그 프로세스가 아닌 다른 프로세스를 개선한다고 해서 시스템 전체의 스루풋이 증가하지는 않는다. 이것을 설명하는 데 종종 '체인원리'가 이용된다. 체인은 여러 연결고리로 구성되는데, 특정 연결고리가 약할 경우에 다른 강한 연결고리를 아무리 더 강하게 하더라도 결국 체인의 강도는 약한 연결고리에 의해서 결정이 된다. 따라서 개별 프로세스 중에서 가장 문제가 있는 것을 우선적으로 개선을 하면 시스템 전체의 스루풋이 증가한다고 보는 시각이 시스템적 사고이다.

낭비와 시스템적 사고

낭비는 무조건 제거하는 것이 좋다고 생각하는 것은 시스템적 사고와는 거리가 멀다고 할 수 있다. 낭비도 우선순위를 정하여 제거되어야 하며 낭비 제거에 대한 평가는 시스템 전체적으로 미치는 영향을 분석하여 이루어져야 한다. 그 이유는 낭비의 제거가 분명히 운영비용이나 재고비용의 감축에는 도움이 되겠지만 스루풋을 오히려 감축시킬 수 있는 가능성도 있기 때문이다. 예를 들어, 변동성에 대비한 여유생산능력이나 재고 등을 제거하면 당장 비용 감축에는 도움이 되겠으나 변동이 발생할 경우에 스루풋에 악영향을 미치게 된다.

위에서 본 바와 같이 몇 가지 예를 통하여 시스템적 사고의 의미에 대하여 살펴보았다. 기업의 의사결정은 시스템적 사고를 바탕으로 이루어져야 하며 이는 곧 스루풋을 최대화하는 방향이 된다. 그러면 좀 더 구체적으로 시스템적 사고를 실천하기 위해서는 어떻게 해야 하는지에 대해서 살펴보기로 한다.

스루풋 맥스 운영원칙

시스템적 사고에 바탕을 두고 스루풋을 최대화하기 위한 운영 원칙으로 다음이 유용하다.

'로컬 최적화의 합 = 글로벌 최적화'라는 공식이 항상 옳은 것은 아니다

전통적으로 크기가 크고 복잡한 시스템을 관리하기 위하여 시스템을 여러 개의 하부시스템으로 분리하고, 개별 하부시스템별로 최대한 효율적으로 운영하도록 노력을 기울이게 된다. 그러나 모든 하부시스템의 성과가 향상되더라도 시스템 전체의 성과가 반드시 향상되는 것은 아니다. 따라서 하부시스템 성과의 개선은 전체시스템에 미치는 영향에 따라서 평가되어야 한다. 이는 Goldratt과 Cox의 저서인 '더 골(*The Goal*)'의 교훈이기도 하다. 즉 부분적인 최적화는 전체적인 목표달성에 해가 될 수도 있다는 것이다. 예를 들어, 특정 공정에서 로봇을 도입하여 그 공정의 생산성을 높였다고 할 경우에 후속공정에서 그에 합당하는 생산능력이 없다면 공정중재고만 쌓여갈 것이다.

고객에게 가치를 창출하는 프로세스의 확보에 초점을 맞추고 프로세스의 낭비요소를 제거하라

Womack과 Jones(2003)는 린의 원칙으로 가치에 대한 정의의 명확화와 가치흐름의 확인을 제안한다. 잘못된 제품이나 서비스를 제공하는 것은 일종의 낭비이므로 고객이 진정으로 원하는 것이 무엇인지를 파악하여 가치에 대한 정의를 명확히 해야 한다. 또한 가치흐름, 즉 가치를 창출하는 활동들을 확인하는 과정에서 낭비 요인들을 확인하고 제거하여야 한다. 고객 가치를 이해한다는 것은 자신의 제품이 고객의 구매대상으로 고려되고 궁극적으로 고객이 자신의 제품을 구매하도록 하기 위하여 제품이 갖추어야 할 속성을 확인하는 것이다. 이러한 속성은 세분화된 고객 집단에 따라 다르며 프로세스의 디자인도 집단별로 맞는 전략이 필요하다. 예를 들어, 프로세스의 대응시간이 고객이 기다릴 수 있는 시간보다 길 경우에는 주문생산방식보다는 비축생산방식을 채택하는 것이 바람직하다. 일단 프로세스가 확보되면 그러한 프로세스를 구성하는 활동들의 분석을 통하여 가치창출에 기여하지 않는 활동은 제거되어야 한다.

수요의 변동을 재고가 아닌 여유능력으로 완충하라

이는 8장에서 다룰 도요타 생산시스템의 핵심인 풀(pull) 시스템의 원칙이기도 하다. 풀 시스템에서는 수요에 대비하여 미리 생산하여 재고를 보유하는 것이 아니라 수요가 발생하면 그때 그 수요를 충족시키는 것이 원칙이다. 풀 시스템이 아닌 경우에 일반적으로 수요의 변동에 대처하는 방법은 대량의 완성품 재고를 보유하는 것이다. 완성품 재고를 보유한다는 것은 재고비용이 높아진다는 문제가 있다. 따라서 수요의 변동에 대처하기 위해서는 프로세스의 유연성을 확보하는 것이 바람직하며, 이러한 유연성 확보를 위해서 여유능력을 가지는 것이 좋다는 것이다.

계획을 세울 때에는 수요예측을 이용하고, 실행을 할 때에는 풀(pull) 시스템을 이용하라

Womack과 Jones(2003)는 린의 원칙의 하나로 풀(pull)을 제안한다. 푸쉬(push) 시스템은 수요예측을 바탕으로 생산 일정이 수립되고 완성품재고를 보유하여 수요변동에 대처하는 형태이다. 반면에 풀 시스템에서는 수요 신호가 있을 때까지 생산에 자원이 투여되지 않는다. 풀 시스템에서는 재고가 아닌 여유능력으로 수요의 변동에 대처하게 되므로 푸쉬 시스템에 비하여 재고수준이 낮다는 장점이 있다. 수요예측은 고객의 수요를 예측하여 생산계획을 수립하는 데 이용하고, 생산은 수요예측이 아닌 실제 수요 발생에 따라 이루어지는 것이 바람직하다는 것이다.

프로세스의 구성원들과 전략적인 파트너십 관계를 구축하라

JIT(just in time)와 같은 풀 시스템이 제대로 작동하기 위해서는 협력업체들과의 파트너십 관계를 구축하는 것이 중요하다. 시스템의 구성원들과 효과적인 파트너십 관계를 가지는 것은 프로세스 전체적으로 비용을 감축하는 데 도움이 된다. 이러한 파트너십을 구축하는 데에는 시스템적 사고를 가지는 것이 중요한데, 예를 들어, 다른 개체의 비용도 자신의 비용이라는 사고를 가져야 한다. 따라서 재고비용을 줄이기 위하여 생산에 투여되기 전에는 재고의 소유권을 자재 공급자가 가지게 한다든지 혹은 가격할인을 강요한다든지 하는 것은 바람직하지 않다. 이러한 행위에 대한 대가는 결국 자신에게 부정적으로 작용하게 되기 때문이다. 예를 들어, 자재 공급자에게 가격할인을 강요하게 되면 살아남기 위해 비정상적인 길을 택하게 되고, 그래도 상황이 악화되면 종국에는 파산을 하는 지경에까지 이르게 된다. 그러므로 중요한 것은 다른 개체들과의 협력을 통하여 프로세스 전체적으로 비용을 절감하는 목표를 가지고 임해야 한다.

지속적인 개선이 이루어져야 한다

Womack과 Jones(2003)는 린의 원칙으로 완벽성(perfection)을 주장한다. 이것이 의미하는 바는 낭비요소를 제거하거나 가치창출을 하는 데 있어서 더 좋은 방법을 찾는 프로세스는 끊임없이 지속되어야 한다는 것이다. 이러한 지속적인 개선은 점진적으로 이루어지기도 하지만 급진적으로 이루어지기도 한다. 점진적인 개선은 개선(일본말: 카이젠 kaizen)을 통하여 이루어지며 급진적인 개선은 개혁(일본말: 카이카쿠 kaikaku)을 통해 이루어진다. 이러한 지속적인 개선은 도요타 생산시스템의 핵심이기도 하다.

프로세스 지향의 성과측정 항목을 구성하라

전통적인 기능 지향적 기업은 경직된 계층적 구조를 가지게 되므로 고객 수요의 변화에 대응적이지 못하고 프로세스나 기술변화에 대한 적응속도도 느리다. 반면에 프로세스 지향적인 기업은 고객에게 제품을 제공하는 프로세스에 초점을 맞추고, 이러한 프로세스를 제품의 원활한 흐름을 촉진하는 주요 요인으로 고려하고 있다. 기업이 프로세스 지향성을 촉진하기 위해서는 프로세스 지향성을 촉진하는 평가 측정치를 개발하는 것이 중요하다. 이때 이용될 수 있는 것이 BSC(balanced scorecard) 접근법인데, 재무, 고객, 기업 내부프로세스, 혁신과 학습 등 네 가지 측면에서 성과 측정치를 개발하는 것이다.

비용감축보다는 스루풋 증대에 우선적으로 초점이 맞추어져야 한다.

스루풋을 최우선해야 한다는 것은 Goldratt과 Cox(1992)이 '더 골'에서 주장한 내용이다. 돈을 버는 목표를 달성하기 위해서는 스루풋을 증가시키고, 재고와 운영비용을 감축하면 된다. 그런데 재고와 운영비의 감축을 통한 수익 증대의 기회는 제한적이며, 스루풋 증대를 통한 수익증대의 기회는 상대적으로 제한이 없다고 볼 수 있다. 따라서 스루풋의 향상이 가장 중요하다고 볼 수 있다. 예를 들어, 세 개의 프로세스로 구성된 시스템이 있다고 하고, 세 개의 프로세스 중에서 하나가 병목이라고 하자. 그러면 병목이 아닌 다른 두 프로세스에서는 생산능력이 남게 된다. 만일 이러한 여유 생산능력이 감축될 경우에 비용이 감축되므로 단기적으로 수익이 증대될지는 모르나 장기적으로는 스루풋 증대의 기회를 없애는 셈이 된다.

병목자원에 초점을 맞추고 비병목자원은 병목자원의 흐름과 맞추도록 한다

이는 2부에서 다룰 제약이론의 핵심이며 제약이론에서 제시하는 시스템 개선을 위한 5단계 프로세스 중의 하나이기도 하다. 프로세스가 상호 종속적인 시스템에서는 적어도 하나의 제약조건이 있어 이것이 시스템의 성과를 제한하게 된다. 즉 기업의 수익 잠재성은 기업의 가장 약한 연결고리나 제약조건에 의하여 제한받게 되는데, 제한적인 자원으로 인한 손실은 기업의 수익 감소를 초래하므로 수익을 얻는 데 장애가 되는 제약조건을 강화하는 데 초점을 맞추어야 한다. 따라서 병목자원을 최대한 효과적으로 이용하는 방법을 찾고 이후에 추가적인 자원을 획득하는 데 노력을 기울여야 한다. 중요한 것은 먼저 병목자원에 대한 계획을 수립하고 이러한 계획을 토대로 하여 하부계획으로서 다른 모든 비병목 자원들에 대한 계획이 세워져야 한다.

생산능력 균형화보다는 흐름 동기화에 초점을 맞추어라

변동성은 리드타임을 증가시키고, 공정중재고나 완성품 재고를 증가시키며 흐름을 방해한다. 변동성이 존재하는 상황에서 생산능력의 균형화나 설비 및 인적자원의 이용률을 최대화하는 데 초점을 맞추는 것은 변동성으로 인한 문제를 해결하는 데 도움이 되지 못한다. 따라서 제품이 원활하고 신속하게 생산되도록 흐름을 동기화하는 데 초점을 맞추는 것이 바람직하다. 흐름의 동기화란 시스템에서 가장 약한 연결고리인 병목의 능력과 시장수요를 맞추는 것인데, 이는 제약이론에서 강조되는 개념이다.

시스템에서의 변동을 감소시켜라

배치크기가 크면 채찍효과로 인하여 프로세스에서의 변동성을 증가시키고 흐름을 방해한다(채찍효과란 여러 단계를 거치면서 변동성이 확대되는 현상을 말한다. 채찍효과에 대한 상세한 내용은 9장 참조). 따라서 배치크기를 줄이는 것이 중요하다. 배치크기의 축소와 함께 변동성을 줄이는 방법으로 풀 시스템을 통하여 흐름을 통제하는 방법이 있다. 풀 시스템은 푸쉬 시스템과 달리 수요를 예측하여 미리 생산을 하는 것이 아니라, 시장에서 수요가 있을 경우 그 수요만큼만 생산을 하게 되므로 수요와 공급의 불일치 등의 변동성으로 인한 재고문제 등이 없어진다는 장점이 있다. 변동성의 감소는 Womack과 Jones(2003)가 린의 원칙으로 제안한 '흐름(flow)'을 실천하는 데 핵심이 된다. '흐름'은 가치창출 활동이 연속적이어야 함을 의미한다. 따라서 배치크기가 크면 기다림이 발생하여 흐름의 연속성에 방해가 되므로 배치크기를 줄여 흐름을 원활하게 해야 한다는 것이다.

참고문헌

Goldratt, E.M. and J. Cox (1992), *The Goal: A Process of Ongoing Improvement*, MA: North River Press Publishing Company.

Hayes R.H. and S.C. Wheelwright (1984), *Restoring Our Competitive Edge: Competing Through Manufacturing*, New York: John Wiley & Sons.

Kaplan R.S. and D.P. Norton (1992), "The Balanced Scorecard: Measures that Drive Performance", *Harvard Business Review*, January–February, Vol.70, pp. 71–79.

Kaplan, R.S. (1984), "Yesterday's Accounting Undermines Production", *Harvard Business Review*, July–August, pp. 95–101.

Miller, A. (1998), *Strategic Management*, MA: Irwin McGraw Hill.

Moore, J.F. (1996), *The Death of Competition: Leadership and Strategy in the Age of Business Ecosystems*, New York: Harper Business.

Moore, R. and L. Scheinkopf (1998), "Theory of Constraints and Lean Manufacturing: Frends or Foes?", Chesapeake Consulting, Inc.

Noreen, E., D. Smith, and J.T. Macky (1995), *The Theory of Constraints and its Implications for Management Accounting*, MA: North River Press.

Ohno, T. (1988), *Toyota Production System: Beyond Large–Scale Production*, MA: Productivity Press.

Porter, M.E. (1996), "What is Strategy?", *Harvard Business Review*, November–December, Vol.74, pp. 61–78.

Rother, M. and R. Harris (2001), *Creating Continuous Flow*, MA: Lean Enterprise Institute, Inc.

Skinner, W. (1969), "Manufacturing–Missing Link in Corporate Strategy", *Harvard Business Review*, May–June, Vol.47. pp. 136–145.

Srinivasan, M.M. (2004), *Streamlined: 14 Principles for Building & Managing the Lean Supply Management*, Ohio: Thomson.

Stalk, G. Jr. (1988), "Time–The Next Source of Competitive Advantage" *Harvard Business Review*, July–August, Vol.66, pp. 41–51.

Womack, J.P. and D.T. Jones (2002), *Seeing the Whole: Mapping the Extended Value Stream*, MA: Lean Enterprise Institute, Inc.

Womack, J.P. and D.T. Jones (2003), *Lean Thinking*, New York: Free Press.

Womack, J.P., D.T. Jones, and D. Roos (1991), *The Machine That Changed the World*, New York: Harper Collins.

chapter
2

스루풋 맥스 전략의 도구

앞에서 언급을 했듯이 스루풋 최대화의 최대 장애요인은 제약, 낭비, 변동성이다. 이러한 장애요인을 제거하기 위한 도구로서 TOC, Lean, 6 Sigma가 있다. 도구라는 용어를 사용하기는 했지만 이 세 가지는 일종의 경영철학 혹은 시스템이라고 보아도 된다. TOC는 시스템 제약을 개선하는 데 도움이 되는 도구이며, Lean은 낭비요소를 제거하는 데 도움이 되고 6 Sigma는 변동성을 제거하는 데 도움이 된다. 상식적으로 이 세 가지 도구의 장점만을 모아 적용하면 최선일 것이다. 하지만 TOC와 Lean은 근본적인 차이점이 있으므로 적용에 있어서 주의가 요구된다. 본 장에서는 이 세 가지 도구의 기초적인 개념, 유사점과 차이점 그리고 융합 가능성에 대해서 살펴보기로 한다.

TOC, Lean, 6 Sigma의 등장

기업의 운영관리(operations management)는 몇 번의 획기적인 패러다임의 변화를 거쳐 발전을 해왔다고 보는 것이 타당할 것이다. 패러다임의 변화란 변화의 본질이 너무나 근본적이어서 과거의 운영방식이나 경쟁방식이 더 이상 적용될 수 없는 경우를 말한다. 이견은 있을 수 있으나 20세기의 패러다임의 변화로 가장 먼저 손꼽을 수 있는 것은 아마 대량생산시스템일 것이다.

20세기 초반의 포드 자동차의 대량생산시스템으로 인하여 생산비용의 감소, 조립라인의 등장, 부품의 교환성, 분업과 반복 작업, 품질의 균일성, 대량소비 등 다양한 변화를 경험하였다. 헨리 포드가 찾고 있었던 것은 자동차를 대량으로 값싸게 제작하기 위한 간단하면서도 효율적인 해결책이었다. 하지만 대량생산시스템은 점차적으로 고비용의 유연하지 않은 시스템이 되어갔다고 볼 수 있다. 따라서 이를 대체하거나 보완할 수 있는 시스템에 대한 필요성이 대두되었다.

20세기 후반에 세 가지 중요한 도구 혹은 경영철학이 등장하였는데 제약이론(TOC: Theory of Constraints), 린(Lean), 그리고 6시그마(6 Sigma)가 이에 해당된다. 1990년 초에 사용하기 시작한 Lean이라는 용어는 1970년대에 등장한 도요타 생산시스템(TPS: Toyota Production System)에서 비롯되었다고 보면 된다. 이 세 가지 도구는 개별적으로도 충분히 그 가치가 있지만 잘 결합을 하면 시너지 효과를 얻을 수 있다고 본다. 개별적인 시스템에 대한 상세한 설명과 분석은 뒤로 미루고 여기서는 간략히 살펴보기로 한다.

TOC

제약이론(TOC: Theory of Constraints)은 1980년대에 Goldratt이 제안한 이론이다. 그는 시스템을 체인처럼 상호 종속관계에 있는 연결고리로 보고 있다. 즉 각각의 연결고리는 강도에 차이가 있고 체인 전체의 강도는 연결고리 중에서 가장 약한 연결고리의 강도에 따라 결정됨과 같이 어떤 시스템의 흐름은 그 시스템에서 가장 작은 능력을 가진 구성요소에 의해 제약이 된다는 것이다. 즉 시스템의 스루풋은 가장 작은 생산능력을 가진 제약자원에 의해 결정된다는 것이다. 만일 모든 단계의 생산능력이 충분할 경우에는 시장수요가 제약으로 작용할 수도 있다.

체인의 가장 약한 연결고리를 강화시키면 체인 전체의 강도가 증가하듯이 제약 자원을 개선하면 시스템 전체의 성과가 향상된다. 반면에 제약자원은 그대로 두고 제약이 아닌 것을 개선할 경우에는 시스템의 성과 향상에는 도움이 되지 않는다. 예를 들어, 생산능력은 충분한데 시장수요가 충분치 않다고 한다면 시장수요가 늘어야 수입이 증가할 것이다. 반대로 시장수요에는 변동이 없고 생산의 효율성만 높인다고 하면 수입의 증대에는 전혀 도움이 되지 않을 것이다.

제약이라는 것은 영원히 없어지는 것이 아니라 하나가 없어지면 다른 것이 제약으로 등장하게 된다. 예를 들어, 시장수요가 제약으로 작용하다가 수요가 증가한다고 하자. 그러면 시장수요는 더 이상 제약으로 작용하지 않게 되지만 이제는 생산프로세스에서 가장 생산능력이 떨어지는 공정이 제약으로 등장하게 된다.

TOC에서 제안하는 시스템 개선의 5단계는 다음과 같다.

단계 1 시스템의 제약을 확인한다.

단계 2 시스템의 제약을 최대로 이용할 방법을 찾는다.

단계 3 비제약 자원의 이용계획은 **단계 2** 에서의 결정에 종속시킨다.

단계 4 시스템의 제약을 향상시킨다.

단계 5 **단계 1** 로 돌아간다.

Goldratt은 시스템의 관리를 위해 TOC에 기반을 둔 세 가지 도구를 개발했다.

- **DBR(Drum-Buffer-Rope)시스템**: 생산스케줄링에 이용됨
- **Critical Chain**: 프로젝트관리에 이용됨
- **스루풋 회계시스템**: 의사결정에 이용됨

이러한 도구에 대한 세부적인 내용은 2부에서 다루어진다.

Lean

린(Lean)이라는 용어가 쓰이기 시작한 것은 1990년대 초이며 이 개념은 도요타 생산시스템을 말하는 것으로 생각하면 된다. 린의 핵심은 낭비요소의 제거이다. 낭비요소를 일본말로 muda라고 하는데 가치는 창출하지 않으면서 자원을 이용하는 모든 인간 활동이 이에 해당된다. 예를 들어, 다음과 같은 것이 낭비요소에 포함된다.

- **과잉생산**: 고객의 요구 이상으로 생산을 많이 하는 경우이다. 주로 수요예측에 따라 생산하거나 배치생산의 경우에 발생한다.
- **기다림**: 선행공정의 지연으로 인한 후속공정의 기다림과 같이 전혀 가치창출에 도움이 되지 않는다.
- **불필요한 수송**: 부품의 불필요한 이동이 이에 해당된다.
- **과잉공정**: 고객에게 가치를 창출하지 않는 공정을 거치는 경우에 발생한다.
- **과잉재고**: 자재, 공정중재고, 완성품을 필요수준 이상으로 보유하는 경우이다.
- **불필요한 이동**: 불필요하게 작업자가 움직이는 경우를 말하며 작업장의 배치 문제 등으로 인하여 발생한다.
- **불량품**: 불량품으로 인하여 폐기 혹은 재작업 등의 손실이 발생하며 프로세스와 설비 등에서의 문제로 인하여 발생한다.

Womack과 Jones(2003)는 다음과 같이 린의 다섯 가지 원칙을 제시한다.

원칙 1 특정 제품이나 서비스가 제공하는 가치를 명확하게 한다.

원칙 2 각 제품이나 서비스에 대한 가치흐름을 확인한다.

원칙 3 가치흐름을 연속적으로 한다.

원칙 4 풀 시스템을 지향한다.

원칙 5 완벽성을 추구한다.

위의 다섯 가지 원칙이 의미하는 바는 다음과 같다. 가치는 고객이 정의하는 것이다. 따라서 고객에게 가치가 없는 것을 제공하는 것은 낭비가 된다. 가치는 제품이나 서비스의 형태로 고객에게 제공이 되는데 고객에게 중요한 제품특성을 창출하는 데 기여하는 단계, 즉 제품 디자인부터 생산까지의 모든 단계들이 가치흐름을 구성한다. 이러한 가치흐름을 확인하는 과정에서 가치를 창출하는 활동과 창출하지 않는 활동이 확인되고 가치를 창출하지 않는 것은 제거 대상이 된다. 고객에게 가치를 제공하기 위해 수행하는 작업들이 신속하고 원활하게 되도록 흐름의 스피드와 일관성을 확보하는 것이 중요하다. 이를 위해서는 가치창출 활동이 연속적이 되도록 해야 한다. 그리고 낭비요소 중의 하나인 공정중재고와 완성품 재고를 줄이기 위해서는 수요에 의하여 시스템이 작동되는 풀 시스템을 갖추는 것이 중요하다. 마지막으로 낭비요소를 제거하기 위한 노력은 한 번으로 끝나는 것이 아니라 지속되어야 한다. 낭비요소 제거를 위한 여러 가지 린 도구들은 3부에서 소개한다.

6 Sigma

6시그마는 1980년대 말에 모토로라에서 탄생한 것으로 제품이나 프로세스에서의 변동성을 감축하여 불량과 사이클타임을 줄이고 스루풋과 고객만족을 증가시켜 경쟁우위를 성취하는 것을 목표로 한다. 6시그마는 100만개 중에서 3.4개의 불량이 발생하는 수준을 의미한다. 불량의 감소는 고객만족의 증가 및 저품질로 인하여 발생하는 비용의 감소, 생산능력의 증가로 이어져서 결국 수익의 증대로 나타난다.

6시그마에서는 프로세스의 개선에 다음과 같은 5단계 프로세스인 DMAIC가 이용된다.

단계 1 Define(정의)

단계 2 Measure(측정)

단계 3 Analyze(분석)

단계 4 Improve(개선)

단계 5 Control(관리)

위의 5단계의 내용은 다음과 같다.

정의 단계에서는 개선이 필요한 문제가 정의되고 개선 프로젝트의 범위가 정해진다. 그리고 프로젝트팀이 구성되고 품질특성(CTQ: critical to quality)이 정의가 된다. 측정단계에서는 무엇을 측정할 것인지와 자료수집계획이 수립되고 현재의 시그마수준이 측정된다. 분석단계에서는 데이터 분석을 통하여 불량의 원인을 밝힌다. 개선단계에서는 프로세스의 변동성을 감소시킬 해결책을 개발하고 실행한다. 관리단계에서는 모니터링을 통하여 개선된 프로세스가 유지되도록 한다.

DMAIC 프로세스의 핵심 목표는 프로세스 개선이다. 만일 최적화된 프로세스가 예상에 못 미치는 경우에는 새로운 디자인이 필요하게 된다. 이때 이용되는 것이 DFSS(Design For Six Sigma)이며 DMAIC 대신에 DMADV(Define–Measure–Analyze–Design–Verify)단계가 이용된다. 6시그마에 대한 세부적인 내용은 4부에서 다루어진다.

TOC, Lean, 6 Sigma의 특성 비교

세 가지 도구가 개선을 위한 접근법에서는 차이가 있을지라도 공통적인 목표는 프로세스의 개선을 통한 경쟁우위를 확보하는 것이라고 할 수가 있다. 이러한 방식들을 유용하게 이용하기 위해서는 유사점과 차이점을 분명하게 구분할 필요가 있으며 이를 통하여 어떤 상황에서 어느 방식이 유리한지를 확인하고 가능하면 세 가지 방식의 장점을 융합할 수 있는 방법을 찾는 것이 중요하다.

TOC는 제약에 초점을 맞추고 있으며 제약의 개선을 통하여 흐름이 원활해지고 스루풋이 증대된다. 또한 제약이 개선되면 변동성이 감축되고 품질도 향상된다. TOC에서는 데이터 분석이 특별히 요구되는 것도 아니고 많은 사람들이 개선에 참여할 필요도 없다. 이 방식의 실행에 있어서 작업자들의 인풋이 특별히 요구되는 것이 아니라서 수직적 조직구조를 가진 중앙집중화된 조직에서 이 접근법이 선호된다고 볼 수 있다. TOC에서의 주요 가정은 프로세스가 상호 종속적이라는 것과 스피드와 스루풋이 성공요소로 중요하다는 것이다.

Lean은 낭비요소의 제거가 그 핵심이다. 프로세스가 개선되면 제품이 프로세스에 머무는 시간이 감소하게 되고 손상이나 노후화될 확률이 낮아져서 품질향상이 기대된다. 프로세스의 단순화는 변동성의 감소를 가져오고 가치흐름을 확인하는 과정에서 제약이 제거되고 성과가 개선된다. Lean을 실천하는 데 많은 사람들의 참여가 요구되는데, 특히 Womack과 Jones(2003)가 언급하는 린 사고(Lean thinking)로의 전환을 위해서는 참여자들의 조직에서의 역할에 대한 인식의 변화가 요구되기 때문이다.

6 Sigma의 핵심은 변동성 감축이며 문제의 해결에 초점을 맞추고 있다. 프로세스 검토를 통하여 구성요소들의 가치 기여도를 재평가하게 되고 변경, 제거 혹은 개선이 이루어진다. 흐름의 제약이 되는 구성요소들의 개선을 통하여 변동성이 감축되고 이를 통하여 품질이 개선되고 스루풋이 증대된다. 또한 재고가 감축되고 고객에 대한 대응시간도 감축이 된다. 6시그마는 다음과 같은 두 가지 가정에 바탕을 두고 있다. 하나는 개선을 위해서 측정과 데이터분석이 필수라는 것이고 다른 하나는 변동성의 감축을 통하여 성과가 향상이 된다는 것이다. 6시그마에서는 문제점의 해결을 위해

▶표 2-1 TOC, Lean, 6 Sigma의 비교

	6 Sigma	Lean	TOC
핵심이론	변동성 감축	낭비요소 제거	병목(제약) 관리
개선방법	DMAIC 1. Define 2. Measure 3. Analyze 4. Improve 5. Control	린의 원칙 1. 가치의 명확화 2. 가치흐름의 확인 3. 연속적인 흐름 4. 풀 시스템 도입 5. 완벽성 추구	시스템 개선 5단계 1. 제약의 확인 2. 제약의 최대 활용 3. 모든 프로세스를 제약에 종속시킴 4. 제약의 향상 5. 단계1로 돌아가기
초점	문제점 개선	낭비 제거	시스템 제약
가정	• 데이터 분석의 중요성 • 변동성 감축으로 성과 개선	• 낭비요소 제거로 성과 향상 • 작은 개선들의 합이 시스템 분석보다 우수 • 프로세스 상호작용은 가치흐름의 개선을 통하여 해결	• 속도와 스루풋이 성공요소임 • 프로세스의 상호 종속성 중요
주효과	균일한 프로세스 아웃풋	흐름 시간 감축	스루풋 최대화
부효과	• 품질개선 • 변동성 감소 • 재고 감소 • 고객 대응성 증대	• 변동성 감소 • 재고 감소 • 품질개선	• 재고 감소 • 스루풋 회계시스템 도입
비판	• 시스템 상호작용을 고려하지 않고 프로세스 개별적 개선	• 시스템 분석을 중시하지 않음	• 작업자의 인풋을 고려하지 않음

출처: Nave(2002)의 표를 일부 수정한 표임

개별적인 프로젝트가 수행된다. 그런데 이러한 개별적인 개선이 시스템 전체적으로 효과가 크지 않을 수도 있다는 것이 문제점으로 지적된다. 개별적인 개선들로 인한 효과의 합이 상호 종속성을 고려하지 않은 관계로 시스템 전체적으로는 그 효과가 크지 않아서 개선에 소요된 비용보다 작을 수도 있기 때문이다.

위의 세 가지 시스템을 비교 분석한 내용을 요약하면 <표 2-1>과 같다.

TOC, Lean, 6 Sigma의 융합

세 가지 방식이 독립적으로 유용하기는 하지만 세 가지 방식의 결합으로 시너지 효과를 기대할 수 있다. 이 방식들은 결국 고객중심에 바탕을 두고 있어 고객에게 최상의 가치를 전달하는 데 그 목적이 있다.

TOC와 Lean

TOC와 Lean의 경우에 프로세스의 흐름을 원활하게 하여 풀 시스템을 구축하고 생산에서 시장까지의 리드타임을 단축하는 데 초점이 맞추어져 있다. 그러나 중요한 것은 그 차이점을 정확히 알고 상황에 맞게 적용을 해야 그 시너지를 극대화할 수 있다. 따라서 다음과 같은 차이점에 대한 인식이 필요하다. 이러한 차이점에 대한 내용은 사실 TOC와 Lean에 대한 완벽한 이해를 바탕으로 정리가 된 것이어서 처음 접하는 사람에게는 이해의 어려움이 있을 것으로 생각이 된다. 그러나 이러한 차이점이 있음을 염두에 두고 이 책을 읽었으면 하는 바람을 가지고 서술하였다.

TOC와 Lean의 차이점 분석

차이점 1 **생산능력 균형화에 대한 접근법**

Lean에서는 탁트타임(takt time)을 먼저 계산하고 자원과 설비를 탁트타임과 균형을 이루도록 한다. 탁트타임이란 고객의 수요를 충족시키기 위해 필요한 생산율을 의미한다. 예를 들어, 일일수요가 100개이고 일일 가용시간이 8시간이라면 탁트타임은 0.08(8/100)시간이다. 이것이 의미하는 것은 0.08시간(4.8분)마다 하나씩 생산이 되어야 한다는 것이다. 이러한 탁트타임을 충족하는 데 필요한 생산능력을 초과하는 부분은 낭비로 간주되어 제거 대상이 된다. 따라서 Lean에서는 생산능력을 수요와 일치시키는 균형화를 위해서 낭비를 어떻게 제거할 것인지에 초점을 맞추게 된다. 그러나 생산과정에서의 여러 변동성을 고려하지 않을 수는 없다. 따라서 이에 대비하여 대부분의 경우에 사이클타임(실제 작업소요시간)을 탁트타임보다 약간 작게 하여 운영하는 것이 일반적이다. 그러나 실제로 변동성이 클 경우에 생산프로세스가 병목 혹은 제약으로 작용할 가능성은 항상 존재한다.

TOC에서는 모든 시스템에는 제약이 존재하며 이러한 제약이 스루풋을 결정하게 된다고 보고 있다. 제약에서 잃어버린 1시간은 시스템 전체에서 1시간을 잃어버리는 것과 같으므로 제약을 최대한 이용하는 것이 중요하다. 제약을 최대로 이용하기 위해서 TOC에서는 생산능력을 수요와 일치시키는 생산능력 균형화에 초점을 맞추는 것이 아니라 오히려 여유생산능력을 가지도록 한다. 이러한 여유생산능력은 비병목에서 가지는 것이 중요한데 병목에서 변동이 발생할 경우에 비병목에서 그에 신속하게 대응하여 지속적으로 병목에 일거리를 제공해야 하기 때문이다. 물론 TOC에서도 낭비요소의 제거는 중요하다. 그러나 낭비라고 해서 무조건 제거 대상이 되는 것이 아니라 TOC에서는 스루풋 개선에 초점이 맞추어져 있다. 결론적으로 Lean의 생산능력 균형화는 변동성이 없을 경우에 적합하며 TOC는 변동성이 있을 경우에 적합하다고 할 수 있다.

차이점 2 학생 증후군(student syndrome)과 파킨슨의 법칙(Parkinson's law)의 존재여부

학생증후군이란 학생들이 과제를 수행하는 데 시간이 충분히 있더라도 당장 과제를 시작하는 것이 아니라 제출 시한에 임박하여 시작하는 경향을 말하는 것이다. 일반적으로 사람들이 마감 시한을 기준으로 작업 계획을 세우기 때문에 초기에는 여유를 부리고 마감 시한이 다가오면 그때야 비로소 일을 시작하게 된다는 것이다. 문제는 마감 시한에 임박하여 일을 시작한 후에 변동이 발생하면 일을 제때에 마치지 못하는 결과를 초래한다. 파킨슨의 법칙도 이와 유사한 것으로 "Each task will expand to fill the alloted time available." 즉 어떤 과업에 대한 일정이 주어지면 그 일정에 맞추기 위해 일부러 일을 늘리는 경향을 말한다.

이러한 현상은 주로 Lean에서와 같이 생산능력이 탁트타임을 기준으로 균형화를 이루는 시스템에서 발생한다. 이러한 시스템에서는 단계별로 탁트타임 이내로만 완료하면 되므로 특정 단계에서 일이 빨리 완료되더라도 다음 단계로 넘길 인센티브가 없어서 일을 서두를 이유가 없고, 특정 단계에서 일이 지연되면 다음 단계로 제시간에 넘어가지 않으므로 시스템 전체에 영향을 미치게 된다.

이에 비하여 육상에서 계주와 같이 작동하는 TOC 시스템에서는 일이 일찍 완료되면 즉시 다음 단계로 넘기고 이렇게 절약된 시간들은 버퍼로 통합되어 수요변동이나 프로세스시간의 변동으로부터 제약자원을 보호하고 정시배송을 보장하는 데 이용된다. 버퍼에 대한 설명은 4장에서 상세하게 다루어진다.

차이점 3 자재의 투입을 위한 신호전달 시스템 차이

TOC나 Lean이나 시장수요에 의하여 가동이 되는 풀 시스템이지만 자재 투입을 결정하는 신호전달 시스템에서 차이가 있다. 즉 TOC에서는 시간에 바탕을 둔 신호전달 시스템이 이용되며 Lean은 재고에 바탕을 둔 신호전달 시스템을 이용한다.

TOC에서는 시장 수요가 발생하면 이 정보를 스케줄링 수립을 위해 제약자원에 전달한다. 제약자원에 의해서 자재 투입시기가 결정되고 이 정보가 생산의 시작점으로 전달된다. 변동성에 대비하기 위하여 제약자원에서 완성품 출하지점까지의 출하버퍼와 자재 투입에서 제약자원까지의 제약버퍼가 산출되고 자재 투입은 버퍼와 실제 제약자원의 가동시간에 의하여 결정된다. TOC에서 변동성에 대한 대처는 이러한 두 가지의 버퍼에 의해 이루어지며 이 버퍼들은 모든 선행 단계에 대한 충격흡수장치처럼 작동한다. 이에 대한 상세한 설명은 4장에서 이루어진다.

Lean의 재고에 바탕을 둔 자재 투입 시스템도 역시 고객의 수요가 발생하면 가동이 된다. 그러나 이 경우에는 '칸반'이라는 카드를 통해서 정보가 전달되며 각 단계에서 선행단계로 '칸반'을 이용하여 정보가 전달된다. 칸반은 자재 투입을 통제하는 시각적인 신호이며 생산신호가 전달되기 전까지 생산이 이루어지지 않는다. 변동이 발생할 경우에 칸반 시스템은 효과적으로 작동하지 않는다. 그 이유는 변동에 따라 탁트타임의 변동이 생기고 이에 따른 생산능력균형화가 다시 이루어져야 하기 때문이다. 이러한 변동은 병목을 창출하게 되고 흐름을 원활하지 못하게 하여 전체적인 시스템의 스루풋에 악영향을 미치게 된다. 칸반에 대한 설명은 7장에서 이루어진다.

차이점 4 **부품과 자재의 재고보충 방식의 차이**

TOC와 Lean은 재고보충에 있어서도 그 양과 시기 결정에 있어서 차이가 있다. 전통적인 시스템에서 주문시기는 재주문점에 의해서 결정이 되고 주문량도 목표재고수준 등과 같이 미리 정해진 수준에 의하여 결정이 되므로 일종의 재고에 바탕을 둔 재고보충 시스템이라고 할 수 있다(재고관리에 대한 설명은 6장 참조). 이에 비하여 TOC에서는 시간에 바탕을 둔 재고보충 시스템이 이용되고 있는데 특정 기간 동안의 수요를 고려한 재고보충이 이루어진다. 즉 정기적으로 재고보충이 이루어질 기간이 정해지고 이 기간이 재고보충의 신호가 되는 셈이다. 배치크기는 특정 기간 동안의 수요가 된다. 시간에 바탕을 둔 시스템이 재고에 바탕을 둔 시스템보다 낫다고 할 수 있는데 그 이유는 재고에 바탕을 둔 시스템의 경우에 재고보충의 시기를 예상할 수 없기 때문이다.

TOC와 Lean의 융합

위와 같은 차이가 있음에도 불구하고 TOC와 Lean의 융합을 통하여 시너지 효과를 창출할 수 있음을 인식해야 한다. Moore and Scheinkopf (1998)는 TOC와 Lean의 관행과 원칙을 결합하면 조직의 개선과 지속가능성을 높이는 데 도움이 된다고 보고 있으며 이를 위해서 다음을 제안하고 있다.

- ✤ **스루풋 세계관의 채택**

  재고와 운영비용의 목적은 스루풋의 창출에 있으므로 비용절감보다는 성장에 초점을 두는 스루풋 세계관을 채택하는 것이 바람직하다는 것이다. 게다가 스루풋 세계관은 사람들로 하여금 조직이 어떻게 가치를 창출하고 어떻게 더 많은 가치를 고객에게 제공할 수 있는지에 대하여 관심을 갖게 하므로 매우 유용하다는 것이다.

- ✤ **개선의 대상이 되는 시스템의 정의, 개선의 목적 및 측정**

  고객이나 공급자를 변화시키려고 하기 전에 내적 통제력을 얻는 것이 선행되어야만 고객이나 공급자를 올바른 방향으로 가도록 영향을 미치는 데 신뢰를 확보할 수 있다는 것이다.

- ✤ **제약의 확인**

  Lean에서 이용되는 개혁(kaikaku)을 이용하여 프로세스 흐름을 정의하고 불필요한 프로세스는 제거를 한다. 그 다음에 비용을 감축하기보다는 신속하게 종속성을 감축하고 여유능력을 유지하는 것이 중요하다. 종속성이 줄어들면 변동성의 기회가 줄어들고 이러한 변동성의 감소와 여유생산능력의 유지는 시스템의 혼선을 줄이게 되고 시간버퍼를 감소시킨다.

- ✤ **시스템 제약의 최대 이용**

  제약을 최대로 이용하는 데 Lean 기법이 유용하다. 일반적으로 제약자원의 운영과 관련하여 상당한 낭비요소가 존재한다. 예를 들어, 셋업과 관련하여 낭비가 존재한다든지 숙련된 작업자가 단순한 작업을 한다든지 등의 낭비가 존재한다. 이러한 제약자원의 운영은 Lean에서의 카이젠(kaizen)을 이용하여 개선이 되어야 한다.

  시스템 제약자원을 최대로 이용하기 위해서는 제약자원의 단위시간당 가치를 아는 것도 도움이 된다. 예를 들어, 시간제 근로자를 하루에 10만원의 임금을 지급하여 고용할 수 있다고 하자. 그런데 만일 시간제 근로자가 하루에 8시간 중 2시간만 작업하고 나머지는 일거리가 없어 휴식을 갖게 된다고 한다면 아마 고용이 꺼려질 것이다. 그런데 만일 시간제 근로자를 고용하여 제약자원의 1시간을 절약할 수 있고 제약자원의 단위 시간당 가치가 20만원이라고 한다면 시간제 근로자를 고용하는 것이 기업 전체적으로 유리함을 알 수 있다.

✤ 시스템의 제약에 모든 것을 종속시킴

Lean이나 TOC 모두에서 종속시킨다는 개념이 존재한다. 4장에서 다루어질 TOC의 DBR시스템에서는 자재의 투입시기와 양이 제약자원과 연결되어 있어 제약자원에 과부하가 걸리는 일이 없도록 한다. Lean에서는 7장에서 다루어질 칸반(kanban) 시스템이 DBR에서의 로프 역할을 한다.

✤ 제약의 능력을 향상시킨다

제약자원을 향상시키는 것은 설비의 추가구입 등을 통하여 제약자원의 생산능력을 실제로 높이는 것이다. 새로운 설비의 추가구입 없이 경로 변경을 통하여 비제약자원을 이용함으로써 제약자원의 부하를 덜 수도 있다. 이 경우에 이용되는 비제약자원이 제약자원에 비하여 덜 효율적이어서 기존 원가보다 높게 계산이 되면 전통적인 회계시스템에서는 이러한 경로 변경이 허용이 되지 않는다. 그러나 원가는 비록 상승하지만 제약자원의 흐름의 원활화로 인하여 시스템 전체적으로 수익에 긍정적인 영향을 미친다면 TOC에서는 이러한 경로 변경을 허용을 하게 된다는 차이점이 있다. 따라서 이 경우에는 TOC 접근법을 채택한 것이 유리하다.

✤ 기존의 제약이 해결되면 다음 제약을 확인한다

기존의 제약이 해결되었다고 해서 성공에 도취되지 말고 지속적인 개선이 이루어져야 한다. 이 점은 Lean에서 완벽성을 추구하는 것과 동일한 개념이다.

Lean과 6 sigma

Lean과 6시그마가 결합되어 린 6시그마라는 개념이 이용되고 있다. 이 개념에 대해서 살펴보면 다음과 같다.

린 6시그마의 개념

린 6시그마는 린의 개념과 6시그마가 합쳐진 개념이다. 린에서는 프로세스 개선을 통한 낭비요소 제거를 목표로 하고 6시그마는 문제해결을 통한 불량의 감소를 목표로 한다. 린과 6시그마는 서로 보완관계에 있어 린과 6시그마가 독립적으로 적용이 될 경우에 비하여 둘이 합쳐지게 되면 더 나은 결과를 얻을 수 있게 된다. 즉 린이 6시그마와 합쳐지면 린이 6시그마를 촉진하는 결과를 초래하고 결국 문제해결과 프로세스개선이 더 신속하고 효율적으로 이루어지게 되어 수입이 증대되고 비용이 감소되며 협력관계가 개선된다.

린 6시그마의 혜택

린 6시그마를 통하여 다음과 같은 효과를 기대할 수 있다.

✤ **린 6시그마는 수입을 증대시킨다**

프로세스가 간결하게 되어 수입이 증대된다. 간결한 프로세스는 품질을 희생하지 않고 제품이나 서비스를 더 신속하고 더 효율적으로 생산하게 된다. 다시 말해서 린 6시그마는 자원을 덜 사용하고도 더 많은 제품이나 서비스를 제공하도록 한다.

✤ **린 6시그마는 비용을 감소시킨다**

린 6시그마를 통하여 비용이 감소되는 이유는 프로세스의 낭비요소가 제거되고 프로세스에 의하여 야기된 문제를 해결하는 데 도움이 되기 때문이다. 즉 린 6시그마는 가치 있는 자원을 낭비하는 프로세스를 고치는 데 도움이 된다는 것이다.

✤ **린 6시그마는 효율성을 높인다**

효율성이 높아지는 이유는 다음과 같다. 하나는 고객에게 만족스러운 제품이나 서비스를 제공하는 데 있어서 조직의 노력을 최대화할 수 있기 때문이다. 다른 하나는 새롭게 개선된 프로세스로부터 생성된 자원이나 수입을 비즈니스 성장에 할당할 수 있기 때문이다. 다시 말해 린 6시그마는 효율적인 프로세스를 창출하여 더 많은 제품이나 서비스를 고객에게 제공하도록 하고 따라서 고객만족도는 더 높아진다.

✤ **린 6시그마는 종업원 개발을 효과적으로 하는데 도움이 된다**

종업원 개발이 가능한 이유는 다음과 같다. 하나는 개선 프로세스에 종업원을 참여시킴으로써 참여를 촉진하고 결과적으로 책임 있고 적극적으로 참여하는 팀이 만들어진다. 다른 하나는 신뢰가 구축되기 때문이다. 조직의 투명성이 종업원 개개인이 조직에서 얼마나 중요한지에 대한 이해를 촉진한다. 즉 린 6시그마는 종업원의 주인의식과 책임의식을 개발한다. 이것이 그들이 참여하는 개선프로젝트에 대한 결과를 창출하는 데 있어서 효과를 증대시킨다.

참고문헌

Dettmer, William H.(1997), *Goldratt's Theory of Constraints: A Systems Approach to Continuous Improvement*, Milwaukee: ASQ Quality Press.

Dettmer, William H.(2002), *Beyond Lean Manufacturing: Combining Lean and the Theory of Constraints for Higher Performance*, Goal System International.

Dettmer, William H.(1998), *Breaking the Constraints to World–Class Performance*, Milwaukee, WI: ASQ Quality Press.

Goldratt, E.M. and Jeff Cox (1984). *The goal*, Great Barrington, MA: The North River Press.

Goldratt, Eliyahu M.(1994), *It's Not Luck*, Great Barrington, MA: North River Press.

Goldratt, Eliyahu M.(1994), *The Goal: A Process of Ongoing Improvement*, second edition, Great Barrington, MA: North River Press.

Moore, Richard, and Lisa Scheinkopf (1998), "Theory of Constraints and Lean Manufacturing: Friends or Foes?", Chesapeake Consulting Inc.

Motorola University (2008), *Six Sigma through the years.*

Nave, Dave(2002), *How to Compare Six Sigma, Mean and the Theory of Constraints*, ASQ, Quality Progress.

Ohno, Taiichi (1988), *Toyota Production System: Beyond large–scale production*, NY: Productivity Press.

Womack, James P., and Daniel T. Jones (2003), *Lean Thinking: Banish Waste and Create Wealth in Your Corporation*, New York: Simon & Schuster.

Womack, James P., Daniel T. Jones and Daniel Roos (1991), *The Machine That Changed the World*, NY: Harper Perennial.

part 2

TOC와 흐름의 개선

1부에서 시스템적 사고와 이를 실천하는 데 도움이 되는 원칙 그리고 도구들에 대해서 간략히 살펴보았다. 2부에서는 도구 중의 하나인 제약이론에 대해서 살펴보기로 한다. 시스템의 스루풋을 최대화하기 위해서는 흐름이 원활해야 하고 흐름이 원활하려면 시스템에서 막히는 부분이 없어야 한다. 제약이론에서는 스루풋을 최대화하기 위한 방안으로서 시스템의 제약 혹은 병목에 초점을 맞추어 운영전략이 수립되어야 한다고 보고 있으며 이를 위해 시스템 개선 5단계를 제시하고 있다.

먼저 3장에서는 제약이론이 무엇인지에 대해서 살펴보고 제약이론 태동의 기반이 된 소설 '*The Goal*'에 대한 심층 분석을 통하여 스루풋 최대화를 위한 운영전략의 핵심이 무엇인지를 알아보고자 한다.

4장에서는 제약이론의 실천 도구로서 DBR 시스템에 대해서 살펴보기로 한다. DBR 시스템은 제약이론을 적용한 생산계획법이다. DBR 시스템과 전통적인 방법과의 차이를 알아보기 위하여 전통적인 MRP 시스템을 비롯하여 도요타의 칸반 시스템, 공정중재고수준유지 시스템에 대해서도 살펴본다.

5장에서는 제약이론을 적용한 프로젝트관리 기법인 critical chain에 대해서 살펴본다. critical chain이 전통적인 critical path와 어떻게 다른지를 알아보기 위하여 전통적인 PERT/CPM 대해서도 알아본다.

6장에서는 제약이론을 적용한 재고관리 기법에 대해서 살펴본다. Goldratt의 유작인 *Isn't it obvious?*라는 책에 대한 분석을 통하여 제약이론을 적용할 경우의 재고관리의 특징이 무엇인지를 알아보고 일반적인 재고관리와 어떻게 다른지를 비교하기 위하여 전통적인 재고관리 방식에 대해서도 살펴본다.

chapter 3

TOC란?

제약조건이론(TOC: Theory of Constraints)의 창시자는 이스라엘 출신의 물리학자인 Goldratt이다. 그는 기업을 운영하던 친구를 위해 일정계획을 수립하는 데 도움이 되는 알고리즘을 개발하게 되었고 이를 일반화하여 1980년 초에 OPT (Optimized Production Technology)라는 이름의 프로그램을 개발하여 판매를 하게 되었다. 이 프로그램의 원리는 다음과 같다. 모든 프로세스에는 하나 이상의 병목이 있으며 이러한 병목으로 인하여 프로세스의 아웃풋에 제약을 받게 된다는 것이다. 따라서 우선적으로 병목을 최대한 이용하는 데 초점을 맞추는 것이 중요하며 비병목 자원은 그에 맞추어 일정계획을 수립해야 한다는 것이다.

이 프로그램은 초기에 상당 수량 판매가 이루어졌으나 성공이라고 보기에는 미흡하였다. 프로그램의 원리는 간단하지만 사용자의 프로그램에 대한 이해가 부족하다고 생각한 Goldratt은 Cox와 함께 1984년에 *The Goal*이라는 제목의 책을 출간하였다. 이 책은 OPT 프로그램의 원리를 소설의 형식을 빌려 설명한 책인데, '알렉스 로고'라는 주인공이 어려움에 처한 공장을 OPT 프로그램의 원리를 적용하여 살려내는 내용을 담고 있다. 이 책에서 담긴 내용을 확장하고 일반화하여 제약이론이 탄생하게 된 것이다. 본 장에서는 TOC의 핵심 원리에 대해서 알아보기로 한다.

TOC의 원칙

시스템적 사고

TOC는 프로세스로부터 최대의 결과를 얻기 위하여 기업의 제약조건을 확인하고 관리하는 시스템적 사고에 기반을 두는 기법이다. 시스템적 관점에서 보면 기업의 운영은 인풋을 아웃풋으로 전환하는 상호 종속적인 프로세스의 집합이다. 이러한 프로세스 중의 하나가 병목으로 작용한다면 아무리 다른 프로세스가 우수하다고 할지라도 그 병목으로 인하여 시스템 스루풋은 제한적이 될 수밖에 없다. 따라서 스루풋을 향상시키는 데 있어서의 핵심은 프로세스의 아웃풋 최대화를 방해하는 병목, 즉 제약조건을 관리하는 것이다.

대부분의 기업들은 생산이나 서비스 프로세스를 개별적으로 측정하고 개별 프로세스별로 개선이 이루어진다. 이러한 것을 부분최적화(local maximization)라 할 수 있다. 그러나 이러한 개별적인 개선이 전체 프로세스의 개선으로 항상 이어지는 것은 아님을 인식해야 하며, 특히 비병목의 개선은 시스템 전체적으로는 전혀 도움이 되지 않는다. 따라서 TOC의 글로벌 관점에서는 개별 프로세스, 특히 비병목의 속도를 개선하는 것을 시간과 돈의 낭비로 본다. 왜냐하면 특정 프로세스가 스루풋의 속도를 제약하지 않는다면 개선할 필요가 없기 때문이다. TOC는 시스템의 스루풋에 대한 제약을 낭비로 본다. 따라서 스루풋을 제약하는 것을 제거하는 것이 결국 낭비요소를 제거하는 셈이 된다.

1부에서 언급이 되었듯이 TOC의 원리를 설명하는 데 종종 체인 원리가 이용된다. 기업의 운영 활동은 상호 종속적인 프로세스로 구성되어 있다. 그렇다면 어떤 물건을 끌거나 들어올릴 때에 체인의 모든 연결고리가 함께 작동해야 되는 것과 같이 기업에서의 프로세스는 함께 작동되어야만 주주에게 수익을 창출할 수가 있다. 따라서 체인의 경우에 체인의 전체적인 강도는 가장 약한 연결고리에 의하여 결정되는 것처럼 기업의 경우에도 프로세스 전체의 능력은 가장 약한 프로세스의 능력에 의하여 제한된다.

TOC에서는 다음 두 가지가 핵심이다.

핵심 1 기업의 목표는 수익을 창출하는 것이다.

핵심 2 상호 종속적인 프로세스로 구성된 시스템의 수익 창출 능력은 시스템의 성능을 제한하는 병목에 의하여 제한된다.

체인의 능력을 높이기 위해서는 가장 약한 연결고리를 찾아 그것을 강화해야 하며, 다른 강한 연결고리를 아무리 더 강화해도 체인 전체의 강도는 향상되지 않는다. 이처럼 기업의 경우에도 수익을 창출하는 데 제약이 되는 병목을 강화하는 데 초점을 맞추어야 한다는 것이다. 병목에서 잃어버린 아웃풋은 기업 전체의 수입 감소로 이어지며 비병목의 성능 향상을 위한 최적화 노력은 기업의 스루풋을 증가하는 데 도움이 되지 않는다. 그러므로 시스템 전체의 성능 최적화를 위해서는 나무가 아니라 숲을 보는 시각을 가져야 한다. 즉 개별 프로세스의 최적화가 아닌 시스템 전체의 최적화에 초점을 맞추어야 한다. 그러나 일반적으로 우리는 이러한 것에 익숙하지가 않다. 그 이유는 관리에 이용되는 전통적인 측정치가 시스템 전체의 최적화를 위한 측정치가 아닌 개별 프로세스의 최적화에 초점이 맞추어져 있기 때문이다.

글로벌 최적화

전통적인 관리 접근법에서는 시스템 최적화를 위해서 규모가 작고 관리가 쉬운 부분들로 쪼개려는 경향이 있다. 예를 들어, 대규모 기업의 운영을 위해서 여러 개의 자율적인 운영 부문으로 분리하여 운영하며 본사는 조정 역할만 하는 것이다. 이 경우에 운영 단위들은 개별적인 수익 센터로서 역할을 하며 목표도 할당을 받는다. 따라서 개별적 성과 향상에만 초점을 맞추게 된다. 이러한 전통적인 관리 접근법의 기본 논리는 운영 단위별로 향상되면 전체적으로도 향상될 것이라는 것이다.

그러나 부분최적화는 기업의 목표달성에 도움이 되지 않는다. 즉 전체 시스템의 성과 향상을 위해서는 특정 기능들을 개별적으로 향상시키는 데 초점을 맞추는 것으로는 충분하지 않다는 것이다. 그 이유는 이러한 부분최적화 접근법이 여러 다양한 기능간의 상호 종속적인 관계를 무시하기 때문이다. 예를 들어, 어느 한 부서에서 비용이 A만큼 증가하면 다른 부서에서는 증가한 비용의 2배, 즉 2A만큼 비용이 감소하여 기업 전체적으로는 이득이 되는 경우가 있다고 하자. 문제는 비용 증가를 받아들이려는 부서가 잘 없다는 것이다. 시스템적 사고가 결여되면 글로벌 최적화가 아닌 부분최적화를 위한 측정치, 정책, 절차를 수용하게 된다. 대부분의 사람들은 이러한 전통적인 측정치들이 문제가 있음을 직관적으로 알고 있지만 부분최적화를 위한 측정치를 사용하도록 지속적으로 강요를 당하면 판단이 흐려지게 된다.

제약이론은 기업의 목표인 수익창출을 촉진하기 위하여 무엇이 필수적인지를 보여주고 이러한 목표달성을 위해 필요한 글로벌 최적화를 위한 측정치를 제시한다. 이러한 측정치들은 스루풋 중심의 관점에서 만들어진 것으로 비용절감보다는 성장전략을 통하여 목표를 달성하는 데 초점을 맞추고 있다.

스루풋 회계 시스템

표준원가회계시스템의 문제점

기업운영에서 전통적인 접근법은 비용 중심의 관점에 기반을 두고 있다. 비용 중심의 관점이란 비용최소화와 운영효율성의 향상에 초점을 맞춘다는 의미이다. 즉 비용 중심의 관점에서는 의사결정에 있어서의 핵심 요인은 비용을 통제하는 것이 된다. 예를 들어, 기업이 다양한 제품을 생산할 경우에 어느 제품이 수익성이 있느냐를 결정하기 위해서는 제품별 생산비용을 산출하는 것이 중요하다.

제품의 원가에는 노동비, 자재비, 간접비가 포함된다. 기업이 여러 종류의 제품을 생산하는 경우에 노동비와 자재비는 특정 제품을 만드는 데 들어가는 비용이므로 구분이 어렵지 않으나 간접비의 경우에는 공동으로 발생한 비용이므로 할당에 어려움이 있다. 일반적으로 이러한 경우에 표준원가회계시스템을 이용한다. 표준원가회계시스템에서는 간접비를 직접노동비에 비례하여 할당하는 것이 보통이다. 그러나 이렇게 간접비를 할당하는 것은 진정한 원가를 산출하는 데는 문제가 있다는 시각이 많다.

전통적인 표준원가회계시스템에서는 자재가 완성품이 될 때까지 여러 개별적인 공정단계를 거치는 경우에 모든 생산관련 비용이 공정별로 소요된 시간에 비례하여 할당되며 이렇게 할당된 비용이 제품의 가치를 높이는 것으로 간주된다. 예를 들어, 자재가 A와 B라는 공정을 거쳐 완성품이 된다고 하자. 자재의 원가가 10원, A공정에서 발생하는 직접노동비와 간접비의 합계가 4원, B공정에서 발생하는 직접노동비와 간접비의 합계가 6원이라고 하면, A공정은 제품에 4원의 가치를 더하는 셈이 되고 B공정은 6원의 가치를 더하는 셈이 된다. 만일 공정별로 제품에 추가하는 가치를 기준으로 개별 공정에 대한 평가가 이루어지게 되면 공정별로 최대한 신속하게 제품을 산출하려는 동기가 생긴다. 그러나 이러한 행동은 기업의 전체적인 목표 달성에는 도움이 되지 않을 수도 있다. 왜냐하면 특정 공정을 거친 제품이 다음 단계에서 필요하지 않을 수도 있기 때문이다.

게다가 자원을 얼마나 효율적으로 운영하는지에 따라 평가하게 되면 개별 공정을 거의 100% 수준에서 운영하는 생산스케줄을 수립할 동기가 생기게 된다. 이 경우에 다음 단계의 요구량을 초과하는 수준으로 운영되면 공정중재고는 지속적으로 쌓이게 된다. 이렇게 쌓이는 공정중재고와 과잉 생산된 완성품 재고는 판매가 되기 전에는 사실상 가치는 없는 셈이다.

활동 중심의 원가회계시스템의 문제점

표준원가회계시스템의 문제점을 지적하여 활동 중심의 원가회계시스템(activity-based costing)이 등장하게 되었다. 표준원가회계시스템에서는 제품이 간접비를 소모하지만 활동 중심의 원가회계시스템에서는 활동이 간접비를 소모한다는 점과 이러한 활동은 제품에 가치를 더할 수도 있고 아닐 수도 있다는 점에서 차이가 있다.

즉, 활동 중심의 원가회계 시스템에서는 자원의 운영비용을 여러 제품에 직접 할당을 하는 것이 아니라 특정 제품을 생산하는 데 관여되는 활동을 파악하고 그러한 활동의 비용을 산출하는 것이다. 활동 중심으로 간접비를 할당한다는 것이 개념적으로는 단순하지만 실제적으로는 어려움이 많다. 예를 들어, 활동과 관련한 자료 수집이 필요한데 이 비용이 상당하다는 것이다. 게다가 비용을 할당하는 기준 활동을 선정할 때에도 객관적이 아니라 임의성이 존재한다는 것이다. 즉 여러 활동들이 동시에 관련된 경우에 그 모두를 반영하는 할당 기준을 찾는 것이 어렵다는 것이다.

게다가 할당 기준을 잘못 선정하게 되면 기업이 원하는 것에 반하는 결과를 초래할 수 있으므로 할당 기준 선정에 신중하여야 한다. 예를 들어, 만일 구매 관련 비용이 구매요청회수를 기준으로 부서들에게 할당을 한다고 하면 부서들은 구매요청회수를 감축하려는 동기가 생기게 되고 이는 1회 주문량이 상대적으로 커져서 재고보유수준이 높아지는 좋지 않은 결과를 초래하게 된다. 결국 활동 중심의 원가회계시스템도 전통적인 표준원가회계시스템과 마찬가지로 잘못된 의사결정을 초래할 확률이 높다는 것이다.

스루풋 회계시스템

TOC를 지지하는 사람들은 의사결정에 있어서 변동비만 고려해야 한다고 보고 있다. 이러한 시각을 스루풋 관점이라고 한다. 앞서 언급했듯이 제약이론에서는 기업의 목표는 수익을 창출하는 것이며 시스템의 제약조건이 아웃풋을 결정한다고 보고 있다. 따라서 의사결정은 글로벌 시각을 가지고 기업 전체의 목표달성을 위한 방향으로 이루어져야 한다는 것이다. 실제적으로 시스템 전체에 대한 완벽한 이해가 어려우므로 시스템의 제약조건에 초점을 맞추어야 한다는 것이 TOC의 관점이다. 성과를 모니터링하기 위해서 TOC에서는 다음과 같은 세 가지 측정치가 이용된다.

- ✤ **스루풋**(T: Throughput): 시스템이 매출을 통하여 수익을 창출하는 비율
- ✤ **재고**(I: Inventory): 시스템이 판매를 목적으로 구입하는데 투자한 금액
- ✤ **운영비용**(OE: Operating expense): 재고를 스루풋으로 전환하는 데 지출한 금액

이러한 측정치들은 글로벌 측정치이며 제품원가를 산정하는 데 이용되는 간접비의 할당과 같은 근사치 접근법으로 인한 왜곡도 발생하지 않는다. 스루풋은 매출액에서 변동비를 차감하여 계산되며 변동비에는 직접재료비만 포함된다. 특이한 것은 직접노동비가 변동비에 포함되는 것이 아니라 운영비용에 포함된다는 것이다. 재고에는 자재 재고, 공정중재고, 완성품 재고가 포함되며 특이하게 설비에 투자한 금액도 포함된다. 한 가지 또 흥미로운 것은 TOC에서는 부가가치라는 개념이 이용되지 않는다. 즉, 공정중재고나 완성품 재고의 가치는 자재가치로 계산되며 직접노동비나 자원이용시간비용 등이 포함되지 않는다. 운영비용의 경우에는 모든 고정비용이 포함되며 여기에는 매니저의 임금이나 감가상각비, 판매 및 일반관리비 등이 포함된다.

TOC 측정치와 전통적인 재무비율과의 관계는 다음과 같다.

순수익 = T − OE
투자수익률(ROI) = (T − OE)/I
재고회전율 = T/I
생산성 = T/OE

비용 중심의 관점에서 보면 기업의 효율성을 향상시키기 위해서 비용을 절감하는 데 초점을 맞출 것이다. 그러므로 스루풋이나 재고보다는 운영비용의 감축에 초점을 맞춘다. 그러나 바라는 바와는 달리 경쟁력을 잃

어버리게 되는 결과를 초래하게 될지도 모른다. 비용절감이 단기적인 효과는 있을지라도 장기적인 스루풋 향상에는 도움이 되지 않기 때문이다. 반면에 스루풋 중심의 관점에서 보면 재고나 운영비용보다는 스루풋에 초점을 맞추게 된다. 재고나 운영비용은 절감에 한계가 있으나 스루풋의 경우에는 제한이 없다.

흐름의 균형화

일반적으로 균형이 잡힌 생산 라인을 갖추기 위하여 자원들을 탁트타임을 기준으로 할당하고, 초과능력은 일종의 낭비로 취급되어 제거 대상이 된다. 이렇게 생산능력을 균형화하는 것은 변동이 있을 경우 시스템의 잠재능력을 제한하게 된다. TOC에서는 능력이 아닌 흐름의 균형에 초점을 맞추어 비병목 자원의 초과능력은 제거 대상이 되지 않는다. 초과능력은 일종의 보호능력으로 작용하며, 이러한 초과능력이 제거되면 병목 자원이 아니었던 자원이 병목 자원이 될 가능성이 있다는 것이다.

Goldratt과 Cox(1992)는 "생산능력을 균형화하려고 하지 말고 흐름을 균형화하려고 하라"고 말하고 있다. 흐름을 균형화한다는 의미는 시장수요와 병목의 능력을 맞추라는 것이며 비병목의 경우에는 앞서 언급이 되었듯이 초과 능력이 있더라도 제거 대상이 아니다. 흐름에 영향을 미치는 요소 중에 변동성과 종속성이 있다. 작업 흐름을 디자인할 때에 여러 가지 상황을 고려하여 디자인이 이루어지지만, 예를 들어 주문이 취소된다든지, 공급자가 노동자의 파업으로 인하여 공급을 하지 못한다든지 등의 여러 가지 다양한 이유로 변동이 생기기 마련인데 이러한 변동은 흐름에 영향을 미치게 된다. 또한 2개의 공정이 서로 종속되는 경우에, 즉 선행 및 후속 관계에 있는 경우에 선행공정에서의 변동은 후속공정에 영향을 미치게 되어 시스템 전체적인 흐름에 영향을 미치게 된다.

생산능력 균형화에 초점을 맞추게 되면 일정계획이 어려워지고 특히 변동이 심할 때에 재고를 많이 생성하게 되며 상당한 혼란을 초래하게 된다. 따라서 될 수 있으면 시스템의 변동을 줄이는 것이 중요하며 변동을 줄이기 위해서는 흐름에 초점을 맞추어야 하고 이렇게 되면 낮은 재고수준과 낮은 운영비용으로 높은 스루풋을 얻게 된다는 것이다.

시스템 개선을 위한 5단계 프로세스

TOC에서는 다음과 같은 5단계의 프로세스를 이용하여 시스템 개선이 이루어진다.

단계 1 **시스템의 제약조건 확인**

생산능력의 부족이나 노동숙련도 부족 등이 제약조건이 되는 내부 제약과 고객들의 수요가 감소하는 시장 제약, 공급자로부터 자재를 공급받지 못하는 경우인 공급자 제약과 같이 세 가지 제약조건이 있다. 내부 제약은 프로세스 앞에 공정중재고가 쌓이는 경우, 시장 제약은 잠재적인 고객에게 제품에 대한 정보를 제공하는 능력이나 제품을 고객에게 배송하는 능력이 없을 경우, 공급자 제약은 지속적으로 늦거나 배송 취소가 되는 경우에 확인이 가능하다.

단계 2 **제약조건을 최대한 활용하기**

만일 제약조건이 기계라면 기계의 유휴시간은 낭비이다. 유휴시간이 없도록 하는 것이 최대한 활용이라는 의미에 부합한다. 따라서 기계가 작업이 도착할 때까지 기다리는 시간을 없앤다든지 혹은 불량품의 작업에 기계시간을 낭비하는 등의 활동을 제거하여 제약조건을 최대한 활용할 수 있다. 다음은 제약조건을 최대로 활용하기 위한 방법들이다.

- ✤ 준비시간을 최소화한다.
- ✤ 작업중단시간을 최소화한다.
- ✤ 제약조건에 도착하기 전에 자재를 검사한다.
- ✤ 스루풋을 최대로 하기 위해 제약조건을 신중하게 관리한다.
- ✤ 전사적 생산보전(TPM: Total Productive Maintenance)을 실천한다(10장 참조).

단계 3 시스템 운영의 모든 것을 단계 2 의 결정에 종속시키기

단계 2 에서 제약조건의 페이스가 결정되면 이 페이스에 맞추어 상위 혹은 하위 프로세스가 진행되어야 한다. 이는 제약조건에서 이용되는 자재보다 더 많은 양을 생산하는 것을 피하게 된다. 병목에 모든 것을 종속시키는 방식을 DBR 시스템 혹은 병목풀프로세스라고 한다. 이는 칸반 시스템과 유사하기는 하지만 칸반 시스템과 달리 자재투입이 병목과 연결되어 있다는 것이 특징이다(4장 참조).

단계 4 제약조건의 능력 향상시키기

만일 기계가 제약조건이라면 동일한 기계를 하나 더 구입하든지 아니면 하청을 주든지 하는 것 등이 여기에 해당되며 만일 시장이 제약조건이라면 광고를 더 많이 한다든지 새로운 시장을 개척하는 것 등이 여기에 해당된다. 이외에도 다음과 같은 방법으로 제약조건의 능력을 개선할 수 있다.

- ✤ 추가적인 기계의 구입
- ✤ 추가적인 종업원의 고용
- ✤ 하청
- ✤ 준비시간의 단축을 통한 신속한 전환 확보
- ✤ 신속한 전환을 위한 도구 개선

단계 5 **단계 1** 로 돌아가기

기존의 제약조건이 개선되면 다른 약한 연결고리가 등장하게 된다. 이렇게 신규로 등장한 제약조건의 개선을 위해서는 다시 **단계 1** 로 돌아가야 한다.

TOC의 장단점

TOC는 다음과 같은 장점이 있다.

- TOC는 가장 효과가 큰 곳에 개선 노력을 집중한다.
- TOC는 린과 유사하게 재고를 최소화한다.
- TOC는 6시그마와 유사하게 혁신적인 개선의 효과가 있다.
- TOC는 비용을 절감한다. 이것이 가능한 것은 프로세스에 낭비적인 일을 추가하는 불필요한 내부 제약을 제거하고, 공정중재고를 감축하며, 고객 대응시간을 개선하고, 종업원의 낭비 시간을 줄여 품질개선이나 제약 제거에 이용하는 것 등이 가능해지기 때문이다.
- 제약조건을 제거하는 것을 우선순위로 하면 종업원들도 그에 따른다.
- 프로세스간의 연결점이 얼마나 제품이나 서비스의 전달에 기여를 하는지를 이해하게 된다.

반면에 TOC는 다음과 같은 단점이 있다.

- TOC를 실행하는 핵심 인물에 대한 훈련이 요구된다.
- 매니저들이 과거에 일상적으로 행했던 정책이나 측정치를 버리는 것이 쉽지 않다.
- 기존의 보상 시스템이 너무 부분적인 것에 초점이 맞추어져 있어서 TOC로 글로벌하게 행동하는 것에 대하여 맞지 않을 수 있다.

The Goal에 대한 이해

Goldratt과 Cox의 *The Goal*이라는 책은 TOC이론의 모태가 된 것으로 유명하다. 운영상의 어려움을 겪는 기업뿐만 아니라 다양한 분야에서 효율성 향상을 위해 적용할 수 있는 방법을 제시한다는 점에서 매우 가치가 있는 책이며 독자가 쉽게 읽을 수 있도록 소설의 형식으로 쓰여졌다는 점에서도 특이하다. 이 책의 내용을 먼저 살펴보고 그로부터 우리가 얻을 수 있는 시사점을 정리해보기로 한다.

The Goal

✤ 공장의 문제점: 납기문제, 수익성 악화

The Goal은 어려움을 겪고 있는 공장을 배경으로 이야기가 전개된다. 여느 조직과 같이 납기일을 지키지 못하는 문제가 발생하고 있으며 수익성이 악화되고 있다. 효율성은 꾸준히 높은 데도 불구하고 문제가 지속되고 있다는 것이 큰 문제이다. 이 공장의 매니저인 알렉스는 3개월 내에 공장의 상태를 개선하지 않으면 공장이 다른 기업에 매각이 될 것임을 알게 된다.

✤ 기업의 목표에 대한 이해: 생산성 향상이 아닌 돈을 버는 것

매니저는 자신의 멘토인 대학 시절의 요나 교수를 만나게 되어 그의 도움을 받게 된다. 첫 만남에서 매니저는 교수에게 공장자동화(예, 로봇도입)를 통하여 생산성이 높아졌음을 자랑하지만 교수는 매니저의 생산성에 대한 인식이 잘못되었음을 지적하게 된다. 교수는 매니저에게 공장자동화를 통하여 아래와 같은 성과를 얻었는지 묻게 된다.

✔ 재고는 감축되었나?
✔ 해고를 통한 인건비가 감축되었나?
✔ 매출은 증대되었나?

매니저는 이러한 교수의 물음에 긍정적인 대답을 할 수 없었으며 기업의 목표에 대하여 고민을 하게 된다. 고민 끝에 기업의 목표는 생산성을 높이는 것이 아니라 돈을 버는 것임을 알게 된다.

✣ 돈을 벌기 위한 운영관리 지표의 파악

돈을 버는 것과 관련된 재무적인 지표는 순이익, 투자수익률, 현금흐름 등이지만 이러한 지표는 실제로 공장운영을 어떻게 해야 하는지에는 도움이 되지 않음을 인식하게 된다. 멘토에게 조언을 구한 결과 돈을 버는 것이 운영상으로는 스루풋(Throughout)을 증대하고 동시에 재고(Inventory)를 줄이고 운영비용(Operational Expenses)을 감축해야 함을 알게 된다.

여기서 스루풋, 재고, 운영비용은 다음을 의미한다.

- ✔ 스루풋=판매율
- ✔ 재고=판매를 목적으로 투자된 돈
- ✔ 운영비용=재고를 스루풋으로 전환하는 데 소요되는 비용

✣ 공장에서 발생하는 여러 현상에 대한 이해 및 교수의 조언

과잉재고의 이유는 효율성을 높이기 위하여 불필요한 부품들을 과잉생산하기 때문이라는 것을 알게 된다. 즉 실제로 판매에 필요한 것을 생산하는 것이 아니라 필요한 부품인지 아닌지를 구분하지 않고 닥치는 대로 생산을 하고 있으며 이로 인하여 필요한 부품을 생산하기 위한 가용생산능력이 부족함을 알게 된다.

공장의 직원들이 교수가 제시한 세 가지 측정치(스루풋, 재고, 운영비용)에 대해서 이해는 하고 있으나 기존의 생산성에 대한 생각과 대치가 되어 고민하고 있다. 생산하지 않으면 효율성이 떨어지고 작업자들을 놀게 한다면 비생산적이라는 기존의 생각은 효율성은 떨어지더라도 스루풋을 높여야 한다는 것과는 대치가 되므로 고민을 하게 된다.

교수로부터 다음과 같은 조언을 얻게 된다.

- ✔ 효율성보다는 돈을 버는 것이 중요하다.
- ✔ 모든 사람들이 열심히 일하는 공장은 비효율적이다.

- ✔ 균형잡힌 공장을 추구할수록 파산에 이르게 된다.

✤ 균형잡힌 공장의 문제점

균형잡힌 공장이란 프로세스상의 각 자원의 능력을 시장수요와 일치시키는 것인데, 균형잡힌 공장을 추구하면 스루풋은 감소하고 재고는 증가하게 된다는 것이다. 이러한 현상이 일어나는 이유는 종속성과 통계적 변동성 때문이다. 종속성과 변동성에 대한 이해를 돕기 위하여 *The Goal*에서는 하이킹과 주사위 게임의 두 가지 예를 들어 설명을 한다.

예 1: 하이킹

그룹이 줄을 지어 목표지점까지 가는 동안 줄의 간격이 벌어져서 예상 시간에 도착을 못하게 되는 현상을 묘사하고 있는데 이러한 현상이 종속성과 변동성으로 인하여 발생함을 설명하고 있다. 하이킹에서 관찰되는 현상은 다음과 같이 요약이 된다.

- ✔ 개인별 걷는 속도는 변동이 있다(변동성).
- ✔ 모든 사람의 걷는 속도가 평균적으로 같더라도 사람간의 간격이 벌어지고 전체적으로 행렬이 길어진다.
- ✔ 특정 개인의 속도가 느려지는 것은 제한이 없으나 앞사람을 추월할 수 없으므로 최고 속도는 자신의 앞사람의 속도에 의하여 제한된다(종속성).
- ✔ 변동성은 누적이 되고 속도가 느려지는 변동성은 속도가 빨라지는 변동성보다 더 빨리 누적이 되는데 그 이유는 빨라지는 변동성은 종속성으로(앞 사람의 속도) 인하여 제한이 있으나 느려지는 변동성에는 제한이 없기 때문이다.

하이킹 줄이 길어지는 현상을 해결하기 위해서 다음이 도움이 된다.

- ✔ 속도가 느린 사람을 선두로 하고 뒤로 갈수록 속도가 빠른 사람을 위치시킨다.
- ✔ 속도가 가장 느린 사람의 짐을 덜어 다른 사람이 나누어진다.

▶ 표 3-1 하이킹과 생산의 비교

하이킹	생산
하이킹 참여자	개별공정
하이킹	제품
개인의 속도는 앞 사람의 속도에 달려 있음	후속공정의 속도는 선행공정의 속도에 달려 있음
마지막 사람이 하이킹을 마치는 속도	스루풋
마지막 사람의 하이킹 종료	판매
개인별 에너지 소모	운영비용
선두와 마지막 사람의 간격	재고
속도의 변동성으로 인하여 줄의 간격이 늘어나고 마지막 사람의 하이킹 종료 시간이 늦어짐	운영 변동성으로 인하여 재고가 증대하고 판매가 감소함

하이킹의 예를 생산에 적용하면 <표 3-1>과 같다.

예 2: 주사위 게임

하이킹 도중에 휴식을 취하면서 벌어지는 주사위 게임은 다음과 같이 진행된다. 5명이 게임에 참가하고 개인별로 그릇이 하나씩 주어진다. 1번 참가자의 그릇에는 성냥개비가 충분히 많이 들어 있다. 1번 참가자부터 차례로 주사위를 던져서 나오는 눈의 수만큼 자신의 그릇에 담긴 성냥개비를 다음 사람의 그릇으로 옮긴다. 자신의 그릇에 담긴 성냥개비의 수를 초과하여 옮길 수는 없다. 예를 들어, 어떤 사람이 주사위를 던져서 6이 나오더라도 자신의 그릇에 있는 성냥개비가 3개이면 3개만 옮길 수 있다. 이 게임에서 변동성과 종속성이 존재하는데 다음과 같다.

✔ 변동성=주사위를 던져서 나오는 눈의 수
✔ 종속성=자신의 그릇에 담긴 성냥개비의 수는 앞사람의 게임 결과에 달려 있음

모든 사람이 한 번씩 주사위를 순서대로 던지면 1회의 게임이 종료된

다. 이때 마지막 사람이 주사위를 던져서 옮기는 성냥개비의 수가 1회 게임의 결과이다. 이 게임의 경우에 주사위를 한 번 던질 경우에 예상되는 눈의 수의 평균이 3.5이므로 게임을 10회 시행할 경우에 평균적으로 35개의 성냥개비가 최종단계에서 옮겨질 것으로 예상이 되지만 실제로는 변동성과 종속성으로 인하여 훨씬 적은 수의 성냥개비가 옮겨진다. 참고로 눈의 수의 평균이 3.5인 이유는 주사위의 각 면이 나올 확률은 모두 1/6로 동일하므로,

눈의 수의 평균

$=1\times(1/6)+2\times(1/6)+3\times(1/6)+4\times(1/6)+5\times(1/6)+6\times(1/6)$

$=3.5$이다.

✤ 생산에서의 종속성과 변동성의 영향 확인

하이킹과 주사위 게임에서 관찰한 현상이 생산에도 적용이 됨을 확인하고 후속공정의 생산능력을 크게 하는 것이 중요함을 인식하게 된다. 예를 들어, 제품 100개를 생산해야 하는데, 두 공정(공정 1과 2)을 순서대로 거쳐 제품이 완성된다고 하자. 각 공정에서는 시간당 평균적으로 25개 생산이 가능하며 공정 1에서는 사람이 작업하고 공정 2에서는 로봇이 작업을 한다. 이 경우에 12시에 작업을 시작하면 5시까지 100개가 생산이 될 것으로 예상된다. 시간대별로 예상되는 생산량은 <표 3-2>와 같다.

▸ 표 3-2 시간대별 예상 생산량

	12-1	1-2	2-3	3-4	4-5	합계
공정 1	25	25	25	25		100
공정 2		25	25	25	25	100

그러나 실제로는 공정1에서 생산량의 변동으로 인하여 <표 3-3>과 같이 90개만 생산이 이루어지는 결과가 초래되었다.

▶ 표 3-3 시간대별 실제 생산량

	12-1	1-2	2-3	3-4	4-5	합계
공정 1	19	21	28	32		100
공정 2		19	21	25	25	90

이러한 현상이 발생한 이유는 변동성과 종속성 때문이다. 변동성이란 사람이 작업하는 공정 1에서 시간당 생산량에 변동이 있었다는 것이고 종속성이란 공정 2의 생산량은 공정1에서 생산된 생산량에 영향을 받는다는 것이다. 공정 2의 생산능력은 시간당 25개이지만 공정 1에서 25개 미만이 생산되면 공정 2에서는 그 양만큼만 생산이 가능하며 반대로 공정 1에서 26개 이상이 생산이 되더라도 공정 2에서는 최대 25개까지만 생산이 가능하다.

이 같은 문제의 해결을 위해서 하이킹에서 얻은 교훈을 적용한다면 공정 2의 생산능력을 공정 1보다는 크게 해야 한다.

✣ 변동성과 종속성 문제의 해결

변동성과 종속성으로 인한 문제의 해결을 위하여 교수에게 도움을 요청한 결과 다음과 같은 조언을 얻게 된다.

(1) 먼저 자원을 병목자원과 비병목자원으로 구분하라고 조언한다. 병목자원과 비병목자원의 의미는 다음과 같다.

- ✔ **병목자원:** 생산능력이 수요보다 작거나 같은 자원
- ✔ **비병목자원:** 생산능력이 수요보다 큰 자원

병목자원을 확인하기 위해서 수요와 자원의 생산능력을 비교하는 방법이 있으나 생산능력을 산출하는 데 어려움이 있으므로 다른 방법을 사용할 것을 제안한다. 다른 방법이란 특정 공정 앞에 재고가 많이 쌓여 있으면 그 자원이 바로 병목자원이라는 것이다.

(2) 이렇게 병목자원이 구분이 되면 수요와 병목자원의 생산능력과 균형을 맞추는 것이 중요하다. 만일 병목자원의 생산능력이 수요에 못 미치는 경우에는 병목자원의 생산능력을 높일 수 있는 방법을 찾아야 한다. 이를 위해서 다음과 같은 방법이 유용하다.

- ✔ 병목에서 유휴시간이 발생하지 않도록 한다. 예를 들어, 점심시간에도 병목을 가동한다든지, 전담 작업자를 배치하여 한시라도 병목의 유휴시간이 발생하지 않도록 한다.
- ✔ 병목의 준비시간을 줄인다.
- ✔ 병목과 동일한 작업을 할 수 있는 기계를 추가로 이용한다.
- ✔ 작업의 일부를 추가적인 비용이 발생하더라도 아웃소싱을 이용한다.
- ✔ 불량품이 병목을 통과하지 않도록 품질검사를 병목 앞에서 한다.
- ✔ 재작업이 필요하지 않도록 병목에서 불량품이 발생하지 않도록 한다.
- ✔ 필요하지 않은 부품에 대한 작업을 하지 않도록 하고 긴급한 것부터 우선적으로 작업한다.

✤ 자재 투입 시기의 결정

*The Goal*에서 병목의 생산능력을 높이기 위한 여러 가지 방법을 도입하여 흐름의 문제가 완화되었으나 다시 새로운 문제가 등장하기 시작한다. 즉 다른 곳에서 병목현상이 발생한 것이다. 이러한 문제의 원인은 비병목의 기계가동률을 높이기 위하여 지속적으로 자재가 투입되고 있었기 때문이다.

비병목에서 작업을 계속하는 것은 공정중재고의 상승과 병목자원의 흐름을 방해하므로 비병목 자원의 경우에는 유휴시간을 가지는 것이 오히려 좋다는 것이다. 자재 투입 시기는 병목의 처리율에 맞추어 결정되어야 하며 병목에서 생산된 부품이 조립공정에 도착하는 시기에 맞추어 비병목에서 생산되는 부품이 도달하도록 비병목의 자재 투입 시기가 결정되도록 한다.

자재 투입 시기의 조정으로 다음과 같은 긍정적인 결과를 얻게 된다.

- ✔ 공정중재고 감소

- ✔ 수입 증대
- ✔ 초기에는 효율성 감소, 점차 증가
- ✔ 이월주문 감소로 고객 만족 증대

✤ 비병목자원의 배치크기 축소를 통한 수익성 향상

자재 투입 시기의 조정과 함께 수익성 향상을 위한 추가적인 노력의 일환으로 비병목의 배치크기를 반으로 줄여 다음과 같은 효과를 얻게 된다.

- ✔ 비병목의 공정중재고 감소
- ✔ 리드타임 감소로 수요에 대한 신속 대응 가능

배치크기를 줄이면 셋업 횟수가 증가하므로 이로 인한 시간손실이 염려가 되지만 비병목의 경우에는 어차피 시간적인 여유가 있는 자원이라서 문제가 될 것이 없다. 배치크기를 축소하면 대기시간과 유휴시간이 줄어 총생산시간이 단축되고 주문처리 속도가 향상된다. 결과적으로 재고가 줄고 스루풋이 상승하게 되어 수익성은 상승하게 된다. 그러나 이러한 성과와는 반대로 전통적인 회계시스템에서는 부정적인 지표가 나온다. 즉 배치크기의 감축으로 셋업 횟수가 증대되고 이로 인하여 단위당 원가가 증대된다. 그러나 중요한 것은 결국 수익성이라는 것이다.

교수의 가르침을 다음과 같이 요약할 수 있다.

- ✔ 수요와 흐름의 균형을 추구해야 한다. 즉 수요와 병목의 생산능력과 균형을 맞추는 것이 중요하다.
- ✔ 자원을 작동하는 것과 가동하는 것은 다르다. 시간이 남는다고 해서 무작정 작업을 할 것이 아니라 필요한 것만 작업을 하는 것이 중요하다.
- ✔ 병목에서의 1시간 손실은 전체 시스템에서의 1시간 손실과 동일하다. 이는 병목이 시스템 전체의 흐름에 영향을 미치기 때문이다.
- ✔ 비병목에서의 1시간 절약은 가치가 없다. 비병목은 병목에 비하여 여유가 있는 자원이며 비병목에서 여유가 더 생기더라도 시스템 전체의 흐름에는 영향을 미치지 않는다.

✤ 시스템 개선 5단계

1장에서 살펴본 바와 같이 제약이론에서는 다음과 같이 시스템 개선을 위한 5단계 프로세스를 제시한다.

- 단계 1 시스템 제약의 확인
- 단계 2 확인된 제약의 최대 이용
- 단계 3 모든 것을 제약에 종속시킴
- 단계 4 제약의 향상
- 단계 5 단계 1로 돌아가기

*The Goal*로부터의 교훈

*The Goal*로부터의 교훈은 다음과 같이 요약할 수 있다.

(1) 매니저가 어려움에 처한 공장을 단시간에 살려내는 과정에서 다음이 중요함을 인식하게 된다.

- 기업의 목표는 돈을 버는 것이며 모든 노력은 돈을 버는 데 방향이 맞추어져야 한다.
- 부분최적화의 합이 글로벌 최적화가 항상 되는 것은 아니며 전체적인 목표 달성에 해가 될 수도 있다.
- 모든 프로세스는 가장 느린 프로세스에 의해 제약을 받게 된다.
- 제약을 개선하는 데 방향이 맞추어져야 하며 다른 데 노력을 기울이는 것은 의미가 없다.

(2) 부분적인 부문에 대한 효과성이나 효율성 측정치를 피하고 목표에 대한 전체 시스템의 성과를 측정하라. 스루풋을 증가시키고 재고비용과 운영비용을 감소시키면 성과는 향상된다.

스루풋, 재고, 운영비용 등 세 가지 측정치가 동시에 최적화되어야 한다. 사람을 해고하는 것이 하나의 측정치의 최적화에는 도움이 될지 모르지만 다른 두 가지 측정치에는 해가 된다. 각 단계에서의 비용 절감은 목표의 달성에 도움이 되지 못한다. 비용이 아닌 스루풋에 초점을 맞추어야 한다. 체인의 개별 고리가 아닌 전체적인 강도를 측정하고 병목이라고 알려진 가장 약한 연결고리를 강화해야 한다. 부분적인 효율성이 중요한 것이 아니라 시스템 전체의 효율성이 핵심이다.

(3) 변동성과 종속성으로 인한 영향을 최소화하는 방향으로 의사결정이 이루어져야 한다.

여러 사람이 줄을 지어 걷는 하이킹을 생각해보자. 이때 전체적인 줄의 속도는 사람들의 걷는 속도의 차이와 관련이 있다. 즉 줄의 속도는 사람들의 걷는 속도의 평균에 의하여 결정되는 것이 아니라 느린 사람들로 인한 속도 변화의 누적에 의해 결정된다. 이러한 현상은 하이킹에 참여한 사람 모두가 평균적으로 동일한 속도를 가지고 있는 경우에도 발생할 수가 있다. 누군가 휴식을 취한다든지, 혹은 신발끈을 다시 묶기 위하여 중지한다든지 등의 변동이 있을 경우에 줄의 길이는 그 변동으로 인하여 늘어나게 되며 이러한 변동은 누적이 된다.

하이킹을 생산에 비유하면 하이킹에서 마지막 사람이 목표지점에 도착을 해야 비로소 하이킹이 종료가 되므로 마지막 사람이 스루풋을 결정하게 된다. 하이킹에 참여한 사람들이 각 생산 단계이며, 줄의 길이는 재고이고, 속도가 느린 사람이 재고를 증가시킨다. 재고가 증가되면 스루풋이 감소하고, 줄의 길이를 줄이기 위해서는 운영비용이 증가한다. 재고를 줄이기 위해서는 속도가 가장 느린 사람부터 순서대로 줄을 세워 속도가 가장 느린 사람이 페이스를 결정하게 하고, 그 사람의 짐을 덜어주어 속도를 높이면 스루풋이 증가하게 된다. 물론 생산에서는 생산순서를 하이킹에서와 같이 마음대로 바꿀 수는 없다. 그러나 모든 것을 속도가 가장 느린 단계(병목)에 맞추어 페이스를 조절하고 병목의 부하를 덜어내면 스루풋이 증가하게 된다.

하이킹의 예는 공장에서도 볼 수 있다. 예를 들어, A, B 두 개의 공정을 순서대로 거쳐 완료가 되는 제품이 있다고 하자. A공정은 사람이 작업을 하고 B공정은 로봇이 작업을 하는데, 사람은 시간당 평균적으로 25개의 작업을 할 수 있고, 로봇도 시간당 25개의 작업을 할 수 있다고 하자. 만일 A공정에서 시간당 19, 21, 28, 32를 생산하여 4시간 동안 총 100개를 작업하였다고 했을 경우에 과연 B공정에서 4시간 작업을 할 경우에 100개의 제품이 생산이 될 것인가의 문제이다. B공정에서는 최대 시간당 25개의 작업이 가능하므로 4시간 작업량은 19, 21, 25, 25, 즉 총 90개만 작업이 가능하다. 그러므로 이 경우에 A공정이 병목이 되는 것이다.

(4) 병목이 핵심이며 병목의 능력을 최대로 이용하도록 해야 한다.

모든 프로세스는 병목이거나 비병목이거나 둘 중 하나이다. 병목의 기준은 흐름(생산량)이 수요보다 작은 경우이다. 병목에서의 흐름은 수요와 같아야 한다. 병목을 100% 사용해야 하며 유휴시간은 없어야 한다. 병목에서의 스루풋은 시스템 전체의 스루풋과 같다. 병목에서 잃어버린 1시간은 시스템 전체에서 잃어버린 1시간과 같다. 비병목에서의 절약된 1시간은 의미가 없다. 병목의 시간당 비용=전 공장의 비용/병목 가용시간이다.

(5) 병목의 스루풋을 증가시키기 위해서 다음을 실천한다.

- ✔ 기계에 전담 작업자를 배치하고, 점심시간이나 휴식시간에도 운영한다.
- ✔ 추가적인 작업자를 배치한다거나 즉각적인 유지보수가 요구된다.
- ✔ 불량품 혹은 재작업이 필요한 제품이 병목 자원의 시간을 낭비하는 일이 없도록 병목자원 앞에 품질검사를 실시하는 것이 필요하다.
- ✔ 병목의 부하를 덜어준다. 병목자원의 부하를 덜어주기 위해 옛 기계를 활용한다.
- ✔ 당장 필요한 것만 작업을 한다.

(6) 재고를 줄이기 위하여 배치크기를 축소한다.

사이클 타임을 줄이기 위하여 배치크기를 줄인다. 배치크기를 줄이면 재고가 줄고 따라서 비용을 절감할 수 있다.

(7) 제약이론(TOC: Theory of Constraints)

단계 1 제약을 확인한다

시스템의 능력을 제약하는 것은 가장 약한 연결고리이다. 가장 약한 연결고리가 시스템 효율성, 시스템 스루풋, 시스템 비용을 결정한다. 물리적인 제약이 될 수도 있고 혹은 행동적인 제약이 될 수도 있다. 재고가 쌓이는 공정을 찾아라.

단계 2 제약을 최대한 활용한다

100%활용을 해야 한다. 제약의 성과를 최대화하라. 제약의 페이스가 운영에 있어서의 박동이다.

단계 3 모든 다른 것은 제약에 종속시킨다

일부 프로세스가 덜 효율적이 되고 느려질지라도 모든 다른 프로세스는 제약을 지원해야 한다. 비병목은 여유 능력이 있으므로 비병목에서 능력을 잃어버리는 것은 전체에 영향을 미치지 않는다.

단계 4 병목을 향상시킨다

여전히 수요를 충족시키지 못하면 추가적인 능력을 습득해야 한다.

단계 5 제약이 해결되면 **단계 1** 로 돌아간다

TOC는 반복적이다. 하나의 제약이 해결되면 다음으로 가장 느린 프로세스가 새로운 제약이 된다.

(8) DBR 시스템은 TOC의 실행시스템이다.

드럼(drum)은 병목의 속도이고, 이는 전체 시스템을 조절하는 생산 스케줄이다. 버퍼(buffer)는 시간이나 자재의 배치이다. 병목 앞의 공정중재고 버퍼는 병목을 지속적으로 가동시키기 위함이다. 시스템의 다른 부문에서는 매우 낮은 수준의 재고를 유지해야 한다. 로프(rope)는 자재의 시스템

투여시기를 알려주는 시그널이다. 대기 작업은 짧거나 없어야 한다. 모든 자원에 대하여 스케줄을 수립하는 것보다 하나의 병목에 대한 스케줄을 수립하는 것이 훨씬 쉽다.

참고문헌

Cox, J. F., III and John G. Schleier, Jr. (2010), *The Theory of Constraints Handbook*, New York, McGraw-Hill.

Cox, J.F., and M. Spencer (1998), *The Constraints Management Handbook*, Boca Raton, FL: St. Lucie Press.

Demmy, S., and J. Talbott (1998), "Improve Internal Reporting with ABC and TOC."

Dettmer, William H. (1997), *Goldratt's Theory of Constraints A Systems Approach to Continuous Improvement*, Milwaukee, Wisc.: ASQ Quality Press.

Goldratt, E. M. (1995), *Critical Chain, Great Barrington*, MA, The North River Press.

Goldratt E. M. and Jeff Cox (2007), "Note on Continuous Improvement: The Goal, A Process of Ongoing improvement, North River Press.

Goldratt, E. M. (2008), *The Choice, Great Barrington*, MA, The North River Press.

Goldratt, Eliyahu M. (1995), *The Haystack Syndrome*, Croton-on-Hudson, NY: North River Press.

Goldratt, Eliyahu M. (1996), *What is this thing called Theory of Constraints and how should it be implemented?*, Great Barrington, Mass.: The North River Press.

Goldratt, Eliyahu M. and Jeff Cox (1992), The Goal, Great Barrington, Mass.: The North River Press.

Holman, J. (1995) "ABC vs. TOC: It"s a Matter of Time." *Management Accounting*, January, pp. 37-40.

MacArthur, J. (1996), "From Activity−based Costing to Throughput Accounting," *Management Accounting*, April, pp. 30−38.

Management Accounting, November, pp. 18−24.

McMullen, T. (1998), *Introduction to the Theory of Constraints (TOC) Management System*, Boca Raton, FL: St. Lucie Press.

Noreen, Eric, Debra Smith, and James T. Mackey (1995), *The Theory of Constraints and its Implications for Management Accounting*, Great Barrington, Mass.: The North River Press.

Rother, Mike and John Shook (1998), *Learning to See, Brookline*, Mass.: The Lean Enterprise Institute.

Ruhl, J. (1996) "An Introduction to the Theory of Constraints." *Journal of Cost Management*, Summer, pp. 43−48.

Schragenheim, E., H. W. Dettmer and J.W. Patterson (2009), *Supply Chain Management at Warp Speed*, Boca Raton, CRC Press.

Srinivasan, Mandyam M. (2004), *Streamlined 14 Principles for Building & Managing The Lean Supply Chain*, Thompson.

Womack, James P. and Daniel T. Jones (1996), *Lean Thinking*, New York: Simon and Schuster.

chapter 4

DBR 시스템

DBR(Drum-Buffer-Rope)은 1980년대에 Goldratt에 의하여 고안된 TOC 생산계획법이다. DBR은 두 가지로 구분되는데, 하나는 전통적인 DBR이고 다른 하나는 S-DBR(Simplified DBR)이다. DBR 시스템은 일종의 병목풀시스템이라 볼 수 있다. 그 이유는 드럼 역할을 하는 병목에 의하여 운영이 통제되기 때문이다. 그러므로 이 시스템은 일반적인 풀 시스템과는 차이가 있다. 본 장에서는 DBR 시스템의 원리를 학습하고 다른 여러 시스템과의 차이에 대해서 살펴본다.

전통적인 DBR

전통적인 DBR은 생산체인에서 가장 제약적인 자원의 생산능력을 최대한 이용하는 방향으로 생산라인에서 공정중재고의 흐름을 통제하기 위해 개발되었다. 최적의 흐름을 창출하기 위하여 생산에 투입되는 작업주문은 생산능력제약자원(CCR: Capacity−Constrained Resource)이라는 가장 생산능력이 작은 부문의 생산율과 맞추어진다.

CCR의 생산율이 전형적으로 드럼의 리듬에 비유가 된다. 로프는 CCR과 자재 투입 지점과의 의사소통 장치이며 CCR이 감당할 수 있는 수준보다 빠른 속도로 자재가 생산프로세스에 투입되지 않도록 한다. 즉 로프의 목적은 CCR이 공정중재고로 압도되는 것으로부터 보호하는 역할을 하는 것이다. 한편 CCR이 일거리가 없어 유휴가 되는 것을 막기 위하여 시간버퍼를 만들어 운영한다.

TOC의 기본 원리는 비축생산보다는 납기일이 정해진 주문생산이 가장 바람직한 상황이며 이를 위해 DBR을 적용할 때에 납기일이 정해진 고객주문을 포함하는 주생산스케줄을 마련하는 것으로부터 시작한다. 다음은 내부적으로 CCR의 존재 여부를 확인하는 것이다. CCR을 확인하는 데 있어서 컴퓨터를 이용한 생산능력분석의 도움을 받을 수 있으나 항상 생산담당자의 확인을 거치는 것이 중요하다.

CCR과 관련하여 두 가지 가능성이 존재한다. 즉, CCR이 있는 경우와 없는 경우이다. 종종 생산담당자가 특정 자원이 제약인지 아닌지에 대해서 확신이 없는 경우가 있다. Goldratt은 이 경우에 우선적으로 CCR이 없다고 가정할 것을 추천한다. 그리고 버퍼관리와 같은 통제 메커니즘을 통하여 CCR을 확인할 수 있도록 하는 것이 중요하다고 말하고 있다. 버퍼관리를 통하여 CCR의 확인이 가능한 것은 신속처리 요청이 얼마나 빈번하게 발생하는지와 생산지연이 발생하는 대부분의 부품이 어느 자원에서 발견되는지가 분명하게 드러나기 때문이다.

DBR은 목표는 다음과 같다.

✤ 납기의 신뢰성
✤ 제약의 효과적인 이용
✤ 짧은 대응시간

따라서 개념적으로 DBR의 구성요소에는 다음이 포함된다.

✤ 제약자원을 최대로 이용하기 위한 계획(드럼)
✤ **변동성으로부터의 보호(시간버퍼)**: 일거리가 없어 제약자원을 가동하지 못하는 경우를 방지하기 위함
✤ **자재 투입 스케줄(로프)**: 생산 우선순위의 혼동을 방지하기 위함

<그림 4-1>은 DBR 시스템을 보여주고 있다. 각각의 구성 요소를 살펴보면 다음과 같다.

▶ 그림 4-1 DBR 시스템

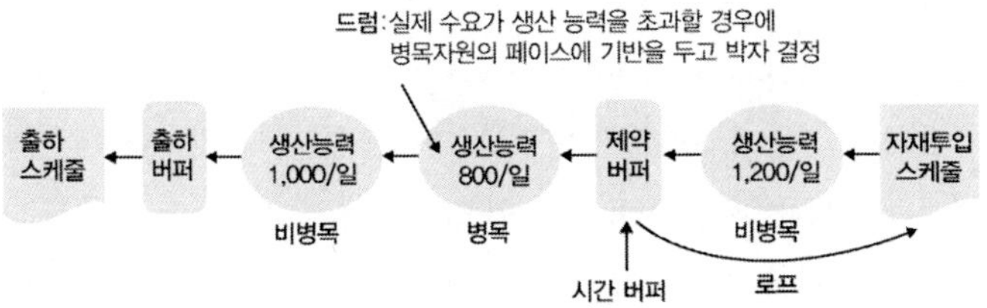

출처: Srinivasan(2004)

✤ 드럼(drum)

프로세스에서 제약자원(병목)은 프로세스가 성취할 수 있는 그리고 수용품질을 유지할 수 있는 최대 속도를 결정한다. 이것을 통제하는 사람이나 페이스를 드럼이라 한다. Lean에서의 탁트타임과 같이 드럼은 상위 프로세스에 대한 박자를 결정한다. 작업이 제약자원에 이르기까지 흐르고 만일, 제약자원이 처리하는 속도보다 공급하는 속도가 빠르면 작업이 정체된다. 정체된다는 의미는 계속해서 공정중재고를 쌓아가는 것이다. 비효율성을 제거하기 위해서 제약자원이 공급자의 작업률을 결정해야 한다. <그림 4-1>에서는 실제수요가 생산능력을 초과할 경우에 병목자원의 속도에 기반을 두고 페이스가 통제된다. 즉 드럼은 고객의 수요와 시스템의 제약자원을 일치시키는 주생산스케줄(MPS: Master Production Schedule)이다.

✤ 버퍼(buffer)

어떠한 시스템이라도 생산 프로세스의 변동성이나 혼란에 대비해야 하는데 흐름을 유지하기 위하여 완충 혹은 버퍼를 제공할 필요가 있다. 예를 들어, 제약자원의 능력을 최대화하기 위해서는 제약자원이 일거리가 없어서 유휴한 상황이 발생하지 않도록 공급자는 지속적으로 공급이 이루어지도록 해야 한다. 즉 제약자원을 바쁘게 만들기 위하여 그 옆에 입고 자재의 버퍼를 유지하는 것이다. 만일 새로운 자재의 입고가 늦어지더라도 제약조건은 버퍼로 작업을 하므로 바쁘게 된다.

<그림 4-1>에서 시간버퍼는 병목에서 일을 하지 못하는 경우가 발생지 않도록 병목 앞에 여분의 자재를 보호자원에서 보유하는 것을 의미하는데 버퍼가 시간으로 표현된다. 예를 들어, 단위당 10분의 생산소요시간이 요구되는 경우에 6단위의 버퍼를 보유하면 1시간의 시간버퍼를 보유하는 셈이다. 시간버퍼를 이용하는 이유는 다음과 같다. 여러 종류의 제품을 생산하는 경우에 종류별로 단위당 생산소요시간이 다르다면 버퍼를 하나의 단위로 통합하기가 어렵다. 이때에 시간을 이용하면 통합이 가능하다. 이렇게 통합된 시간은 준비시간과 작업시간과 합해져서 변동성을 고려한 리드타임이 된다.

✤ **로프(rope)**

로프는 작업을 생산 프로세스에 투여하는 메커니즘이다. 로프는 일종의 의사소통 기구이며 자재가 제약자원이 처리할 수 있는 속도보다 더 빠른 속도로 생산 프로세스에 투입되지 않도록 하는 역할을 한다.

<그림 4-1>에서 자재투입스케줄과 시간버퍼가 줄로 연결되어 제약자원이 처리할 수 있는 능력 이상으로 자재가 투입되는 일이 없도록 한다.

CCR이 없는 경우의 DBR

CCR이 없다면 주문에 대하여 정시에 납품이 이루어지지 않을 이유가 없다. 이 경우에 주문 리스트가 드럼이 되며 MPS가 이에 해당된다. 이 경우의 버퍼는 자재 투입부터 출하까지의 리드타임이 된다. 리드타임을 추정할 때에는 정시 납품을 위해 변동성으로 인한 영향을 최소화하도록 여분의 시간을 추가하도록 한다. 이러한 버퍼를 출하버퍼(shipping buffer)라고 한다. 이 경우에는 CCR이 없으므로 CCR버퍼는 없다.

출하버퍼가 결정되면 자재투입스케줄(MRS: Material Release Schedule)이 만들어진다. MRS가 로프에 해당되며 MRS에 명시된 시기보다 앞서 자재가 투입되지 않도록 한다. TOC는 시스템의 모든 부분들이 시스템의 제약에 따르도록 요구된다. CCR이 없는 상황에서는 고객수요가 이용 가능한 생산능력을 채울 수 없으므로 시장수요가 유일한 제약이 된다. 전통적인 DBR에서는 공정중재고가 완성품이 되어 출하 준비가 되는 전체 과정이 원활하고 신속하게 진행될 것으로 예상한다.

CCR이 있는 경우의 DBR

CCR이 존재할 경우에 예비 MPS를 이용하여 그 제약에 대한 생산능력계획이 수립된다. MPS는 CCR의 제약을 고려하여 갱신이 된다. 새롭게 만들어진 MPS와 CCR에 대한 스케줄이 드럼을 구성한다. 이러한 상황에서 변동성에 대한 대처 메커니즘으로 세 가지 유형의 버퍼가 수립이 된다.

- **출하버퍼(shipping buffer)**: CCR에서 생산완료까지의 리드타임 혹은 자재 투입부터 생산 완료까지의 리드타임
- **CCR 버퍼**: 자재 투입에서 CCR까지의 리드타임
- **조립버퍼(assembly buffer)**: 자재 투입에서 조립프로세스까지의 리드타임

로프는 위의 세 가지 버퍼에 의하여 영향을 받는 자재 투입스케줄이다. 즉 로프는 CCR버퍼나 출하버퍼 시간까지는 어떠한 주문도 작업장에 투입이 되지 않도록 한다. 성공적으로 DBR을 적용하기 위해서는 통제의 수단으로 버퍼를 적극적으로 관리하는 것이 중요하다. 버퍼관리란 관리자로 하여금 버퍼의 상태를 관찰하고 버퍼가 소진의 위험성이 있을 때에 경고를 하도록 하는 데 그 목적이 있다. 불확실성의 영향을 고려하고 버퍼의 상태에 대한 집중적인 통제가 이루어지도록 DBR 생산계획이 만들어질 때에 효과적이고 탄탄한 스케줄이 수립된다.

S-DBR(Simplified Drum-Buffer-Rope)

기업 내부적으로 제약자원이 없는 경우에 S-DBR을 적용할 수 있다. 내부적으로 제약자원이 없으므로 대부분의 경우에 시장이 제약으로 작용하는 경우가 많다. 따라서 모든 것이 시장제약(판매)에 종속되게 된다.

▶ 그림 4-2 S-DBR 시스템

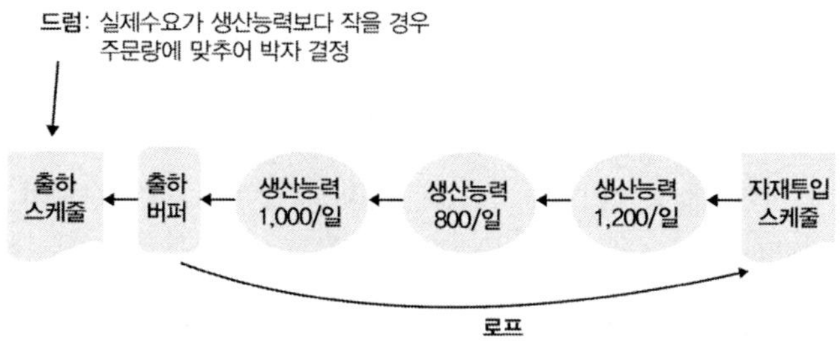

출처: Srinivasan(2004)

<그림 4-2>는 S-DBR 시스템을 보여준다. 시장수요가 생산능력보다 작을 경우에 시장수요가 병목이 된다. 따라서 자재투입이 시장수요에 의하여 결정된다.

S-DBR의 가정 1

S-DBR의 기본적인 가정은 내적 제약이 존재하더라도 시장 수요가 가장 주된 제약이라는 것이다. 시장수요가 제약이라는 것은 다음과 같은 시사점이 있다.

(1) 어떻게 CCR을 최대한 이용할지를 결정할 때에 이러한 의사결정이 장기적으로 시장에 어떠한 영향을 미칠지를 고려해야 한다. 예를 들어, 특정 고객의 주문이 CCR 능력의 상당부분을 소모하기에 당장은 거절을 하는

것이 좋을지라도 만일 그 주문이 장기적으로 그 고객과의 관계 구축에 중요하다면 그 주문을 거절해서는 안 된다는 것이다.

(2) 일단 시장에 집중하기로 하였다면 그러한 목표를 완전히 충족하지 못하는 데서 초래되는 위험은 CCR의 능력의 손실로 인한 위험보다 심각할 수가 있다.

(3) 앞의 두 시사점이 의미하는 것은 CCR이 존재할 경우에 실상 CCR과 시장수요제약의 두 가지 제약이 상호작용하고 있는 상황이며 CCR이 당장의 처리량에 영향을 미치는 반면에 시장수요를 충족시키는 것은 미래의 처리량에 영향을 미친다.

(4) 내적인 제약은 있다가도 없어지지만 시장제약은 상존하는 것이다. 시장수요에 적절하게 대응하기 위해서는 CCR에 최소한의 여유생산능력을 유지해야 한다.

위와 같은 이유로 S-DBR에서는 시장에 집중하는 것이 항상 주된 제약이 된다. 그러나 시장제약에 모든 것이 종속이 된다고 해도 기업의 시장확대를 제한하는 내적 자원이 존재할 수 있다. 이러한 내적 자원도 결국 제약으로 작용을 하는데 그 이유는 기업이 어떤 세분화된 시장을 추구해야 할지를 결정할 때에 이러한 내적 제약자원에 의하여 영향을 받기 때문이다. 그러므로 시장수요가 변동할 때에 내적 제약자원의 능력을 신중하게 관찰을 해야 하며 일부 세분화된 시장에 대해서는 제한을 할 필요도 있을 수 있다.

간략히 요약하면 제약자원이 시장에 종속이 될 때에 CCR에 일정한 여유생산능력이 유지되어야 한다. 이러한 이유로 CCR의 경우에 세밀한 스케줄을 고집할 필요가 없다는 것이다.

S-DBR의 가정 2

내적 제약에서의 실제 공정 순서의 작은 변화는 전체적인 시스템 성과에 큰 영향을 미치지 않는다. 만일 이러한 가정이 유효할 경우에 CCR을 스케줄할 필요가 없어진다.

따라서 다음과 같은 기본 규칙이 만들어진다.

(1) 확정주문이 드럼 역할을 한다. 주문이 들어오면 CCR에 걸린 총 부하를 검토하고 지나치게 부하가 걸리지 않았으면 주문을 받아들이고 즉시 공정에 투입한다. 만일 CCR이 지나치게 부하가 많이 걸려 있으면 납기일을 지키기 위하여 부하를 덜어주기 위한 단기적인 조치가 요구된다.

(2) 유일하게 유지되는 버퍼는 출하버퍼이다. 이는 CCR이 없을 경우의 DBR과 동일하다. CCR에 대한 버퍼가 없으므로 CCR에서 일거리가 없을 가능성은 있지만 대부분의 경우에는 충분한 작업이 CCR에 쌓이게 되므로 큰 문제가 되지는 않는다. 드물게 일시적으로 CCR에 일거리가 없는 경우가 생기더라도 이는 여유생산능력의 일부를 소진하는 것으로 보면 된다. 여유생산능력의 유지는 납기성과를 보장하는 데 도움이 되며 지금은 처리량을 희생하는 셈이 되기는 하지만 시장에서 얻게 될 미래의 처리량으로 상쇄되고도 남는다.

(3) 로프는 더 이상 CCR스케줄과 연결되지 않는다. S-DBR에서는 로프를 CCR의 스케줄이 아닌 시장수요와 연결한다. 자재투입은 확정주문에 맞추어 이루어진다. CCR에 일시적인 과부하가 걸릴 경우에 부하를 덜기 위하여 잔업이나 추가적인 교대조 투입 등의 단기적인 처방을 이용하여 해결한다. 그러나 장기적으로는 CCR에 부과되는 새로운 수요를 통제할 방법이 필요하다. 예를 들어, 고객이 리드타임이 짧은 것을 원할 경우에 프리미엄을 붙이는 방법과 같이 가격을 높이거나 혹은 고객이 좀 더 오래 기다릴 수 있도록 인센티브를 제공하는 방법을 이용할 수 있다.

S-DBR의 통제

버퍼관리는 출하버퍼에 적용되며 전통적인 버퍼관리방법과는 약간 다른 방법이 이용될 수 있다. 레드라인 시간이 정해지고 납기일 전에 남은 시간이 레드라인 시간보다 작을 경우에 생산관리에 경고가 주어진다. 전통적인 버퍼관리에서와 같이 레드라인을 건너게 되면 신속처리 요청이 이루어진다. 레드라인을 건넌 주문의 수가 급작스럽게 증가하면 진짜 병목이 등장하는 것이다. S-DBR은 버퍼관리와 레드라인 통제를 보완하는 추가적인 통제 메커니즘을 제공하는데 이를 계획부하(planned load)라고 한다. 계획부하는 공식적으로 시스템에 투입된 작업을 모두 완료하기 위해서 CCR에 요구되는 총 시간을 말한다. 계획부하는 궁극적으로 CCR을 통과해야 하는 모든 작업을 포함한다. 즉 기업이 약속한 주문을 모두 처리하는데 CCR에서 요구되는 시간 추정치이다. 새로운 병목의 출현 여부를 알아보기 위해서 CCR의 계획부하와 출하버퍼를 비교한다. 계획부하가 유한생산능력스케줄보다는 정확한 정보를 제공할 수는 없다. 그러나 CCR에 과도하게 부하를 걸지 않으면 계획부하와 출하버퍼의 비교를 통하여 레드라인을 건너기 훨씬 전에 잠재적인 문제에 대한 경고가 가능하고 구제책을 마련하는 데 충분한 시간을 가지는 것이 가능하다.

전통적인 DBR 모델은 병목의 페이스에 따라 모든 자원들을 스케줄하고 스케줄링을 위해서 DBR 소프트웨어가 따로 요구된다. S-DBR의 경우에는 시장수요가 병목이고 기존의 MRP 소프트웨어를 이용할 수 있으므로 MRP 시스템을 운영하는 기업의 경우에 유용하다. S-DBR에서 드럼은 시장수요가 되고 주문이 들어오면 내적 CCR의 부하를 검토하여 지나치게 부하가 걸려있지 않으면 주문을 받아 공정에 투입된다. CCR에는 버퍼가 유지되지 않으며 출하버퍼만 유지된다. 즉 자재투입스케줄은 확정주문에 의하여 만들어진다.

전통적인 DBR과 S-DBR의 차이점

(1) 스루풋 수준: 전통적인 DBR이 특정 수요피크 기간에 세밀한 스케줄을 통하여 CCR로부터 처리량을 더 많이 얻어낼 수 있다.

(2) 고객만족: S-DBR에서의 출하버퍼의 역할은 전통적인 DBR에서보다 더 크다. 출하버퍼가 CCR버퍼와 동시에 이용되면 납기일 준수에 덜 효과적이다. 이것은 5장에서 다루어질 critical chain에서 중간 중간에 버퍼를 여러 개 유지하는 것보다 최종단계에 총합적으로 하나를 두는 것이 더 효과적인 것과 같은 이치이다.

(3) 초점: 전통적인 DBR은 내적 제약에 초점을 맞추는 반면에 S-DBR은 시장수요에 초점을 맞춘다.

(4) 리드타임: S-DBR에서와 같이 세 개의 버퍼 대신에 하나의 버퍼를 유지하는 것은 리드타임 단축에 기여한다. 보호 장치를 분산하는 것보다 집중하는 것이 항상 효과적이다.

(5) 성수기 수요와 비성수기 수요에 대한 대처: 대부분의 경우에 시장수요는 변동한다. 만일 CCR에 걸리는 부하를 평준화할 수 없다면 CCR이 제약으로 작용하는 것은 성수기일 때이며 비성수기에는 시장수요가 유일한 제약이 된다. 이를 고려하여 전통적인 DBR에서 세 개의 버퍼를 유지하다가 하나로 줄이고 다시 세 개를 유지하는 정책은 매우 혼란을 초래하는 정책이므로 대분의 경우에 비수기에도 CCR을 제약으로 간주하는 것이 보통이다. 이것은 비수기에 납품기일이 길어지는 비효율을 초래하게 된다. 이에 비하여 S-DBR은 시장수요의 충족이라는 초점이 변하지 않으므로 성수기와 비수기에 대한 대처가 매우 원활하다. S-DBR은 계획과 통제가 매우 쉬우며 S-DBR 소프트웨어를 따로 구입할 필요가 없이 기존의 MRP를 약간 조정하여 이용할 수 있다.

(6) 실행의 용이성: S-DBR이 실행에 있어서 훨씬 용이하다.

전통적인 시스템과의 비교

프로세스 운영에서 중요한 것은 리드타임을 단축하는 것이다. 그런데 리드타임은 프로세스상에서 흐름 속도에 영향을 받는다. 긴 리드타임은 흐름이 좋지 않음을 의미하고 역으로 흐름이 좋지 않으면 리드타임은 길어진다. 따라서 흐름을 개선하는 데 초점을 맞추어야 한다. 흐름이 좋아지면 전체적으로 낮은 재고와 높은 스루풋을 기대할 수 있다. 또한 고객의 기호 변화에 유연하게 대처할 수 있게 된다.

Goldratt과 Cox(1992)는 프로세스에서의 좋은 흐름을 창출하기 위해서는 병목현상이 있는 자원이 흐름을 좌우하므로 이러한 자원에 초점을 맞추어야 하며, 병목현상이 있는 자원의 사용계획을 세운 뒤에, 이에 맞추어 다른 자원의 사용계획을 세우는 식으로 흐름을 맞추어야 한다고 한다. 또한 생산능력을 균형화하는 데 초점을 맞추지 말고 흐름을 맞추는 데 초점을 맞추어야 한다는 것이다. 즉 생산능력을 균형화하기 위하여 할당량이 많은 자원의 부하를 줄이고 할당량이 작은 자원에 부하를 늘리는 것은 비용 측면에서는 당연한 것일 수는 있으나 갑작스러운 수요의 증가 등의 변동성이 있는 경우 오히려 흐름을 원활하게 하는 데 장애로 작용할 수가 있다는 것이다. 따라서 비록 비용 측면에서는 다소 문제가 되더라도 여유능력을 보유하는 차원에서 자원을 추가하는 것이 오히려 흐름을 원활하게 하여 수익성에 도움이 된다는 것이다.

그러나 무엇보다도 변동성을 제거하는 것이 중요하다. 변동성을 제거하면 낮은 수준의 재고와 운영비용으로도 높은 스루풋을 산출할 수 있다는 것이다. 변동성을 제거하는 방법으로 Srinivasan(2004)은 두 가지 방법을 제시하고 있다.

- ✤ 배치크기를 줄인다.
- ✤ 풀 시스템을 이용한다.

우리가 흔히 접하는 경제적 주문량(생산량)은 배치크기와 준비시간이 고려된 개념인데 배치크기를 크게 하여 생산하면 생산준비 횟수가 작아지므로 준비비용이 적게 든다. 하지만 배치크기가 커서 재고유비비용은 커진다. 역으로 배치크기를 작게 하여 생산하면 생산준비 횟수가 커지므로 준비비용은 많이 들지만 배치크기가 작아서 재고유지비용은 작아진다. 이러한 상황을 고려하여 준비비용과 재고유지비용의 합을 최소로 하는 배치크기를 산출한 것이 EOQ(Economic Order Quantity)인 셈이다. EOQ 공식은(6장 참조) 준비비용이 정해져 있다는 가정을 하는 것이며 주어진 준비비용을 그대로 이용한다. 따라서 준비시간이 감축될 수 있다는 사실을 전혀 고려하지 않는다. 그러므로 EOQ는 필요 이상으로 배치크기를 크게 하는 경향이 있다. 그 결과 재고수준이 높고 리드타임은 길어지며 운영비용도 높아진다. 배치크기가 크면 시스템의 변동성도 높아지므로 배치크기를 작게 하는 것이 좋다.

배치에는 두 가지 종류가 있다. 하나는 프로세스 배치(process batch)이고 다른 하나는 이동 배치(transfer batch)이다. 프로세스 배치란 어느 공정에서 A라는 제품을 생산하고 있다고 가정했을 경우, 그 제품의 생산을 중단하고 다른 제품을 만들기 위해 준비하기 전까지 만들어진 A제품의 양을 일컫는 것이고 이동 배치란 어느 공정에서 다음 공정으로 한 번에 이동되는 양을 일컫는다. 이렇게 배치 개념을 구분하는 것이 중요한 것은 주로 병목현상이 있는 공정의 경우 프로세스 배치 크기가 큰 것이 보통인데 이러한 경우 이동 배치 크기를 작게 하면 흐름을 원활하게 할 수 있음을 언급하기 위함이며, 또한 병목현상이 없는 공정의 경우에는 프로세스 배치 크기를 될 수 있으면 작게 하는 것이 유리함을 언급하기 위함이다.

변동성을 제거하는 다른 방법의 하나로 제시되는 것이 풀 시스템이다. 풀 시스템과의 비교를 위해 푸쉬 시스템을 먼저 살펴보면 다음과 같다. 푸쉬 시스템에서는 일종의 생산운영 지휘자가 있어 그의 지시에 의해 모든 공정이 보조를 맞추게 된다. 생산 분야에서 이러한 지휘자의 역할을 하는 것이 자재소요계획(MRP: Material Requirements Planning)이다. 즉 수요예측에 따라서 모든 생산일정계획이 세워지고 이에 따라 자재소요계획이 세워진다. 모든 공정은 이러한 일정계획에 따라 운영된다. 각 공정은 거의 독립적으로 운영되며 MRP 시스템 자체는 각 공정의 운영을 언제 멈출지를 통제하지 않는다. 각 공정에 자재가 있으면 공정의 운영은 지속된다. 이러한 시스템에서는 변동이 발생하더라도 이에 대해 즉각적으로 대처하기가 쉽지가 않다. 변동에 대응하기 위해서 MRP 자체의 변경이 필요한데, MRP라는 것이 모든 개별 부품에 대한 생산 및 조달 계획임을 감안하면 이것을 변경하는 것이 그리 쉽지가 않음을 알 수 있다.

풀 시스템은 공정간의 흐름이나 시스템 전체의 흐름이 일정한 신호체제에 의하여 통제 되는 시스템이다. 선행공정에서 필요한 부품의 종류, 시기, 양은 칸반을 통하여 후속공정으로 정보가 전달된다. 후속공정은 이 칸반의 정보에 따라 작업을 하게 되므로 칸반이 일종의 통제 역할을 하게 된다. 특히 마지막 공정은 소비자가 연결되어 있어 소비자의 수요가 전체 시스템을 풀(pull)하게 된다. 이러한 시스템에서는 변동을 신속하게 제거할 수 있다.

예를 들어, 공정 1, 2, 3의 세 개의 공정을 순서대로 거쳐 생산이 완료되는 시스템이 있다고 하자. 공정별 생산능력이 서로 다르다고 가정하고 생산능력의 크기 순서는 공정 3>공정 1>공정 2라고 가정한다. 이 경우에 공정 2가 병목이므로 공정별로 생산을 계속하게 하면 공정 2의 앞에는 공정중 재고가 쌓이게 되므로 흐름이 원활하지 못함을 쉽게 알 수 있다. 이 경우에 공정 1과 2를 순서를 바꾸어 공정 2가 공정 1보다 앞서게 할 수만 있다면 문제는 쉽게 해결된다. 하지만 현실적으로 이렇게 공정순서를 바꾸는 것은 거의 불가능에 가깝다. 이러한 경우에 흐름의 원활화를 위하여 채택할 수 있는 시스템은 크게 두 가지로 구분되는데 하나는 푸쉬 시스템이고 다른 하는 풀 시스템이다. MRP시스템은 푸쉬 시스템의 하나이며, 칸반 시스템, ConWIP(constant WIP) 시스템, 병목풀 시스템 등은 풀 시스템에 속한다. 이러한 시스템에 대하여 살펴보면 다음과 같다.

MRP시스템

자재소요계획(MRP: Material Requirements Planning)은 부품별로 세워지는 생산계획이다. MRP시스템에서는 각 공정이 개별 공정별로 세워진 계획에 의하여 생산 활동을 하게 되므로 작업물량이 그 공정에 있는 한 작업을 계속하게 된다. 이렇게 개별적으로 생산 활동을 하는 경우 공정간의 페이스가 일정하게 되지를 않아서 흐름이 원활하지 않게 되고 주로 잔업이나 작업자들의 재배치 등을 통하여 흐름을 조정하게 된다.

다음의 간단한 예를 이용하여 MRP에 대해서 알아보기로 한다. MRP는 특정 제품을 만드는 데 필요한 자재 각각에 대한 생산이나 혹은 주문계획이다. 따라서 부품의 종류가 1,000가지라면 1,000가지 각각의 부품에 대한 계획이 수립되어야 한다.

일단 부품계획이 수립되기 위해서는 다음과 같은 정보들이 필요하다.

❶ MPS(Master Production Schedule): 이는 최종 제품이 언제 얼마나 필요한지에 대한 계획이며 수요예측을 이용하여 만들어진다.

❷ BOM(Bill of Material): 제품이 어떠한 부품들로 구성되는지 몇 개가 필요한지를 보여주는 것이다. 여러 단계로 나누어지는데 최종제품은 0단계에 해당된다. 1단계는 최종제품을 구성하는 주요부품이 해당되고, 2단계는 1단계의 부품을 구성하는 부품들이 포함되는 식으로 제품구성도가 만들어진다.

❸ Lead Time: 각 부품을 조달하는 데 걸리는 시간이다. 만일 특정 부품이 2주가 걸린다면 필요한 시기의 2주 전에 발주가 되어야 제시간에 도착하게 될 것이다.

❹ Inventory Level: 재고가 있을 경우에 재고량을 고려한 발주량이 정해진다.

❺ Scheduled Receipt: 이미 발주가 완료되어 받기로 되어 있는 수량이다.

MRP를 작성할 때에 사용되는 양식에 들어가는 항목은 다음과 같다.

❶ GR(Gross Requirement): 총 필요량

❷ SR(Scheduled Receipt): 이미 발주가 완료되어 받기로 되어 있는 수량

❸ PAB(Planned Available Balance): 초기에 보유한 재고와 SR을 합한 재고수준

❹ NR(Net Requirement): 순 소요량이며 다음과 같이 산출된다.

$$NR = GR - PAB$$

❺ PR(Planned Receipt): 발주 후 리드타임이 경과한 도착량

❻ POR(Planned Order Release): 리드타임을 고려한 발주량

참고로 POR을 결정할 때에 로트크기를 어떻게 할지를 결정해야 한다. NR만큼의 정확한 수량을 주문할 것인지(Lot for Lot), 경제적 주문량(EOQ)을 고려하여 주문을 할 것인지, 최소주문량이 있다면 그것을 고려한 주문을 할 것인지 등을 고려해야 한다.

다음의 간단한 예를 이용하여 MRP를 만들어 보기로 한다. MRP 소프트웨어를 이용하면 간단하게 결과물을 얻을 수 있지만 MRP의 본질을 이해하는 데 도움이 되도록 하기 위해서 손으로 MRP를 만들어보기로 한다.

▸그림 4-3 제품구성도

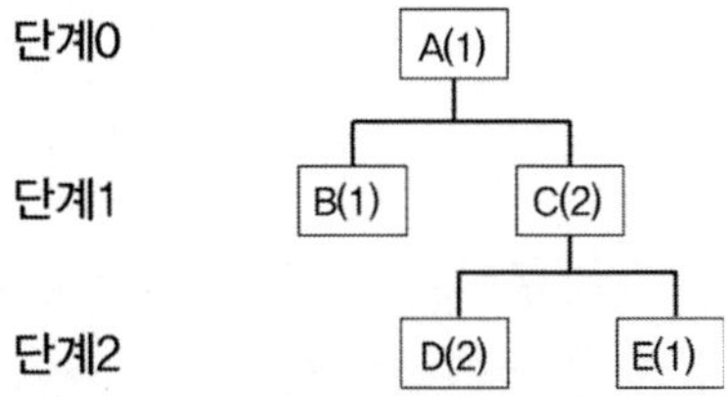

A의 1단위 생산에 B 1단위와 C 2단위가 필요함.
C의 1단위 생산에 D 2단위와 E 1단위가 필요함.

<그림 4-3>과 같은 제품 구성도를 갖는 제품의 부품별 조달계획을 만들어보기로 한다.

다음은 MRP 생성에 필요한 각종 자료이다.

1. 최종 제품 A에 대한 MPS

주	1	2	3	4	5	6	7	8	9	10
					50					100

2. 리드타임

	A	B	C	D	E
리드타임	1	2	2	3	2

3. 보유 재고

	A	B	C	D	E
보유 재고	10	20	50	30	20

4. Scheduled Receipt

	1	2	3	4	5	6	7	8	9	10
A										
B		30								
C		60								
D			20							
E										

5. 로트크기 결정

	A	B	C	D	E
로트 크기	Lot for Lot	최소주문량 50	Lot for Lot	최소주문량 100	최소주문량 100

위의 자료를 가지고 A, B, C, D, E에 대한 MRP를 만들어 보기로 한다.

A의 MRP

	1	2	3	4	5	6	7	8	9	10
GR					50					100
SR										
PAB	10	10	10	10	0	0	0	0	0	0
NR					40					100
PR					40					100
POR				40					100	

– 로트크기: Lot for Lot(필요한 만큼만 정확히 발주)
– 리드타임: 1주
– 초기재고: 10

B의 MRP

	1	2	3	4	5	6	7	8	9	10
GR				40					100	
SR		30								
PAB	20	50	50	10	10	10	10	10	10	10
NR									90	
PR									100	
POR							100			

A가 4, 9주차에 발주되므로 B는 4, 9주차에 필요(A의 1단위당 B 1단위 필요)
– 로트 크기: 최소주문량(50)의 배수
– 리드타임: 2주
– 초기재고: 20
– SR: 30(2주차)

C의 MRP

	1	2	3	4	5	6	7	8	9	10
GR				80					200	
SR		60								
PAB	50	110	110	30	30	30	30	30	0	0
NR									170	
PR									170	
POR							170			

A가 4, 9주차에 발주되므로 C는 4, 9주차에 필요(A의 1단위당 C 2단위 필요)

- 로트크기: Lot for Lot
- 리드타임: 2주
- 초기재고: 50
- SR: 60(2주차)

D의 MRP

	1	2	3	4	5	6	7	8	9	10
GR							340			
SR			20							
PAB	30	30	50	50	50	50	10	10	10	10
NR							290			
PR							300			
POR				300						

C가 7주차에 발주되므로 D는 7주차에 필요(C의 1단위당 D 2단위 필요)

- 로트크기: 최소주문량(100)의 배수
- 리드타임: 3주
- 초기재고: 30
- SR: 20(3주차)

E의 MRP

	1	2	3	4	5	6	7	8	9	10
GR							170			
SR										
PAB	20	20	20	20	20	20	50	50	50	50
NR							150			
PR							200			
POR					200					

C가 7주차에 발주되므로 D는 7주차에 필요(C의 1단위당 D 1단위 필요)
– 로트크기: 최소주문량(100)의 배수
– 리드타임: 2주
– 초기재고: 20

칸반 시스템

8장의 도요타 생산시스템에서 보게 될 칸반 시스템은 Srinivasan (2004)의 분석기법을 빌리면 <그림 4–4>에서 보는 바와 같이 공정간 줄로 묶여 있는 형태이며 어느 공정이 앞서 나가려고 해도 그 공정과 연결된 공정에 의하여 제한이 된다. 제품이 완성되는 마지막 공정은 고객과 묶여 있어 고객의 수요와 독립적으로 생산이 이루어지지 못하고, 수요에 맞추어 생산이 이루어지는 경우이다. 공정간 연결된 줄의 길이는 일종의 공정간 허락된 최대 재고수준으로 생각하면 된다. 따라서 어느 공정이 생산 활동을 하다가 공정중재고수준이 정해진 최대 재고수준에 이르게 되면 생산이 중단되고, 그 공정중재고를 사용하는 공정이 공정중재고의 일정 부분을 소모해야만 다시 생산 활동이 시작되는 방식이다. 이 경우에 문제가 되는 것은 공정간 줄로 연결이 되어 있어 공정 중의 하나에 문제가 생길 경우 시스템 전체가 중단되는 경우가 발생할 수 있다는 것이다.

▶ 그림 4-4 칸반 시스템

공정간 줄로 연결되어 있으며 최종 공정은 고객과 연결되어 있다.

공정중재고수준유지 시스템(ConWIP 시스템)

공정중재고를 일정수준으로 유지하는 시스템이다. <그림 4-5>에서 보는 바와 같이 칸반시스템과 마찬가지로 마지막 공정은 고객과 줄로 연결이 되어 있어 수요에 맞추어 생산을 하게 된다. 칸반 시스템과 다른 점은 공정간 줄이 모두 연결되어 있는 것이 아니라 첫 공정과 마지막 공정 간에만 줄이 연결되어 있다는 것이다. 이 줄의 길이가 바로 유지해야 하는 공정중재고수준이 된다, 따라서 중간 공정은 어느 정도 자율적인 페이스 조절이 가능하다.

▶ 그림 4-5 ConWIP 시스템

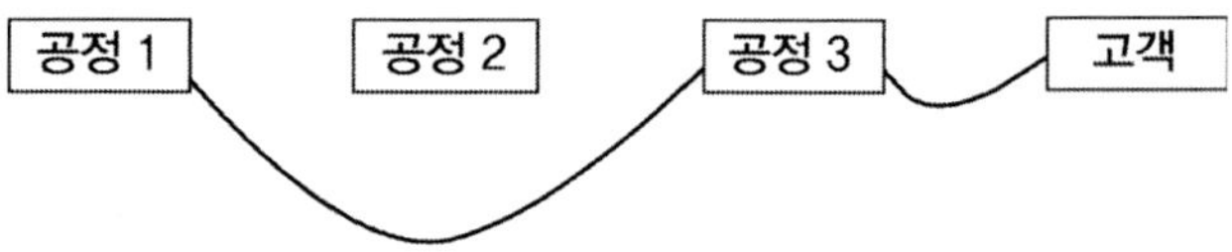

첫 공정과 마지막 공정간 줄이 연결되어 있고 마지막 공정은 고객과 연결되어 있다.

병목풀 시스템

<그림 4-6>에서 보는 바와 같이 첫 공정과 병목 공정인 공정 2와 줄이 연결되어 있는 형태이다. 물론 고객의 수요가 생산능력보다 작아서 고객이 병목일 경우에는 첫 공정과 고객이 줄로 연결된다. 병목풀 시스템이 의미하는 것은 가장 생산능력이 떨어지는 공정이 생산시스템 전체의 페이

▸ 그림 4-6 DBR 모델

첫 공정과 병목 공정간 줄이 연결되어 있다.

스를 조절한다는 것이다. 이러한 시스템은 일종의 DBR모델이라고 할 수 있는데, 앞서 살펴보았듯이 드럼은 고객의 수요와 시스템의 제약조건을 고려한 주생산일정을 의미하고, 버퍼는 병목자원이 일거리가 없어 소중한 시간을 낭비하는 것을 방지하기 위하여, 즉 병목자원을 보호하기 위하여 보유하는 공정중재고를 의미한다. 로프는 작업을 생산 프로세스에 투여하는 메커니즘을 의미하는데 각 자원의 생산을 드럼과 일치시키는 역할을 한다. 즉, 자재가 병목자원이 처리할 수 있는 능력보다 빨리 투여되는 것을 방지한다.

참고문헌

Cox, J.F. and M.S. Spencer (1998), *The Constraints Management Handbook*, FL: St. Lucie Press.

Goldratt, E.M. and J. Cox (1992), *The Goal: A Process of Ongoing Improvement*, MA: North River Press Publishing Company.

Goldratt, E.M. (1990), *The Haystack Syndrome*, NY: The North River Press.

Goldratt, E.M. (1996), *Production the TOC Way: A Self-Learning Kit*, NY: The North River Press.

Goldratt, E.M. and R.E. Fox (1986), *The Race*, NY: The North River Press.

Schragenheim, Eli and H. William Dettmer (2000), *Manufacturing at Warp Speed: Optimizing Supply Chain Business Performance*, Fl: St. Lucie Press.

Srinivasan, M.M. (2004), *Streamlined: 14 Principles for Building & Managing the Lean Supply Management*, Ohio: Thomson.

Stein, R.E. (1996), *Re-engineering the Manufacturing System: Applying the Theory of Constraints*, Marcel-Dekker, Inc.

Umble, M.M. and M.L. Srikanth (1990), *Synchronous Manufacturing*, Southwestern Publishing Co.

chapter 5

Critical Chain 프로젝트 관리

*Critical Chain*은 1997년 Goldratt이 쓴 책의 제목이며 그의 다른 저서와 유사하게 소설 형식을 빌려 프로젝트관리 기법에 대한 자신의 이론을 전개한다. 어느 경영대학의 MBA 프로그램에서 개설된 프로젝트관리 과목의 강의실을 배경으로 하여 강의와 토론을 바탕으로 이야기가 전개된다. 내용의 핵심은 TOC 이론을 프로젝트관리에 적용하자는 것이며 여기서 critical chain이라는 개념이 등장한다. 이 개념은 전통적인 프로젝트관리 기법(PERT/CPM)에서 등장하는 critical path와는 약간 다른 개념이다. Goldratt(1997)은 critical chain을 중심으로 프로젝트관리가 이루어져야 함을 강조하고 있으며 이 과정에서 DBR에서와 유사하게 버퍼가 이용되어야 함을 강조한다. 본 장에서는 critical chain 프로젝트관리 기법에 대해서 알아보고 또한 전통적인 프로젝트관리 기법인 PERT/CPM기법과 어떻게 다른지를 알아보기로 한다.

Critical Chain 프로젝트 관리

프로젝트는 일련의 활동으로 구성되며 이러한 활동이 모두 종료되면 프로젝트가 완료된다. 프로젝트관리는 이러한 프로젝트를 가장 짧은 시간에 가장 저렴한 비용으로 완료하는 것이 핵심이다. 대형 프로젝트의 경우에 수백, 수천 개의 활동들로 구성되는데 이러한 활동들을 체계적으로 관리하여 제시간에 완료하기란 쉽지 않다. 특히 프로젝트관리가 쉽지 않은 것은 활동들의 변동성과 종속성 때문이라는 것이 일반적인 시각이다.

✤ **변동성**: 개별 활동들을 완료하는 데 소요되는 시간이 확정적이지 않음을 의미한다.

✤ **종속성**: 종속성은 활동 종속성과 자원 종속성으로 구분된다.

a. 활동 종속성: 어느 활동의 아웃풋이 다음 활동의 인풋이 되는 경우, 즉 선행활동이 완료되어야 후속활동을 시작할 수 있는 경우이다.

b. 자원 종속성: 여러 활동이 동일한 자원을 공유하는 경우에 어느 활동이 자원을 이용할 경우에 그 이용이 끝나야 비로소 다른 활동이 그 자원을 사용할 수 있는 경우이다.

critical chain과 critical path의 차이

복잡한 프로세스관리에는 전통적인 PERT/CPM 기법이 많이 이용된다. 이 기법의 핵심은 프로젝트의 시작에서 끝까지의 경로 중에서 소요시간의 합이 가장 큰 경로를 찾아 그 경로상의 활동을 중심으로 관리가 이루어진다. 이러한 경로를 critical path라고 하는데 이 경로상의 활동이 중요한 이유는 이 활동들이 늦어지게 되면 전체 프로젝트가 늦어지게 되기 때문이다.

PERT/CPM의 critical path 기법이 유용하기는 하지만 한 가지 중요한 단점이 있다. 그것은 critical path를 찾을 때에 자원 종속성을 고려하지 않는다는 것이다.

다음과 같은 간단한 프로젝트의 예를 보면 그 의미가 분명해진다.

<그림 5-1>에서 각 네모 안의 데이터는 순서대로 활동이름, 소요시간, 이용자원을 나타낸다.

(a)의 경우에 경로 A-B-E와 경로 C-D-E의 소요시간의 합은 각각 8과 10이다. 이 경우에 소요시간의 합이 가장 긴 경로인 C-D-E가 critical path이다.

▶ 그림 5-1 Critical Path와 Critical Chain의 차이

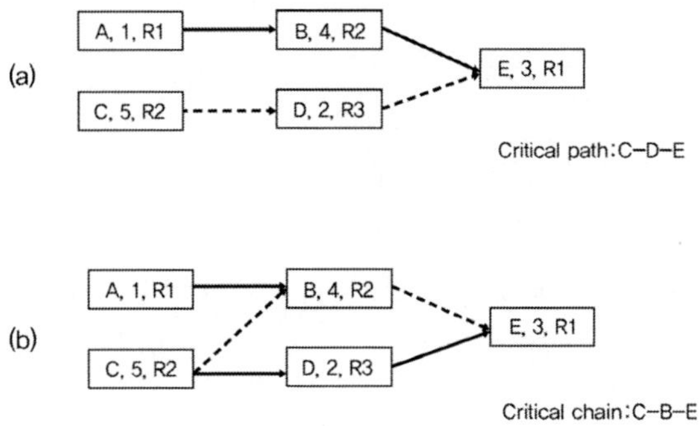

그런데 활동 B와 활동 C를 보면 둘 모두 R2라는 자원을 이용한다. 즉, 활동 C가 완료된 후에야 비로소 활동 B에 착수할 수 있게 된다. 이렇게 자원제약을 고려할 경우에는 (b)와 같이 소요시간의 합이 가장 긴 경로는 C−B−E가 된다. 이와 같이 자원제약을 고려한 critical path를 critical chain이라고 한다. 그러므로 critical chain은 일종의 자원제약이 있는 경우의 critical path라고 할 수 있다.

Critical Chain 접근법의 원리

Goldratt(1997)은 Critical Chain을 중심으로 프로젝트관리가 이루어져야 한다는 것을 강조한다. 구체적으로 어떻게 프로젝트관리가 이루어져야 하는지에 대한 Goldratt의 이론을 살펴보기로 하자.

여유시간 추가 메커니즘

Goldratt은 그의 저서 *Critical Chain*에서 프로젝트를 수행할 시에 작업마다 여유시간을 과대하게 추가하는 경향이 있다고 하면서 다음과 같이 세 가지 여유시간 추가 메커니즘을 언급한다.

✤ **여유시간 추가 메커니즘 1**: 실패했던 경험을 토대로 여유시간을 추

가하는데 이는 프로젝트 완료시간에 대한 확률분포 곡선의 오른쪽 끝에 위치한다. 즉 최악의 경우에도 작업을 완료할 수 있을 만큼의 충분한 여유시간을 추가한다는 것이다. 참고로 프로젝트를 완료하는 데 걸리는 시간에 대한 확률분포는 비대칭이며 오른쪽이 왼쪽에 비하여 완만한 분포이다.

✤ **여유시간 추가 메커니즘 2**: 프로젝트의 활동이 많아질수록 총 여유시간도 길어진다. 이는 활동별로 자체적인 여유시간이 추가되기 때문이다.

✤ **여유시간 추가 메커니즘 3**: 시간을 단축하라는 지시에 대비하여 미리 여유시간을 추가한다.

그런데 이렇게 추가된 여유시간이 프로젝트를 제시간에 완료하는 데 도움이 되어야 하지만 실제로는 낭비가 되어서 프로젝트 완료에 도움이 되지 않는 것이 문제라고 지적하고 있다.

여유시간 낭비 메커니즘

Goldratt은 여유시간이 낭비되는 메커니즘을 다음과 같이 세 가지로 구분하고 있다.

✤ **여유시간 낭비 메커니즘 1**: 작업들에서 지연된 시간은 누적되지만, 일찍 끝나 절약된 시간은 누적되지 않고 사라진다.

예상보다 빨리 작업이 완료된 경우에 보고를 하더라도 보상이 없으므로 보고를 하지 않는 경우가 일반적이며, 보고를 하면 오히려 앞으로 예측시간을 단축하라는 압력을 받게 되기도 한다는 것이다. 게다가 보고가 되더라도 다음 단계에서는 자신의 작업을 수행할 시간이 충분함을 알고 있으므로 결코 서두르지 않는다는 것이다.

✤ **여유시간 낭비 메커니즘 2**: 처음에는 여유시간을 가지려고 투쟁을 하지만 정작 시간이 확보되면 시간이 충분하므로 서두르지 않게 된다.

이를 학생증후군이라고 부른다. 이것이 여유시간이 있음에도 불구하고 많은 단계에서 조금씩 늦어지는 이유가 된다.

✤ **여유시간 낭비 메커니즘 3:** 멀티태스킹의 경우에 리드타임이 길어진다.

예를 들어, 한 사람이 A, B, C라는 세 가지 작업을 해야 한다고 가정하고 각각의 작업은 10일씩 걸린다고 하자. 만일 순서대로 작업을 하면 작업별로 10일이 걸리므로 작업별 리드타임은 10일이 된다. 그런데 만일 이 사람이 압력을 받아서 모두를 조금씩 만족시키려고 세 가지 작업을 5일씩 쪼개어 작업을 한다고 하자. A, B, C, A, B, C 순서대로 작업할 경우에 일은 모두 완료가 되지만 각 작업의 리드타임, 즉 작업 완료에 걸리는 시간은 각각 20일이 된다. 그 이유는 A의 경우에 초반에 5일간 작업이 이루어지지만 작업이 완료되지 않고 B, C를 5일간씩 작업을 한 후에 나머지 5일간의 작업이 이루어지기 때문이다. B와 C도 마찬가지이다.

이러한 문제를 해결하기 위한 접근법으로 Goldratt은 다음을 제시한다.

Critical Chain 접근법

<그림 5-2>는 critical chain을 찾는 방법과 버퍼를 할당하는 방법을 보여준다.

단계 1 먼저 critical chain을 확인한다. <그림 5-2>에서 (a)는 critical chain이 C-B-E임을 보여준다.

단계 2 모든 활동에 대해서 기존 소요시간을 반으로 줄인다. (b)에서 모든 활동의 소요시간이 반으로 줄었음을 알 수 있다.

단계 3 critical chain상의 활동들에서 줄여진 소요시간들의 합을 critical chain의 마지막 활동 다음에 프로젝트버퍼(project buffer)로 할당한다. (b)에서 critical chain상의 활동들에서 줄여진 소요시간의 합(6)은 프로젝트버퍼로 critical chain의 마지막 활동 뒤에 추가되어 있음을 볼 수 있다.

단계 4 critical chain과 중간에서 만나는 다른 경로들의 경우에는 그 경로상의 활동에서 줄여진 소요시간의 합을 그 경로들의 마지막 활동 다

▸ 그림 5-2 Critical Chain 접근법과 버퍼 할당법

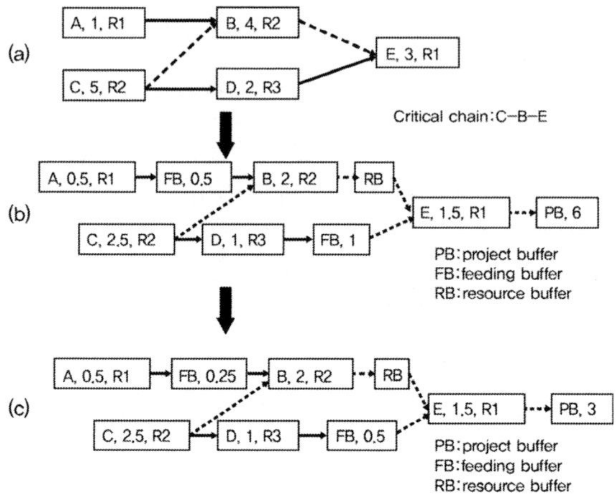

음에 피딩버퍼(feeding buffer)로 할당한다. (b)에서 critical chain과 만나는 A-B경로와 D-E경로 사이에는 피딩버퍼가 추가되어 있음을 볼 수 있다. 물론 이때 피딩버퍼의 시간은 각각의 경로상의 활동에서 줄여진 소요시간의 합이 되는데 이 경우에는 하나의 활동만이 있는 경우라고 생각하면 된다.

단계 5 필요한 경우에 critical chain상의 활동들 앞에 자원버퍼(resource buffer)를 추가한다.

자원버퍼라는 것은 critical chain상의 활동이 특정 자원을 이용해야 할 경우에 그 자원을 지체 없이 사용할 수 있도록 시그널을 보내기 위하여 이용된다. 만일 시그널을 보낼 필요가 없는 경우에는 자원버퍼를 추가할 필요가 없다. 예를 들어, 처음 시작 단계의 활동이나 바로 전 단계에서 동일한 자원을 이용할 경우에는 따로 자원이 필요하다는 것을 알릴 필요가 없으므로 자원버퍼를 추가할 필요가 없다.

(b)에서 활동 E 앞에는 자원버퍼가 추가되어 있다. 이는 R1이라는 자원을 활동 E가 지체 없이 사용할 수 있도록 시그널을 보내기 위함이다. 활동 C 앞에 자원버퍼가 없는 이유는 활동 C는 시작 단계이므로 자원을 즉시 사용할 수 있기 때문이며 활동 B 앞에 자원버퍼가 없는 이유는 활동 C가 동일

한 자원을 사용하므로 특별히 시그널을 보낼 필요가 없기 때문이다.

단계 6 프로젝트버퍼와 피딩버퍼의 크기는 줄여진 소요시간의 합의 절반으로 줄인다. (c)에서는 프로젝트버퍼와 피딩버퍼의 시간이 반으로 축소되어 이 프로젝트의 최종 예상완료시간은 12에서 9로 축소되었음을 알 수 있다. 참고로 (b)와 (c)에서 critical chain의 소요시간의 합은 각각 2.5+2+1.5+6=12, 2.5+2+1.5+3=9이다.

전통적인 프로젝트관리 기법(PERT/CPM 기법)

PERT(Program Evaluation and Review Technique)와 CPM(Critical Path Method)은 프로젝트를 효율적으로 계획 및 통제하기 위해 개발된 기법으로 전체 프로젝트를 완료하는 데 걸리는 시간 혹은 프로젝트를 완료하는 데 소요되는 시간이 가장 긴 critical path의 확인, 프로젝트를 특정 시간 내에 완료할 확률, 최소의 비용으로 프로젝트를 단축하는 방법 등에 대한 분석이 가능하다.

PERT와 CPM의 차이는 프로젝트를 구성하는 각 활동을 완료하는 데 걸리는 시간에 대한 시각 차이에서 비롯된다. CPM은 활동의 완료시간을 확정적으로 보는 것이고 PERT는 활동의 완료시간을 확률적으로 보는 것이다. 그러나 접근방법에 있어서는 별 차이가 없으므로 PERT/CPM기법으로 묶어서 사용한다.

앞서 언급이 되었듯이 PERT/CPM기법은 자원제약이 고려되지 않는다는 점과 버퍼가 이용되지 않는다는 점이 critical chain 기법과 다르다. 물론 단점이 있기는 하지만 PERT/CPM 기법은 여전히 광범위하게 이용되고 있으며 프로젝트관리의 핵심을 잘 보여주고 있다는 점에서 가치가 큰 기법이다. 본 장에서는 PERT/CPM기법에 대해서 살펴보기로 한다.

PERT/CPM 네트워크

PERT/CPM 네트워크란 특정 프로젝트를 구성하는 활동들의 선후관계를 고려하여 마디(node)와 가지(branch)로 연결하는 것이다. 이것을 예를 들어 설명하면 다음과 같다.

어느 프로젝트가 8가지의 활동들로 구성되어 있고 각 활동의 선행활동과 소요시간이 <표 5-1>과 같다고 하자.

▶ 표 5-1 프로젝트에 관련된 활동

활동	소요시간(주)	선행활동
A	3	없음
B	4	없음
C	3	A
D	5	B
E	5	C
F	4	C
G	6	D, E
H	3	F, G

어느 활동의 선행활동이란 그 활동을 시작하기 전에 완료해야 하는 활동을 말한다. 예를 들어, 활동 C는 활동 A가 완료되어야 시작할 수 있으므로 활동 A는 활동 C의 선행활동이 된다. 마찬가지로 활동 D와 E는 활동 G에 앞서 완료되어야 한다.

이 프로젝트와 관련된 활동의 네트워크를 작성하면 다음 <그림 5-3>과 같다. 네트워크는 마디와 가지로 구성되는데 그리는 방법이 두 가지가 있다. (a)에서와 같이 마디를 활동으로 하여 마디에 활동이름과 소요시간을 담는 방법이 있고, (b)에서와 같이 가지를 활동으로 하여 그 위에 활동이름과 소요시간을 기록하는 방법이 있다. 본서에서는 (b) 방법을

▸ 그림 5-3 프로젝트 네트워크

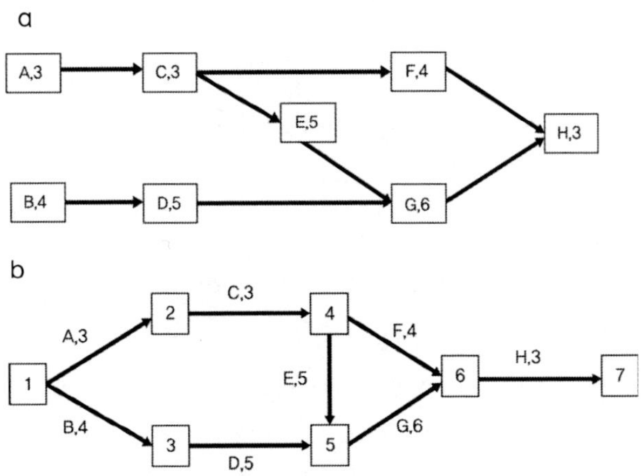

이용하기로 한다. 프로젝트 네트워크는 <그림 5-3>에서 보는 바와 같이 전체 활동들의 선후관계를 효과적으로 나타내는 데 유용하다. 그러나 한 가지 유의할 것은 큰 프로젝트의 경우에 이러한 네트워크를 그리는 자체가 불가능하다는 것과 다행한 것은 네트워크를 그리지 않고도 critical path를 찾는 것이 가능하다는 것이다.

critical path의 결정

프로젝트를 완료하는 데 걸리는 시간 및 완료가 지연되는 경우 프로젝트 전체의 완료에 지장을 주는 활동 등에 대하여 분석하기 위해서는 critical path에 대한 분석이 필요하다. critical path란 프로젝트를 완료하는 데 소요되는 시간이 가장 긴 경로를 의미하고 critical path상에 있는 활동을 critical activity라 한다. 만일 프로젝트의 완료시간을 단축하려면 critical path상에 있는 활동의 완료시간을 단축시켜야 한다. 반대로 critical path상의 어느 활동이 지연될 경우에 전체 프로젝트의 완료에 지연을 초래하게 된다.

critical path를 결정하는 방법에는 두 가지가 있다. 하나는 열거법이고 다른 하나는 활동시간에 의한 방법이다.

열거법

<그림 5−3> (b)에서 프로젝트의 시작에서 끝까지의 경로를 보면 다음과 같은 세 가지가 경로가 있음을 알 수 있으며 각 경로별 총 소요시간은 다음과 같다.

경로 1 A−C−F−H(총 소요시간=13주)

경로 2 A−C−E−G−H(총 소요시간=20주)

경로 3 B−D−G−H(총 소요시간=18주)

프로젝트가 완료되기 위해서는 모든 경로가 완료되어야 하므로 네트워크의 경로 중에서 가장 긴 시간이 소요되는 경로, 즉 최장경로가 critical path가 되고 프로젝트의 완료시간은 최장경로의 총 소요시간이다. 이 경우에는 A−C−E−G−H가 critical path이며 총 20주가 소요된다.

열거법은 모든 경로를 찾아야 하므로 활동이 많은 프로젝트에서는 사용하기가 곤란하다. 따라서 일반적으로 critical path를 찾기 위해서는 다음의 활동시간 이용법을 사용한다.

활동시간 이용법

critical path를 발견하기 위해서는 각 활동에 대해서 ES, EF, LS, LF라는 활동시간을 계산한 후에 각 활동별로 여유시간(slack time)을 계산하고 slack time=0인 활동들의 집합이 critical path이다. slack time은 LS−ES 혹은 LF−EF로 계산한다.

- ES(earliest start time): 선행활동의 요구조건을 충족시키면서 활동을 가장 빨리 착수할 수 있는 시간
- EF(earliest finish time): 선행활동의 요구조건을 충족시키면서 활동을 가장 빨리 완료할 수 있는 시간

- ✤ LS(latest start time) : 전체 프로젝트를 지연시키지 않고 활동을 가장 늦게 시작할 수 있는 시간
- ✤ LF(latest finish time) : 전체 프로젝트를 지연시키지 않고 활동을 가장 늦게 완료할 수 있는 시간

ES와 EF의 계산

각 활동에 대한 ES와 EF를 계산하기 위해서는 네트워크의 시작점에서 출발하여 종점에 이르는 forward pass 개념을 이용한다. 시작점에서의 시작시간은 0으로 놓는다. 따라서 활동 A와 B의 ES는 각각 0이 된다. 각 활동의 ES와 EF는 다음과 같은 관계를 이용하여 산출한다.

ES = 선행활동들의 EF값 중에서 가장 큰 값

EF = ES + 소요시간

- A의 선행활동은 없으므로 A의 ES=0, EF=0+3=3이다.
- B의 선행활동은 없으므로 B의 ES=0, EF=0+4=4이다.
- C의 선행활동은 A이므로 A의 완료시간인 EF가 C의 ES가 된다. 따라서 C의 ES = 3, EF=3+3=6이다.
- D의 선행활동은 B이므로 B의 완료시간인 EF가 D의 ES가 된다. 따라서 D의 ES = 4, EF = 4+5=9이다.
- E의 선행활동은 C이므로 C의 완료시간인 EF가 E의 ES가 된다. 따라서 E의 ES = 6, EF = 6 + 5 = 11이다.
- F의 선행활동은 C이므로 C의 완료시간인 EF가 F의 ES가 된다. 따라서 활동 F의 ES=6, EF = 6 + 4 = 10이다.
- G는 D와 E가 모두 완료되어야 시작할 수 있으므로 D와 E 중에서 늦게 끝나는 활동의 완료시간, 즉 D와 E의 EF값 중 큰 것이 G의 ES가 된다. 따라서 G의 ES = 11, EF = 11 + 6 = 17이다.
- H는 F와 G가 모두 완료되어야 시작할 수 있으므로 F와 G 중에서 늦게 끝나는 활동의 완료시간, 즉 F와 G의 EF값 중 큰 것이 H의 ES가 된다. 따라서 H의 ES = 17, EF = 17 + 3 = 20이다.

LS와 LF의 계산

각 활동에 대한 LS와 LF는 네트워크의 종점에서 출발하여 시작점으로 거슬러 올라가는 backward pass 개념을 적용한다.

먼저 최종활동의 LF값은 최종활동의 EF값으로 정한다. 여기서는 최종활동 H의 LF = H의 EF = 20을 부여한다. 일단 LF가 산출되면 다음의 식을 이용하여 LS를 계산할 수 있다.

LF = 후속활동들의 LS 중에서 가장 작은 값

LS = LF - 소요시간

- H에 대한 LF가 20이므로 LS = 20 - 3 = 17이다.
- F와 G의 후속활동이 H이므로 H의 LS가 F와 G의 LF값이 된다.
  따라서 F의 LF = 17, LS = 17 - 4 = 13이고,
  G의 LF = 17, LS = 17 - 6 = 11이다.
- D와 E의 후속활동이 G이므로 G의 LS가 D와 E의 LF값이 된다.
  따라서 D의 LF=11, LS=11−5=6이고,
  E의 LF=11, LS=11−5=6이다.
- C의 후속활동은 E와 F이기 때문에 E의 LS와 F의 LS 중에서 작은 값이 C의 LF가 된다. 따라서 C의 LF=6, LS=6−3=3이 된다.
- B의 후속활동은 D이므로 D의 LS가 B의 LF가 된다.
  따라서 B의 LF = 6, LS = 6−4=2이다.
- A의 후속활동은 C이므로 C의 LS가 A의 LF가 된다.
  따라서 A의 LF = 3, LS = 3 - 3 = 0이다.

여유시간 및 critical path의 산출

여유시간(slack time)이란 전체 프로젝트의 지연을 초래하지 않고 각 활동을 지연할 수 있는 시간을 의미한다. 여유시간을 식으로 나타내면 다음과 같다.

여유시간 = LS-ES=LF-EF

▶ 표 5-2 활동시간에 의한 critical path의 결정

활동	소요시간	ES	EF	LS	LF	slack time	critical path
A	3	0	3	0	3	0	yes
B	4	0	4	2	6	2	no
C	3	3	6	3	6	0	yes
D	5	4	9	6	11	2	no
E	5	6	11	6	11	0	yes
F	4	6	10	13	17	7	no
G	6	11	17	11	17	0	yes
H	3	17	20	17	20	0	yes

<표 5-2>는 프로젝트의 모든 활동에 대해 ES, EF, LS, LF 및 여유시간을 계산한 것이다. D의 경우 LS - ES = 6 - 4 = 2 혹은 LF - EF = 11 - 9 = 2이므로 이 활동의 여유시간은 2주이다. 이는 D가 2주간 지연된다고 해도 전체 프로젝트의 완료시간에는 영향을 미치지 않는다는 것을 의미한다.

한편, 활동 A, C, E, G, H는 여유시간이 전혀 없으며 따라서 이 중에서 어느 하나의 활동이 지연되면 전체 프로젝트의 지연을 초래하게 된다. 때문에 이와 같은 활동들을 critical activity라 하고 이 활동들로 이루어진 경로를 critical path라 한다. critical path상에 있는 활동들의 여유시간은 전부 0이 된다. 즉, critical path상에 있는 활동들의 활동시간의 관계는 LS=ES 그리고 LF=EF이다. 따라서 여유시간이 전부 0인 경로를 찾으면 그것이 곧 critical path가 된다.

위의 프로젝트의 critical path는 A−C−E−G−H이고 이 critical path에 따라 프로젝트를 진행할 경우 전체 프로젝트의 완료시간은 A, C, E, G, H의 소요시간의 합인 20주이다.

PERT의 활동시간 추정 및 완료확률의 계산

활동시간 추정

CPM에서는 활동의 소요시간이 확정적이라고 가정하나, 실제로 개별 활동의 소요시간은 불확실한 경우가 일반적이다. 그러므로 이러한 활동 소요시간을 정확한 하나의 값으로 추정한다는 것은 어려운 일이다. 따라서 PERT에서는 각 활동에 대해 다음과 같은 세 가지 시간 추정치를 이용하여 각 활동별 평균 소요시간을 추정한다.

- **낙관시간**(optimistic time: O): 모든 상황이 최상으로 진행될 경우에 소요될 최단시간
- **최빈시간**(most likely time: M): 정상적인 조건하에서 가장 흔히 발생하는 최빈시간
- **비관시간**(pessimistic time: P): 모든 상황이 최악으로 진행될 경우에 소요될 최장시간

각 활동의 소요시간은 베타분포(beta distribution)를 따른다고 가정하며, 베타분포에 근거하여 각 활동별 소요시간의 평균과 분산은 다음의 식을 이용하여 산출한다.

$$평균 = \frac{O + 4M + P}{6}$$

$$분산 = \left(\frac{P - O}{6}\right)^2$$

<표 5-3>에는 프로젝트의 각 활동에 대한 낙관시간, 최빈시간 및 비관시간과 위의 식을 이용하여 각 활동에 대한 평균과 분산이 계산되어 있다. 이렇게 계산된 평균을 각 활동의 소요시간으로 이용하는 것이다.

▶ 표 5-3 프로젝트 활동시간의 추정의 예

활동	낙관시간(O)	최빈시간(M)	비관시간(P)	평균	분산
A	1.5	3	4.5	3	9/36
B	2	4	6	4	16/36
C	1	3	5	3	16/36
D	3.5	5	6.5	5	9/36
E	3	5	7	5	16/36
F	1.5	4	6.5	4	25/36
G	3	6	9	6	36/36
H	2	3	4	3	4/36

프로젝트의 완료확률

일부 활동에 대한 시간추정치에 변동이 있을 경우, 특히 critical path 상의 활동들의 소요시간에 변동이 있을 경우에는 전체 프로젝트의 완료에 영향을 미칠 수 있으므로 특정기간 내에 프로젝트를 완료할 확률에 관심을 가지게 된다.

PERT에서는 전체 프로젝트의 완료에 걸리는 시간에 대한 분산은 critical path상의 활동들의 분산을 단순히 합한 것과 같다. 따라서 활동 A, C, E, G, H의 분산의 합, 즉 $9/36 + 16/36 + 16/36 + 36/36 + 4/36 = 81/36$이 프로젝트 완료에 걸리는 시간에 대한 분산이 되며, 표준편차는 $\sqrt{\frac{81}{36}} = 1.5$이다. 이 자료와 앞서 프로젝트 완료에 걸리는 시간은 평균 20주임을 이용하여(프로젝트의 완료시간(t)은 정규분포를 따른다고 가정하고) 프로젝트를 23주 이내에 완료할 확률을 구해보면 다음과 같다.

$$
\begin{aligned}
P(t \le 23) &= P\left(Z \le \frac{23 - \text{평균}}{\text{표준편차}}\right) \\
&= P\left(Z \le \frac{23 - 20}{1.5}\right) \\
&= P(Z \le 2) \\
&= 0.9772
\end{aligned}
$$

즉, 프로젝트를 23주 이내에 완료할 확률이 97.72%이라는 것이다.

프로젝트 완료시간 단축 기법

지금까지 설명한 PERT는 활동을 완료하는 데 소요되는 시간만을 고려하여 프로젝트의 일정계획을 수립하였다. 그러나 노동력, 시설 및 자재 등의 자원을 추가로 투입하여 활동을 단축시키면 전체 프로젝트의 완료시간을 단축시킬 수 있기 때문에 시간과 비용 사이의 보상관계를 검토함으로써 최소비용으로 프로젝트기간을 단축할 수 있는 방법을 찾을 수 있다.

시간과 비용분석에 있어서 다음과 같은 두 가지 유형의 활동시간과 비용에 대한 정보가 필요하다.

- **정상시간**(normal time) : 정상적인 조건에서 활동을 완료하는 데 소요되는 시간
- **정상비용**(normal cost) : 활동을 정상시간에 완료하는 데 소요되는 비용
- **속성시간**(crash time) : 자원을 추가로 투입하여 활동을 최대한 빨리 완료할 경우에 소요되는 시간
- **속성비용**(crash cost) : 활동을 속성시간에 완료하는 데 소요되는 비용

각 활동별로 단위시간당 단축비용은 다음과 같이 산출한다.

$$\text{단위시간당 단축비용} = \frac{\text{속성비용} - \text{정상비용}}{\text{정상시간} - \text{속성시간}}$$

예를 들어, <표 5-4>에서와 같은 자료가 있다고 하자.

critical path상의 활동들의 완료시간을 단축시키면 프로젝트의 완료시간이 단축된다. 예를 들어, 활동 E의 정상시간이 5주, 정상비용이 1,500이고, 속성시간은 3주, 속성비용은 2,000이므로 1주일을 단축하는 데는 평균 250의 추가비용이 소요되며 프로젝트 완료시간을 최대 2주 단축시킬 수 있다.

최소의 추가비용으로 프로젝트 완료시간을 최대로 단축시키는 방안

▶ 표 5-4 시간과 비용 자료

활동	정상시간(주)	속성시간(주)	정상비용	속성비용	주당 단축비용
A	3	2	300	400	100
B	4	3	250	300	50
C	3	2	400	600	200
D	5	3	1500	1800	150
E	5	3	1500	2000	250
F	4	3	600	900	300
G	6	4	2000	3000	500
H	3	2	500	620	120

을 찾아보기로 한다.

단계 1

critical path 인 A－C－E－G－H상에 있는 활동들 중 단위시간당 단축비용이 작은 활동부터 단축을 하기로 한다. 단축할 때에 항상 주의를 기울여야 할 것은 critical path가 변경되는지의 여부이다. 일단 critical path가 변하지 않는 범위 내에서 우선적으로 단축을 하도록 한다. A의 단위시간당 단축비용이 가장 작으므로 단축비용 100을 추가로 투입하여 A를 1주 단축한다. 단축 후의 각 경로별 소요시간은 다음과 같다. 프로젝트 완료시간이 19주로 1주 감축되었다. A는 최대 1주 단축이 가능하므로 이제 단축 대상에서 제외된다.

A－C－F－H : 13주 ➜ 12주
A－C－E－G－H : 20주 ➜ 19주
B－D－G－H : 18주 ➜ 18주(변화 없음)

단계 2

단계 1 에서 아직 critical path가 변하지 않있음을 알 수 있다. 다시

critical path상의 활동 중에서 단축비용이 가장 작은 활동 H를 1주 단축한다. 단축비용 120을 추가로 투입하여 활동 H를 1주 단축할 경우의 각 경로별 소요시간은 다음과 같다. 프로젝트 완료시간이 18주로 1주 감축되었다. H의 경우는 최대 1주 단축이 가능하므로 이제 단축 대상에서 제외된다.

A－C－F－H : 12주 ➜ 11주
A－C－E－G－H : 19주 ➜ 18주
B－D－G－H : 18주 ➜ 17주

단계 3

단계 2 에서도 아직 critical path가 변하지는 않았다. 다시 critical path상의 활동 중에서 다음으로 단축비용이 적게 드는 활동 C를 1주 단축한다. 단축비용 200을 추가로 투입하여 활동 C를 1주 단축할 경우의 각 경로별 소요시간은 다음과 같다. 프로젝트 완료시간이 17주로 1주 감축되었다. C의 경우에도 최대 1주 단축이 가능하므로 이제 단축 대상에서 제외된다.

A－C－F－H : 11주 ➜ 10주
A－C－E－G－H : 18주 ➜ 17주
B－D－G－H : 17주 ➜ 17주(변화 없음)

단계 4

단계 3 의 결과를 보면 2개의 경로의 소요시간이 같아졌음을 알 수 있다. 이때에는 critical path가 두 개인 셈이며 두 경로에 공통적으로 들어있는 활동을 단축하거나 혹은 활동은 다르더라도 두 경로를 동시에 단축해야 전체 프로젝트의 완료시간이 단축된다.

A, C, H의 경우에는 모두 단축을 하였으므로 B, D, E, G가 단축 대상으로 남아있다. 두 경로에 공통으로 들어있는 G를 단축하면 손쉽게 단축이 가능하지만 더 적은 비용으로 단축이 가능한지 검토해야 한다.

비용 300을 추가로 투입하여 E를 1주 단축하고 B를 1주 단축하면 각 경로별 소요시간은 다음과 같다. B는 최대 1주 단축이 가능하므로 이제 단축의 대상에서 제외된다.

A－C－F－H : 10주 ➜ 10주(변화 없음)
A－C－E－G－H : 17주 ➜ 16주
B－D－G－H : 17주 ➜ 16주

단계 5

이제 단축이 가능한 활동은 D, E, G이다. 여전히 G를 단축하는 것보다 더 적은 비용으로 단축할 수 있는 방법을 검토한다. 비용 400을 추가로 투입하여 E를 1주 단축하고 D를 1주 단축하면 각 경로별 소요시간은 다음과 같다. 이제 E도 최대 2주를 모두 단축하였으므로 단축 대상에서 제외한다.

A－C－F－H : 10주 ➜ 10주 (변화없음)
A－C－E－G－H : 16주 ➜ 15주
B－D－G－H : 16주 ➜ 15주

단계 6

이제 단축 대상은 D와 G이다. 이제 G를 단축하는 방법 밖에는 없다. G는 최대 2주 단축이 가능하므로 1,000을 추가로 투입하여 2주 단축하면 각 경로별 소요시간은 다음과 같다.

A－C－F－H : 10주 ➜ 10주
A－C－E－G－H : 15주 ➜ 13주
B－D－G－H : 15주 ➜ 13주

결국 단축비용 2,120을 추가로 투입하여 프로젝트의 완료시간이 20주에서 13주로 단축된다. critical path상에 있는 모든 활동의 완료시간이 최대한으로 단축되었기 때문에 더 이상 활동들의 완료시간을 단축한다는 것은 아무런 의미가 없다. 예를 들어, 현재의 critical path는 A−C−E−G−H와 B−D−G−H이기 때문에 단축시간이 아직 남아있는 D를 1주 단축시키면 B−D−G−H의 완료시간은 12주로 단축되지만 A−C−E−G−H의 완료시간은 그대로 13주이기 때문에 전체 완료시간은 13주이다. 따라서 D를 단축하더라도 추가비용만 발생할 뿐 프로젝트 완료시간은 더 이상 단축시킬 수 없다.

선형계획법을 이용한 프로젝트 완료시간의 단축

예를 들어, 현재의 프로젝트 완료시간=20주를 15주로 단축하려고 한다고 한다면 다음과 같이 선형계획모형을 만들면 된다. 즉 다음과 같이 변수, 목적함수, 제약조건을 구성한다.

1. 두 가지 유형의 변수가 요구된다

유형 1: 각 활동별 단축시간의 수를 나타내는 변수
즉, X_k = 활동 K의 단축시간의 수

유형 2: 특정 노드까지의 경과시간을 나타내는 변수
즉, Y_j = j 노드까지의 경과시간

2. 목적함수는 단축비용 합계를 나타내는 함수이며 이를 최소화한다

3. 제약조건에는 세 가지 유형이 있다

유형 1: 단축시간 목표에 대한 제약조건
즉, 최종 노드까지의 경과시간 = 프로젝트 목표 완료시간

유형 2: 각 노드별로 특정 노드와 선행노드 사이의 경과시간은 그 노드 사이의 활동시간에서 단축시간을 뺀 것보다 크거나 같아야 한다.

유형 3: 각 활동별 단축이 가능한 시간 수

위에서 개발한 모형을 적용하여 프로젝트 완료시간을 20주에서 15주로 단축하는 방법을 알아보기로 한다.

변수

X_k = 활동 K의 단축시간의 수

X_A , X_B , X_C , X_D , X_E , X_F , X_G , X_H

Y_j = j 노드까지의 경과시간

Y_1 , Y_2 , Y_3 , Y_4 , Y_5 , Y_6 , Y_7

목적함수

최소화 $100X_A + 50X_B + 200X_C + 150X_D + 250X_E + 300X_F + 500X_G + 120X_H$

제약조건

$Y_7 = 15$
$X_A \le 1,\ X_B \le 1,\ X_C \le 1,\ X_D \le 2,\ X_E \le 2,\ X_F \le 1,\ X_G \le 2,\ X_H \le 1$
$Y_1 = 0$
$Y_2 - Y_1 \ge 3 - X_A$
$Y_3 - Y_1 \ge 4 - X_B$
$Y_4 - Y_2 \ge 3 - X_C$
$Y_5 - Y_3 \ge 5 - X_D$
$Y_5 - Y_4 \ge 5 - X_E$
$Y_6 - Y_4 \ge 4 - X_F$
$Y_6 - Y_5 \ge 6 - X_G$
$Y_7 - Y_6 \ge 3 - X_H$
모든 변수 ≥ 0

엑셀의 해찾기 기능을 이용하면 다음과 같은 결과를 얻는다.

$X_A = 1,\ X_B = 1,\ X_C = 1,\ X_D = 1,\ X_E = 2,\ X_H = 1$

총 단축비용 = 1,120

부록 해 찾기 사용법

[해 찾기]는 엑셀에서 제공하는 추가기능 중의 하나이며 선형계획법의 해를 찾는 데 이용한다. 일반적으로 엑셀이 설치되었더라도 해 찾기 기능이 설치되어 있지 않은 것이 보통이다. 따라서 해 찾기 기능을 이용하기 위해서는 해 찾기 기능을 먼저 설치해야 한다.

엑셀의 해 찾기 추가기능의 설치

다음 순으로 클릭하게 되면 해 찾기 추가기능이 설치되어 도구 메뉴에 해 찾기라는 서브메뉴가 나타나게 된다.

클릭 순서: 오피스 단추(화면의 왼쪽 맨위)–엑셀 옵션–추가기능-이동–해 찾기 추가기능-확인

설치가 완료되면 해 찾기는 [데이터] 메뉴의 서브메뉴로 포함된다.

엑셀의 해 찾기를 이용한 선형계획법의 해 찾기

어느 식당에서 밀가루와 계란을 이용하여 두 가지 종류의 음식 A, B를 만들어 판매한다고 하자. 음식 A를 한 단위 판매하면 2천원의 이익이 생기고, B를 한 단위 판매하면 3천원의 이익이 생긴다고 가정한다. A를 한 단위 만들기 위해서는 밀가루 1컵과 계란 5개가 소요되고, B를 한 단위 만들기 위해서는 밀가루 2컵과 계란 3개가 소요된다. 현재 보유하고 있는 밀가루가 총 6컵이고, 계란은 총 15개이다. 수익을 극대화하기 위해서 음식 A와 B를 각각 몇 단위 만들어 판매를 해야 하는가? 먼저 이 문제를 선형계획 모형으로 나타내면 다음과 같다.

변수를 다음과 같이 정의한다.

x_A : 음식 A의 생산량
x_B : 음식 B의 생산량

목적함수는 다음과 같다.

최대화 $2{,}000 \times x_A + 3{,}000 \times x_B$

제약조건은 다음과 같다.

$1x_A + 2x_B \le 6$
$5x_A + 3x_B \le 15$
$x_A \ge 0$, $x_B \ge 0$

이러한 선형계획법 문제의 해는 엑셀의 해 찾기 기능을 이용하여 쉽게 찾을 수 있다. 해 찾기를 이용하는 방법은 크게 두 단계로 구분된다. 하나는 엑셀화면에서 자료를 입력하는 단계이고, 다른 하나는 해 찾기를 실행하는 단계이다. 이 단계들을 하나씩 알아보기로 한다.

단계 1 **엑셀 화면에서 자료를 입력하는 단계**

<그림 1>은 엑셀에서 자료를 입력한 후의 화면이다. 어떻게 입력이 되었는지 하나씩 알아보기로 한다.

▶ **그림 1 엑셀 입력화면**

	A	B	C	D	E
1	변수명	변수값	계수	계수	계수
2	XA	1	2000	1	5
3	XB	1	3000	2	3
4					
5	목적함수	5000			
6					
7	제약조건 1	3	<=	6	
8	제약조건 2	8	<=	15	

해 찾기를 이용할 때에 엑셀에 자료를 입력하는 방법은 매우 다양할 수 있으며, 여기서 보여주는 방법은 단지 저자가 편리하다고 생각하는 방법이다.

1 셀 A1, 셀 B1, 셀 C1, 셀 D1, 셀 E1에 입력된 텍스트는 그 열에 입력되는 것이 무엇인지를 구분하기 쉽도록 하기 위하여 저자가 임의로 입력한 것이다. 따라서 해 찾기에는 전혀 영향을 미치지 않는 부분이다.

2 셀 A2와 A3에는 변수명을 입력한다. 변수명은 선형계획 모형에 이용한 변수명을 이용하면 된다. 변수명은 해 찾기 결과에 전혀 영향을 미치지 않으므로 어떠한 변수명을 이용하더라도 관계는 없다. 예를 들어, XA, XB 대신에 X1, X2를 이용해도 관계가 없다.

3 셀 B2와 셀 B3은 매우 중요한 셀이며 해 찾기의 결과로 변수 값이 나타날 구역이다. 해 찾기 실행에 앞서 임의로 1을 입력하였는데, 다른 값을 입력해도 관계는 없다.

4 셀 C2, 셀 C3에는 목적함수의 계수가 입력되었으며. 셀 D2, 셀 D3에는 첫 번째 제약조건의 계수가, 셀 E2, 셀 E3에는 두 번째 제약조건의 계수가 입력된다.

5 셀 A5에는 목적함수라는 텍스트를 입력하였다. 역시 해 찾기 결과에는 전혀 영향을 미치지 않고 단지 구분하기 위한 목적으로 입력한 것으로 이해하면 된다.

6 셀 B5에는 목적함수의 수식을 입력하였다. 입력된 수식은 다음과 같다.

=sumproduct(B2:B3,C2:C3)

엑셀의 sumproduct이라는 함수가 이용되었는데, 이 함수의 의미는 =B2*C2+B3*C3이다. 실제로 sumproduct 함수 대신에, 셀 B5에 =B2*C2+B3*C3을 입력해도 동일한 효과를 얻는다. 여기서 한 가지 추가적으로 언급할 사항은 만일 셀 C2와 셀 C3에 목적함수의 계수를 입력하지 않더라도 셀 B5에 다음과 같이 입력하면 동일한 효과를 얻는다.

=2000*B2+3000*B3

7 셀 A7에는 첫 번째 제약조건임을 구분하기 위하여 텍스트가 입력되어 있다. 역시 해 찾기에는 영향을 미치지 않는다.

8 셀 B7에는 첫 번째 제약조건의 좌측 수식을 입력한다.
=sumproduct(B2:B3,D2:D3)

sumproduct이라는 엑셀함수가 이용되었으나, 목적함수를 입력할 경우에 설명했듯이 다양한 방법으로 입력이 가능하다. 예를 들어, =D2*B2+D3*B3 라고 입력을 하거나 =1*B2+2*B3로 입력을 해도 동일한 효과를 얻는다.

9 셀 C7에는 작거나 같다라는 부등호와 등호를 입력하였는데, 이 기호는 해 찾기에 전혀 영향을 미치지 않는다. 따라서 부등호와 등호 대신에 "작거나 같다"라는 텍스트를 입력해도 관계가 없다. 이것이 해 찾기에 영향을 미치지 않는 이유는 해 찾기 기능을 실행할 때에 해 찾기 기능 화면에서 제약조건에 맞는 부등호를 선택하게 되기 때문이다.

10 셀 D7에는 첫 번째 제약조건의 우변 값이 입력된다.

11 셀 A8에는 두 번째 제약조건임을 구분하기 위하여 텍스트가 입력되어 있다.

12 셀 B8에는 두 번째 제약조건의 좌측 수식을 입력한다.
=sumproduct(B2:B3,E2:E3)

8 에서와 유사하게 다른 방법으로 입력을 해도 동일한 효과를 얻는다.

13 셀 C8에는 작거나 같다라는 부호가 입력되어 있다. 역시 해 찾기에는 영향을 미치지 않는다.

14 셀 D8에는 두 번째 제약조건의 우변 값이 입력된다.

15 마지막으로 모든 변수가 양수거나 0이라는 제약조건이 있어야 하는데 이 제약조건이 입력이 되지 않은 이유는 해 찾기 기능을 실행할 때에 옵션에서 선택할 수 있기 때문이다.

해 찾기 실행 단계

엑셀 화면에서 입력이 끝난 후 해 찾기를 실행하는 순서는 다음과 같다. 데이터－해 찾기를 클릭하면 <그림 2>와 같은 해 찾기 모델 설정 화면이 나타난다.

▶ 그림 2 해 찾기 모델 설정 화면

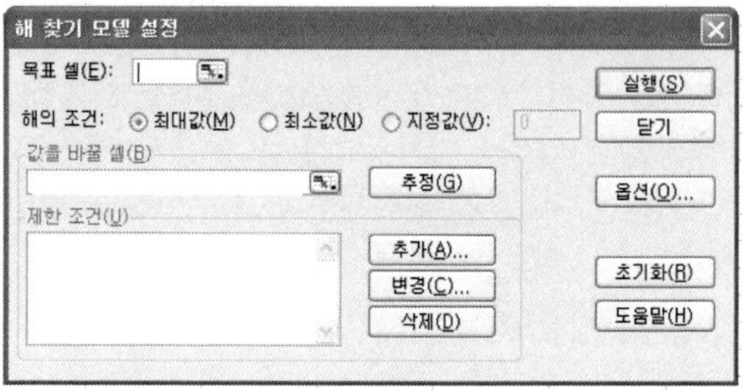

해 찾기 모델 설정 화면에서 입력하는 방법은 다음과 같다.

1 **목표 셀**: 목적함수의 수식이 입력된 셀 주소인 B5를 입력해야 하는데, 직접 입력할 수도 있으나 편리하게 다음과 같이 입력한다. 즉 빨간 화살표 버튼을 클릭한 뒤 셀 포인터로 셀B5를 클릭하고 엔터키를 눌러주면 된다.

2 **해의 조건**: 목적함수가 최대화이면 최대값을, 최소화이면 최소값을 선택한다.

3 **값을 바꿀 셀**: 변수 값이 나타날 셀 구역을 입력한다. 빨강 화살표 버튼을 클릭한 뒤 셀 포인터를 이용하여 셀 B2와 B3를 블록으로 지정하고 엔터키를 눌러주면 된다.

4 **제한 조건**: 추가 버튼을 클릭하면 <그림 3>과 같이 제한 조건 추가 화면이 나타난다. 제한 조건은 하나씩 개별적으로 입력할 수도 있고 부등호 방향이 같은 경우에는 한꺼번에 입력해도 된다. 셀 참조 영역에는 제약 조건의 좌측이 입력된 셀 주소를 입력한다. 이를 위해서 빨간 화살표 버튼

을 클릭하고 셀B7과 B8을 블록으로 지정하고 엔터키를 누른다. 중앙의 부등호는 제약 조건에 맞게 선택하면 된다. 제한 조건에는 제약조건의 우측이 입력된 셀 주소를 입력한다. 빨간 화살표 버튼을 클릭하고 셀D7과 D8을 블록으로 지정하고 엔터키를 누른다. 입력이 다 되었으면 확인 버튼을 누르고 추가할 제약조건이 있으면 추가 버튼을 클릭한다.

▶ 그림 3 제한 조건 추가 화면

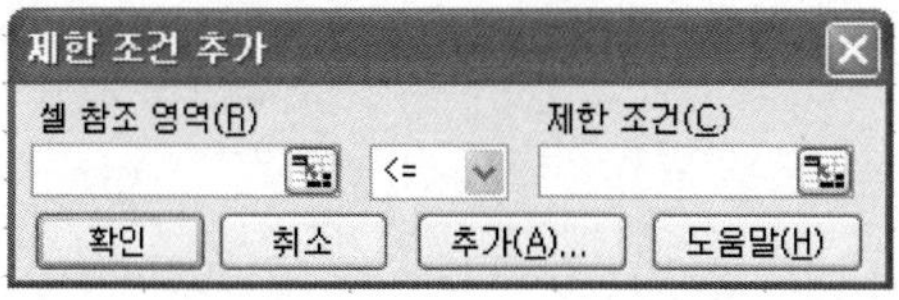

5 해 찾기 설정 화면으로 다시 돌아온 뒤에 <옵션> 버튼을 클릭하면 <그림 4>와 같은 해 찾기 옵션 화면이 나타난다. "선형 모델 가정"과 "음수 아닌 것으로 가정"을 클릭하고 확인 버튼을 클릭한다.

▶ 그림 4 해 찾기 옵션 화면

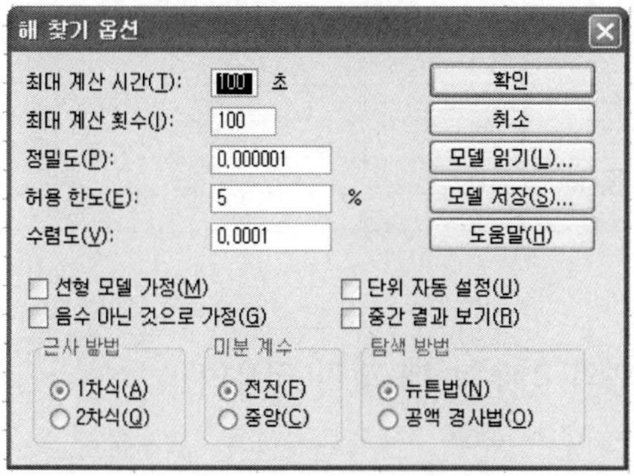

입력이 모두 끝난 해 찾기 모델 설정 화면은 <그림 5>와 같다.

▸ 그림 5 해 찾기 모델 설정을 완료한 화면

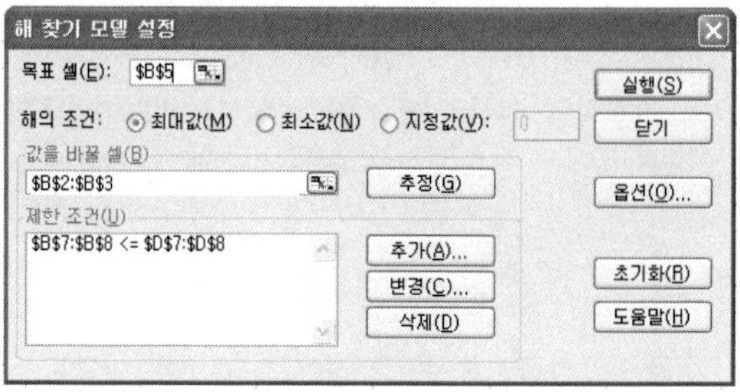

6 마지막으로 해 찾기 모델 설정 화면에서 <실행> 버튼을 클릭하면 <그림 6>과 같은 결과 화면이 나타난다. 결과 화면에서 변수 값과 목적함수의 값을 볼 수 있다.

▸ 그림 6 해 찾기 결과 화면

	A	B	C	D	E
1	변수명	변수값	계수	계수	계수
2	XA	1.714286	2000	1	5
3	XB	2.142857	3000	2	3
4					
5	목적함수	9857.143			
6					
7	제약조건 1	6	<=	6	
8	제약조건 2	15	<=	15	

정수계획법의 경우의 해 찾기 이용법

만일 위의 예에서 x_A, x_B가 모두 정수일 경우에 이를 해 찾기에 반영하는 방법은 다음과 같다. 엑셀의 자료 입력화면에서는 제약조건으로 변수값이 정수라는 제약조건을 추가할 필요는 없으며, 대신에 해 찾기 실행 화면에서 변수가 정수라는 제약조건을 추가하면 된다.

<그림 5>의 해 찾기 모델 설정 화면에서 [추가] 버튼을 클릭한다. 그러면 <그림 3>과 같은 제한 조건 추가 화면이 나타난다.

이때 좌측에 빨간 화살표 버튼을 눌러 엑셀 화면으로 전환되면 셀 B2, 셀 B3을 블록으로 지정하고 엔터키를 눌러 입력한다. 다시 제한 조건 추가 화면으로 전환되면 중앙의 부등호 선택난에 부등호 대신 int를 택한다. int는 영어의 integer(정수)를 의미한다. 이렇게 입력이 되면 확인 버튼을 눌러 제한 조건 추가를 종료한다. 마지막으로 실행 버튼을 눌러 답을 구한다.

이진정수계획법의 경우의 해 찾기 이용법

특정 변수가 이진 변수일 경우에는 정수일 경우와 유사하게 제한 조건을 추가하면 된다. 정수일 경우와 거의 흡사한데 단지 부등호 선택 난에 이번에는 bin을 선택한다. bin은 영어의 binary(이진)를 의미한다.

한 가지 유의할 점이 있다. 그것은 bin을 택하여 제약조건을 추가할 경우에 해를 찾지 못하는 경우가 가끔 발생한다. 이때에는 bin을 택하여 제한 조건을 추가하는 방법보다는 다음과 같은 제약조건을 추가하는 방법으로 하면 더 유용하다. 즉, 예를 들어, y라는 변수가 이진 변수라고 하자. 이때 다음과 같이 세 가지 제약조건을 동시에 반영하면 된다.

$y \geq 0$
$y \leq 1$
y는 정수

그런데 $y \geq 0$는 이미 옵션에서 "음수 아닌 것으로 가정"을 선택했으므로 입력할 필요가 없으므로, $y \leq 1$라는 제약조건과 y는 정수라는 제약조건을 추가하면 된다.

참고문헌

Andreu, R., and A. Corominas (1989), "SUCCCES 92 : A DSS for Scheduling the Olympic Games," *Interfaces*, 19 : 5, September－October, pp. 1－22.

Aquilano, N. J., and D. E. Smith (1980), "A Formal Set of Algorithms for Project Scheduling with Critical Path Scheduling－Material Requirements Planning," *Journal of Operations Management*, 1 : 2, November, pp. 57－67.

Badiru, A. B. (1988), *Project Management in Manufacturing and High Technology Operations*, John Wiley & Sons, New York.

Bubshait, Khaled A. and Selen, Willem J. (1992), "Project Characteristics That Influence the Implementation of Project Management Techniques : A Survey," *Project Management Journal*, 13 : 2, pp. 43－46.

Burris, Rick., "Five Essential Project Management Skills (1994)," *APICS－The Performance Advantage*, August, pp. 22－24.

Fawcette, J. E. (1984), "Choosing Project Management Software," *Personal Computing*, 8 : 10, October, pp. 154－167.

Goodman, Louis J. and Ralph N. Love (1980), *Project Planning and Management : An Integrated Approach*, Pergamon Press, New York.

Lee, S. M., Moeller, G. L. and Digman, L. A. (1982), *Network Analysis for Management Decision : Stochastic Approach*, Kluwer－Nijhoff, Boston.

Littlefield, T. K., and P. H. Randolph (1991), "PERT Duration Times : Mathematical or MBO," *Interfaces*, 21 : 6, November－December, pp. 92－95.

Meredith, J. R. and Mantel, S. J. Jr. (1989), *Project Management : A Managerial Approach*, 2nd ed., John Wiley & Sons, New York.

Meredith, Jack R. and Samuel J. Mantel, Jr. (1985), *Project Management*, Wiley, New York.

Peterson, P.(1994), "Project Management Software Survey," *PMNET Work*, 8 : 5, pp. 33–41.

chapter 6

TOC 재고관리

Goldratt(2009)은 제약이론을 재고관리에 적용하여 새로운 접근법을 제시하였다. 본 장에서는 그의 저서인 *Isn't it obvious?*의 내용을 중심으로 Goldratt이 제시하는 재고관리 기법에 대하여 알아본다. Goldratt의 재고관리는 시스템적 사고에 기반을 두고 있으므로 공급사슬상의 개체들이 서로 협력적인 공급사슬의 경우에 유효하다고 할 수 있다. 반면에 전통적인 재고관리기법은 공급사슬상의 개체들이 독립적인 비협력적인 공급사슬의 경우에 유효하다고 할 수 있다. 본 장에서는 재고관리와 관련된 여러 개념들에 대한 기초지식의 습득과 더불어 TOC 재고관리와 전통적인 재고관리의 차이점을 살펴본다.

Goldratt의 저서 *Isn't It Obvious?*에 대한 이해

Goldratt은 그의 저서인 *Isn't It Obvious?*(번역서 제목: '폴은 어떻게 재고관리 해결사가 되었을까?')에서 재고관리에 대한 해결책을 제시하고 있다. 근본적으로 수요예측은 어려우며 수요예측 오류로 인한 재고비용 문제가 심각하므로 수요예측 오류를 최소화하고 재고회전율을 높이는 방법을 찾아야 한다는 것이 책의 핵심 내용이다. 이러한 방법을 찾는 과정에서 TOC 이론이 적용된다.

이 책도 *The Goal*에서와 같이 소설 형식을 빌려 TOC 재고관리의 원리를 전달하고 있으며 지역창고로부터 재고보충을 받는 대형 소매점의 재고관리 문제를 해결하는 과정을 중심으로 이야기가 전개된다. 대형 소매점의 경우에 일부 품목은 재고가 넘쳐나는 반면에 일부 품목은 재고가 부족한 현상이 발생하고 있다. 매장에 재고를 보유할 수 없는 상황이 발생하여 매장의 재고를 지역창고로 옮긴 후 소매점에 긍정적인 효과가 나타나기 시작한다. 이 책은 이러한 긍정적인 효과가 어디로부터 비롯되는지를 소설의 형식을 빌려 설명하고 있다. 먼저 책의 내용을 살펴보고 그로부터 핵심 교훈을 추출하기로 한다. 이 책에 등장하는 기업의 공급사슬은 다음과 같이 네 가지 개체로 구성되므로 각 개체별 분석을 통하여 전체적인 이해를 돕도록 한다.

- ✤ 소매점
- ✤ 지역창고
- ✤ 중앙창고
- ✤ 공급자

소매점의 경우

소매점에서 매장에 보유하던 재고를 지역창고로 옮겨야 하는 상황에 처하게 된다. 물론 소매점의 매니저 입장에서는 자신이 재고를 통제할 수 없게 되므로 불만을 가지는 것은 당연하다. 그런데 이렇게 재고를 지역창고로 옮긴 것이 소매점의 실적을 높이는 결과를 초래하게 된다. 그 이유는 재고회전율이 높아지고 재고부족이 발생하는 품목의 수가 줄었기 때문이다.

한편 매장에서 지역창고로 재고가 이동되어 재고보충 방법이 달라지게 된다. 즉, 매일 주문을 하게 되고 재고보충이 자주 이루어지게 된 것이다. 매장에서는 품목별로 일일평균매출의 20배의 물량을 재고로 보유하고 매일 판매량이 얼마인지를 체크하게 된다. 품목별 판매추이를 알아보기 쉽게 하기 위하여 색깔을 이용하여 구분하게 된다. 만일 재고회전율이 예상보다 높은 품목의 경우에는 빨강코드를 부여하게 되고 이것이 일주일간 지속되면 목표재고수준을 높이게 된다. 만일 재고회전율이 낮을 경우에는 초록코드를 부여하고 이것이 2주간 지속되면 목표재고수준을 낮추게 된다. 빨강과 초록 사이의 노랑코드의 의미는 적절한 재고수준이 유지되고 있음을 의미한다.

지역창고의 경우

과거에는 지역창고가 특정품목을 박스 단위로 소매상에 재고보충을 하였으나 만일 이렇게 한다면 소매점에 예전과 같이 재고가 넘쳐나게 될 것이다. 따라서 이제는 소매점이 필요한 만큼만 재고보충이 이루어지도록 한다. 지역창고가 소매점이 원하는 대로 소량의 주문을 충족시키게 되고 이는 지역창고의 입장에서는 도매창고에서 소매창고로의 전환을 의미한다.

소매점의 입장에서 과거에는 주문 물량이 종종 늦게 도착하여 재고부족 현상이 발생하기도 했다. 그러나 이제는 소매점이 판매가 발생하는 품목에 대하여 즉시 지역창고에 알리고 또한 지역창고로부터의 재고보충이 신속하게 이루어진다. 결국 소매점은 낮은 보유재고수준으로 더 많이 판매하는 셈이 된 것이며 이로 인하여 재고회전율은 높아지고 재고부족이 발생하는 품목의 수는 줄어들게 된다. 결과적으로 낮은 비용으로 많이 팔게 되어 수익이 증가하고 재고회전율이 높아져서 투자수익률이 높아지게 된다.

중앙창고의 경우

소매점의 재고를 지역창고로 옮기는 것이 성공적인 것으로 판단되어 구역 내의 다른 소매점들도 동참하여 지역창고로 재고를 옮기게 되어 모든 소매점의 재고가 지역창고로 통합된다. 과거에 특정 소매점에 특정 품목의 재고가 부족하면 그 품목의 재고가 있는 다른 소매점에 부탁하여 교차수송을 통하여 그 재고를 이용하였다. 그러나 이제는 더 이상의 소매점들끼리의 교차수송이 없어지고, 동일한 품목에 대하여 특정 소매점은 재고부족을 겪고 다른 소매점은 재고과잉이 되는 경우가 없어지게 된다. 소매점들이 필요한 만큼만 지역창고에서 재고보충이 이루어지므로 지역창고가 소매창고로 전환된 것이다.

이제 공급자로부터 물건을 공급받고 이를 지역창고로 보내는 역할을 담당할 중앙창고의 필요성이 대두된다. 중앙창고는 여러 지역에서 팔리는 품목의 재고를 보유하게 되고 지역창고간에 이루어지던 교차수송을 필요없도록 만드는 중요한 역할을 한다.

공급자의 경우

하나의 소매점의 개선에서 시작하여 그 다음 여러 개의 소매점이 동참하여 개선이 이루어지고 그리고 여러 지역의 개선이 이루어졌다. 여기서 한걸음 더 나아가 공급자와의 협력을 통하여 기업 전체의 공급사슬의 개선이 이루어진다. 즉 공급자에게 수개월 단위의 대규모 배치 주문을 하던 것을 주 단위로 전환하여 공급자나 구매자나 모두 혜택을 볼 수 있게 된 것이다. 물론 대규모 수송에 비하여 수송비용이 증가할 가능성이 있으나 이는 다양한 품목의 통합 수송을 통하여 문제가 해결된다. 주 단위의 주문이 이루어지면 중앙창고는 물건을 일찍 받아서 좋고 공급자는 주 단위의 대금지급을 받게 되어 현금 흐름이 좋아지게 된다.

이 책의 교훈은 다음과 같다.

✤ 보유재고수준을 최소화하라

소매점들이 매장에는 몇 일 분의 재고만 보유하고 나머지는 지역창고에 보유할 것을 제안하고 있다. 매장의 선반은 수개월 분량의 재고를 보유하는 데 사용할 것이 아니라 다양한 품목을 전시하는 용도로 이용해야 함을 강조한다.

✤ 매출이 발생하는 품목에 대하여 집중적으로 재고를 보충하라

잘 팔리는 품목이 결국 수요가 있는 품목이므로 일일 판매데이터를 검토하여 잘 팔리는 품목을 집중적으로 재고보충하면 재고부족 현상을 줄일 수 있다는 것이다.

✤ 재고를 소매점별로 보유하지 말고 지역창고에 보유하라

지역창고에 재고를 보유하게 되면 모든 지역소매점에서 가장 많이 요구되는 품목 및 재고부족 품목 등을 추적할 수 있다. 이러한 데이터는 지역소매점의 수요를 통합한 통합구매를 가능하게 하고 가장 필요한 품목을 적시에 구매하는 데 도움이 된다. 주문이 앞당겨 이루어지므로 구매와 배송의 사이클 타임이 축소되고 소매상의 재고부족 품목을 보충하는데 걸리는 시간이 축소된다. 예를 들어, 만일 10개의 지역소매점이 있을 경우에 4개의 지역소매점에서 특정 품목의 수요가 높을 경우에 이 품목에 대한 수요가 있음을 인지하게 되고 이를 고려하여 주문을 앞당기게 되므로 나머지 6개의 지역소매점은 이 품목에 대한 적시 재고 보충이 이루어져서 재고부족 현상을 피할 수 있게 된다.

✤ 재고회전율을 높여라

재고와 관련한 비용 중에서 가장 큰 것은 재고에 자금이 묶이게 된다는 것이다. 소량으로 재고를 보유하면 판매가 신속하게 이루어지고 따라서 재고회전율이 높아진다는 것이다. 예를 들어, 특정 품목의 연간 수요가 1,000개일 경우에 1,000개를 한꺼번에 주문하는 것이 아니라 250개씩 4번에 걸쳐 주문을 하는 것이 재고회전율을 높이는 방법이 된다.

✤ 좋은 ERP(Enterprise Resource Planning) 프로그램을 도입하라

일일 판매량, 최소주문량, 창고의 보유재고수준, 재주문점 등을 추적할 수 있는 시스템을 갖추게 되면 재고부족의 감축과 재고관리에 도움이 된다는 것이다.

TOC 공급사슬관리

재고관리와 관련하여 우리는 종종 다음과 같은 딜레마에 빠지게 된다. 예측의 불확실성이나 시장수요의 변동성으로 인한 재고부족 현상을 막기 위해서는 높은 재고수준이 요구되지만 한편으로 재고비용을 최소화하기 위해서는 낮은 재고수준을 유지할 필요가 있다. 높은 재고수준 시스템과 낮은 재고수준 시스템은 분명히 양립할 수 없다. 그러나 우리는 재고비용은 최소화하면서 재고부족도 최소화하는 방법을 찾아야 한다. 게다가 재고관리를 더 어렵게 만드는 것은 재고관리가 단순히 한 기업의 문제에 국한되는 것이 아니고 공급사슬을 구성하는 다른 개체들과의 관계를 고려해야만 하기 때문이다.

Holt(2014)는 공급사슬관리에서의 TOC 적용을 설명하면서 두 가지 형태의 공급사슬을 구분하고 각각의 형태에 적합한 방법을 제시하고 있다. 그가 구분한 두 가지 형태의 공급사슬 중의 하나는 협력적인 공급사슬이고 다른 하나는 비협력적인 공급사슬이다.

- ✤ **협력적인 공급사슬**(cooperating chain): 공급사슬을 구성하는 개체들이 전체 공급사슬에 대한 자신의 종속성을 인식하고 개체간의 정보공유와 의사소통을 통하여 전체 사슬의 위험과 이익을 공유하고 궁극적으로 전체 사슬의 목표 달성에 자신을 종속시킨다.
- ✤ **비협력적인 공급사슬**(non-cooperating chain): 공급사슬의 각 개체들이 전체 사슬이 아닌 각자 자신의 이익을 최대화하는 데 초점을 맞추는 경우이다.

협력적인 공급사슬의 경우와 비협력적인 공급사슬의 경우에 재고관리에 대한 접근법은 달라야 하며 각각의 접근법을 살펴보면 다음과 같다.

협력적인 공급사슬의 경우

자재 공급부터 고객까지의 공급사슬에서 일반적으로 고객이 공급사슬의 제약으로 작용한다. 그 이유는 고객의 수요가 공급사슬에 동력을 공급하기 때문이다. 고객의 수요는 충족이 되어야 하며 고객의 요구에 즉각적으로 대응하기 위해서는 소매점 수준에서 완충재고를 유지해야 한다. 이러한 완충재고를 출하버퍼(shipping buffer)라고 한다.

고객 이외에도 공급사슬에서 특정 연결부분이 흐름의 병목으로 작용하거나 혹은 전략적으로 중요한 역할을 할 수도 있다. 예를 들어, 생산능력이 수요에 못미친다면 생산부분이 흐름의 병목으로 작용하게 된다. 시스템 전체 재고를 축소하면서도 고객에 대한 대응을 최대화하기 위하여 중앙물류창고에 재고가 보유되어야 한다면 이 중앙물류창고가 전략적으로 중요한 역할을 하는 셈이다. 이러한 것들이 제약으로 고려되어야 하며 DBR 시스템으로 관리가 되어야 한다. 이러한 제약의 경우에는 시스템의 흐름 원활화를 위해 능력을 최대화해야 하며 따라서 제약버퍼(constraint buffer)를 유지할 필요가 있다.

예를 들어, <그림 6-1>에서와 같이 생산부문이 제약으로 작용한다고 할 경우에 다음과 같이 운영이 되어야 한다.

▸ 그림 6-1 협력적인 공급사슬(생산자가 제약일 경우)

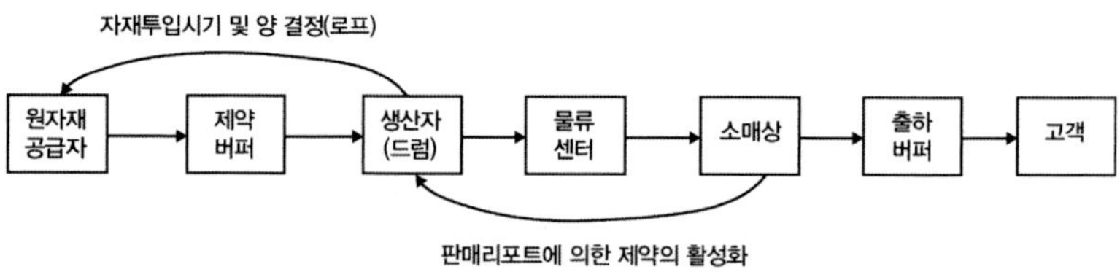

출처: Holt(2014)

즉 제약으로 작용하는 생산부분은 수요와 자재투입과 관련한 정보를 교환하기 위하여 다른 개체들과의 의사소통을 하게 된다. 소매상으로부터의 수요정보를 바탕으로 생산이 촉발되며 이를 바탕으로 자재투입시기와 양이 결정되어 자재공급자에게 전달된다. 출하버퍼는 재고부족을 피하는데 도움이 되며 제약버퍼는 자재부족으로 생산이 중단되는 경우를 막게 된다.

따라서 재고는 최소화하면서 버퍼의 이용으로 재고부족이나 자재부족으로 인한 손실로부터 최대로 보호받는 시스템을 구축하게 된다. 이러한 시스템에서는 흐름이 원활해지고 대응속도가 빨라진다. 그러나 위의 시스템을 잘 살펴보면 시스템 전체의 흐름 원활화를 위해 소매상과 생산자가 재고를 많이 보유하게 되어 그들의 희생이 요구되는 불공평한 경우라고 생각될 수 있다. 따라서 일방적으로 일부 개체들의 희생을 요구할 것이 아니라 모두가 공평하게 부담하는 방식을 마련하는 것이 중요하다. 예를 들어, 소매상의 경우에 실제로 판매가 이루어지기까지는 재고가 위탁되는 형태로 운영이 될 수도 있다.

비협력적인 공급사슬의 경우

이 경우에는 공급사슬을 구성하는 개체들이 서로 경쟁관계에 있는 경우라고 볼 수 있다. 따라서 개체별로 매우 대응적이고 낮은 재고수준의 DBR 시스템을 구축해야만 수요충족에 있어서 유연성을 확보할 수 있다.

특정 개체의 공급자나 고객이 모두 독립적인 개체이므로 공급자와 고객의 협력 없이 스스로 버퍼를 창출해야 한다. 예를 들어, 단일 공급자를 이용하게 되면 유연성의 문제가 있으며 경쟁이 축소되고 독립성이 위험에 노출이 될 수 있으므로 복수의 공급자를 이용하는 것이 좋다. 이와 유사하게 수요의 변동성에 대비한 버퍼를 갖추기 위해서는 단일 고객이 일정 수준 이상으로 과도한 수요를 가지지 않도록 하는 것이 좋다.

전통적인 재고관리

앞에서 Goldratt의 제약이론을 적용한 공급사슬관리와 재고관리에 대해서 살펴보았다. 여기서는 전통적인 재고관리 방법에 대해서 살펴보고 TOC 재고관리와 어떻게 다른지를 살펴보기로 한다. 재고관리 방법이 무엇이든 간에 고객의 입장에서는 자신이 원하는 제품이 항시 준비되어 있어 원할 때는 언제든지 그 제품을 소유할 수 있기를 바란다. 이러한 것을 제품의 가용성이라고 하는데 공급자는 될 수 있으면 제품의 가용성을 높이도록 노력을 해야 한다. 하지만 문제는 제품의 가용성을 높이기 위해 재고수준을 마냥 높일 수는 없다는 것이다. 그것은 바로 재고보유에 따른 비용의 증가 때문이다. 따라서 비용은 최소로 하면서도 가용성을 높이는 방법을 찾게 된다.

재고 및 안전재고의 개념

재고란 수요에 대비하여 미리 보유하는 것을 말하며 일반적으로 주문리드타임 동안의 평균수요에 안전재고를 더한 수준만큼 보유하는 것이 보통이다. 여기서 주문리드타임이란 주문을 한 뒤 주문량이 도착할 때까지 걸리는 시간을 의미하며, 평균수요란 주문리드타임 동안의 수요의 평균을 말하는데, 평균이라는 개념이 등장하는 이유는 수요가 항상 일정한 것이 아니라 변동이 있으므로 그 수요의 평균을 말한다. 안전재고(safety stock)란 주문리드타임 동안 예측수요를 초과하는 수요를 충족시키기 위해 보유하는 재고를 말한다. 안전재고를 보유하지 않게 되면 수요가 평균수요를 초과할 경우 재고부족현상이 발생하여 고객이 이월주문을 하지 않는 이상 판매기회의 손실을 초래한다.

예를 들어, 주당 평균적으로 10단위의 제품을 판매하는 소매상을 생각해보자. 주문리드타임이 2주라면 2주 동안 판매를 위해 필요한 양은 20

단위이다. 따라서 20단위가 재고로 남은 시점에서 주문을 하면 20단위가 다 팔리자마자 2주 전에 주문했던 주문량이 도착되어 판매를 계속할 수 있게 된다. 문제는 주문량이 도착하기 전에 수요가 예상했던 20단위를 넘었을 경우이다. 이 경우에 물론 고객이 주문량이 도착할 때까지 기다리겠다고 한다면 문제가 없으나, 못 기다린다면 이는 판매기회의 손실을 의미한다. 따라서 이와 같은 현상이 걱정이 될 경우 20단위가 남은 시점에서 주문을 하는 것이 아니라 30단위가 남았을 경우 주문을 하게 되면 주문리드타임 동안의 수요가 30까지 되어도 이상이 없게 된다. 이 경우 추가적인 10단위가 바로 안전재고이다.

안전재고가 이와 같이 수요의 불확실성에 대비하는 수단이기는 하지만 무조건 많이 보유하는 것은 바람직하지 않다. 그것은 재고를 많이 보유하면 재고비용이 증가하기 때문이다. 결국 재고관리와 관련하여 기업의 관심은 두 가지이다. 즉 적정안전재고수준은 무엇이며 안전재고를 최소한으로 하면서 제품의 가용성을 높이는 방법은 무엇인가이다.

전통적인 재고관리 모형

재고관리는 수요의 패턴을 고려하여 주문량과 주문시기를 결정하는 것이다. 위에서 언급한 적정재고수준이나 제품의 가용성을 높이는 것 등이 이러한 의사결정에 고려된다. 재고관리에 있어 주문시기와 주문량의 결정은 결국 총재고비용이 최소화되는 방향으로 결정되어야 한다. 여기서 말하는 재고비용은 크게 세 가지로 구분된다.

- ✤ **주문비용(ordering cost)**: 주문비용이란 외주하는 경우에는 주문발송비, 검사비, 수송비 등을 포함하며, 기업 내부에서 생산하는 경우에는 준비비용이 이에 포함된다.
- ✤ **재고유지비용(holding cost or carrying cost)**: 재고유지비용에는 재고보관비, 감가상각비, 재고에 묶인 자금에 대한 기회비용 등이 포함된다.
- ✤ **재고부족비용(shortage cost)**: 재고부족비용이란 판매의 기회가 있음에

도 불구하고 재고가 없어 그 기회를 상실할 경우에 발생하는 판매기회 상실, 고객상실, 신용상실 등과 관련된 비용을 포함한다.

재고관리 모형은 앞서 언급이 있었듯이 수요의 패턴에 따라 달라진다. 먼저 수요가 안정적인 경우의 재고관리 모형에 대하여 살펴보고 그 다음 수요가 확률적인 경우를 살펴보기로 한다.

수요가 안정적인 경우의 재고관리 모형

수요가 안정적인 경우에 적용되는 재고관리 모형은 경제적 주문량모형(EOQ : Economic Order Quantity)인데 재고관리 모형 중에서 가장 기본적이고 고전적인 모형으로 다음과 같은 가정을 한다.

- ✤ 수요가 일정하고 확정적이다.
- ✤ 주문량이 정수일 필요는 없으며 크기에 제한이 없다.
- ✤ 단위당 변동비용(가격)은 일정하고 가격할인은 없다.
- ✤ 비용은 변하지 않는다. 즉 인플레이션이 없다.
- ✤ 주문 리드타임은 0으로 한다.
- ✤ 재고부족은 발생하지 않는 것으로 한다.
- ✤ 주문량은 동시에 전량 배송된다.

▸그림 6-2 경제적 주문량 모형

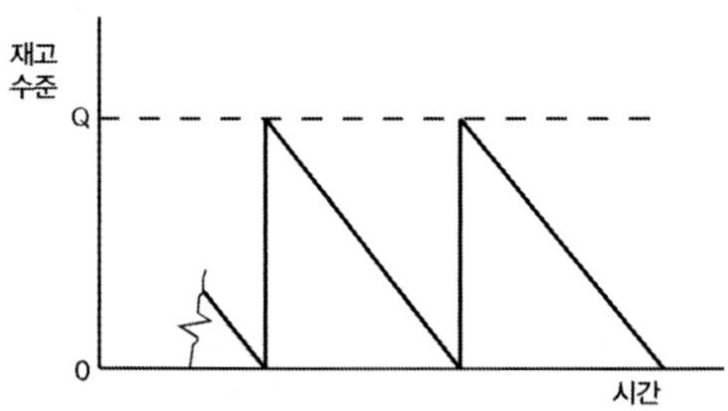

주문량은 Q이며 재고수준이 0이 될 때에 재고보충이 이루어진다.

<그림 6-2>는 경제적 주문량모형을 보여주고 있다. 주문량은 Q이며, 재고수준이 0이 되면 재고보충이 이루어진다. 연간 수요가 일정하다고 가정했을 경우에 1회 주문량이 많으면 주문회수가 작아지므로 주문비용은 작아지나 상대적으로 한 번에 많은 양이 들어와 보유해야 하는 평균재고수준이 높아져 재고유지비용은 증가한다. 반대로 1회 주문량이 작으면 주문횟수가 증가하여 주문비용은 증가하지만 한 번에 작은 양이 들어오므로 평균재고수준은 낮아져 재고유지비용은 감소한다. 이러한 보상관계를 고려하여 총재고비용을 최소화하는 1회 주문량을 결정하는 것이 경제적 주문량모형이다.

경제적 주문량을 결정하는 공식은 다음과 같이 유도된다.

D: 단위 기간당 수요

Q: 1회 경제적 주문량

A: 1회 주문비용

r: 단위 기간동안 1원을 재고로 묶어 두었을 경우의 비용

v: 단위당 변동비(구매단가)

총재고비용 = 주문비용 + 재고유지비용

= (주문회수 × 1회 주문비용)

+ (평균재고수준 × 단위당 재고유지비용)

$$= \frac{D}{Q} \times A + \frac{Q}{2} \times vr$$

* **참고**: EOQ 산출시에 재고부족은 발생하지 않는 것으로 가정하므로 재고부족비용은 고려하지 않음.

총재고비용을 최소로하는 Q값을 구하기 위하여 Q에 관하여 미분한 뒤 영(0)으로 놓는다.

$$\frac{-DA}{Q^2} + \frac{vr}{2} = 0$$

따라서 경제적 주문량은 $Q=\sqrt{\frac{2DA}{vr}}$ 이다.

EOQ모형의 가정 중에서 가격할인이 허용되지 않는다는 가정과 재고부족이 발생하지 않는다는 가정을 각각 없앨 경우의 최적주문량을 결정하는 방법이 개발되어 있으나 본서에서는 생략한다.

수요가 확률적인 경우의 재고관리 모형

일반적으로 이용되는 재고관리모형은 크게 두 가지로 구분되는데 하나는 연속적 리뷰시스템(continuous review system)이고, 다른 하나는 정기적 리뷰시스템(periodic review system)이다. 연속적 리뷰시스템이란 거래가 발생할 때마다 재고상태가 갱신되어 재고수준이 항상 알려진 경우이며 정기적 리뷰시스템이란 일정 기간마다 정기적으로 재고상태 점검을 통하여 재고수준을 아는 경우이다.

연속적 리뷰시스템에는 (s, Q)모형과 (s, S)모형이 있다. 각 모형의 장단점을 살펴보면 다음과 같다.

- (s, Q)모형은 <그림 6-3>과 같이 재고수준이 s(재주문점)가 되면 일정한 Q(EOQ)양을 주문하는 모형이다. 이 모형의 장점은 일정한 양을 주문하므로 실수의 가능성이 작다는 것이고, 또한 공급자의 경우 생산량을 예측할 수 있다는 점이다. 단점은 지속적으로 재고수준에 대한 추적이 필요하므로 비용이 많이 든다는 점과, Q를 주문해도 s수준보다 낮을 가능성이 있다는 것인데 이 경우에 Q의 정수 배를 주문하는 것이 보통이다.

▸그림 6-3 (s,Q) 모형

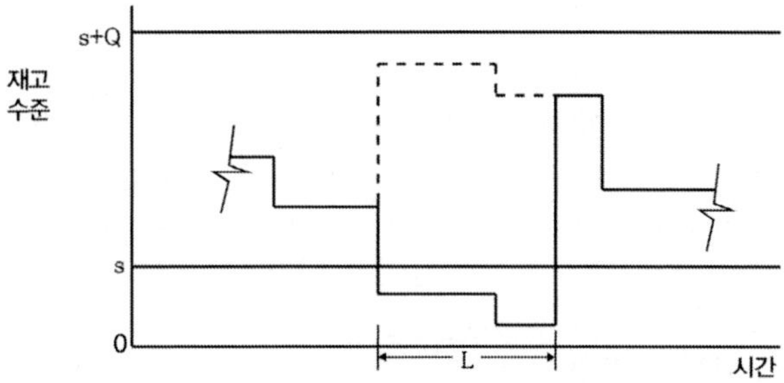

재고수준이 s(재주문점)가 되면 일정한 Q(EOQ)양을 주문하는 모형이다. L=리드타임

✤ (s,S)모형은 <그림 6-4>와 같이 재고수준이 s(재주문점)가 되면 재고수준이 S(목표재고수준)가 되도록 주문량을 결정하는 모형이다. 이 모형의 장점은 잘만 되면 (s,Q)시스템보다 비용이 절감된다는 것이고 단점은 S값을 찾는 것이 쉽지 않다는 것이며 또한 주문량이 매번 달라지므로 실수의 가능성이 높다는 것이다.

▸ 그림 6-4 (s,S) 모형

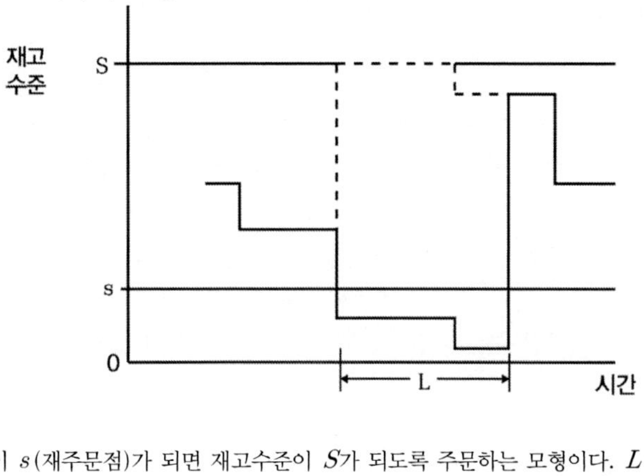

재고수준이 s(재주문점)가 되면 재고수준이 S가 되도록 주문하는 모형이다. L=리드타임

정기적 리뷰시스템에는 (R,S)모형과 (R,s,S)모형이 있다. 각 모형의 장단점을 살펴보면 다음과 같다.

✤ (R,S)모형은 <그림 6-5>와 같이 R시간마다 재고조사를 하여 재고수준이 S(목표재고수준)가 되도록 주문량을 결정하는 모형이다. 이 모형의 장점은 관리가 쉽고 S의 조정이 R시간마다 가능하다는 점이고, 단점은 재고유지비용이 연속적 리뷰시스템보다 많이 든다는 것이다.

▶ 그림 6-5 (R,S) 모형

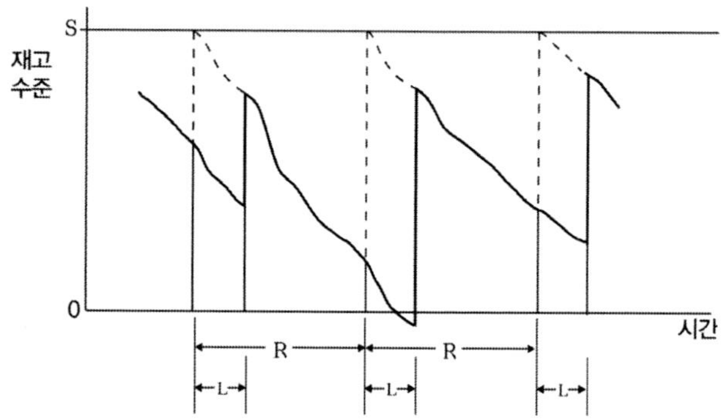

R기간마다 주문이 이루어지며, 재고수준이 S가 되도록 주문량이 결정되는 모형이다.
L = 리드타임

✤ (R,s,S)모형은 R시간마다 재고조사를 하여, 재고수준이 s(재주문점) 이하이면 S가 되도록 주문량을 결정하고 만일 재고수준이 s 이상이면 다음 시간까지 주문을 보류한다. 이 모형의 장점은 비용을 최소화할 수 있다는 것이며 단점은 재고수준이 s와 매우 근접한 경우의 의사결정이 어렵다는 것이다. 예를 들어, 재고수준이 $s+1$인 경우 과연 다음 시간까지 주문을 보류할 것인지 혹은 주문을 할 것인지에 대한 결정이 어렵다는 것이다.

안전재고와 재주문점의 결정

재고는 일반적으로 주문리드타임 동안의 평균수요에 안전재고를 더한 수준만큼 보유하는 것이 보통인데 이 수준이 바로 재주문점이 된다. 따라서 재고수준이 재주문점에 도달하게 되면 주문이 이루어져야 하며 주문리드타임이 경과하면 주문량만큼의 재고보충이 이루어지게 된다.

안전재고수준과 관련하여 두 가지의 위험이 있다. 안전재고수준이 높으면 재고부족 확률은 낮아지나 재고과잉의 확률은 높아지고 반대로 안전재고수준이 낮으면 재고과잉의 확률은 낮아지지만 재고부족의 확률은 높아진다.

안전재고수준은 다음의 두 가지 요인에 의하여 결정된다.

- **수요의 불확실성**: 수요의 불확실성이 높아지면 필요한 안전재고의 수준도 높아진다.
- **목표 제품가용성수준**: 목표 제품가용성수준이 높아지면 안전재고수준이 높아진다.

수요의 불확실성은 수요의 표준편차로 측정된다. 본서에서는 수요가 정규분포를 가진다고 가정한다. 만일 주문리드타임(L) 동안의 수요가 독립적이고, 단위 기간당 평균수요가 D, 단위 기간당 수요의 표준편차가(σ_D)인 정규분포를 가진다고 했을 경우에 주문리드타임 동안의 평균수요(D_L)와 주문리드타임 동안의 수요의 표준편차(σ_L)는 다음과 같다.

$$D_L = L \times D$$
$$\sigma_L = \sqrt{L \times \sigma_D^2} = \sqrt{L} \times \sigma_D$$

참고: 수요가 독립적이므로 주문리드타임 동안의 수요의 분산은 단위기간당 분산에 주문리드타임을 곱한 값이다. 예를 들어, 일일 수요의 분산이 5이고 주문리드타임이 3일이라면, 주문리드타임 동안의 수요의 분산은 5에 3을 곱한 15가 된다.

제품의 가용성 측정은 크게 두 가지로 측정한다. 하나는 수요충족률이며, 다른 하나는 사이클 서비스수준이다. 수요충족률이란 보유한 재고로 수요를 충족시키는 비율을 말하는데, 예를 들어, 10개의 주문이 있었는데 9개의 주문을 보유재고로 충족시켰다면 수요충족률은 90%가 된다. 사이클 서비스수준이란 전체주문회수 중에서 주문리드타임 동안 재고부족이 발생하지 않은 회수의 비율을 말하는 것으로, 10번의 주문이 있었다고 하고, 그 중에서 8번의 경우 주문 리드타임 동안 재고부족이 발생하지 않았다면 사이클 서비스수준은 80%이다. 본서에서는 사이클 서비스수준을 이용하기로 한다.

안전재고와 재주문점의 결정을 연속적 리뷰시스템과 정기적 리뷰시스템으로 구분하여 살펴보기로 한다. 연속적 리뷰시스템에서의 사이클 서비스수준이 정해졌을 경우의 안전재고와 재주문점은 다음과 같이 산출된다.

안전재고 $= k \times \sigma_L$

재주문점(s) = 주문리드타임 동안의 평균수요 + 안전재고

$= D_L + k \times \sigma_L$

여기서 k는 안전요인이라는 것으로 사이클 서비스수준을 고려하여 결정된다. 주문리드타임 동안의 수요가 재주문점을 초과하지 않을 경우에 재고부족이 발생하지 않는다. 따라서 사이클 서비스수준은 주문리드타임 동안의 수요가 재주문점보다 작거나 같을 확률을 말한다. 따라서 k의 결정은 재고부족이 발생하는 확률을 어느 정도로 하느냐에 따라 결정된다. 즉, 사이클 서비스수준이 정해질 경우의 k값은 표준정규분포의 오른쪽 끝의 면적(1－사이클 서비스수준)이 되는 Z값이 된다. 예를 들어, 사이클 서비스수준이 95%이라면 표준정규분포의 오른쪽 끝의 면적이 0.05가 되는 Z값을 표준정규분포표에서 찾으면 1.645이다.

정기적 리뷰시스템이 연속적 리뷰시스템과 다른 점은 단지 주문리드타임이 $L+R$이 된다는 것이다. 따라서 안전재고와 재주문점은 다음과 같다.

안전재고 $= k \times \sigma_{L+R}$

재주문점$(s) =$ 주문리드타임 동안의 평균수요 $+$ 안전재고

$= D_{L+R} + k \times \sigma_{L+R}$

여기서,

$D_L = (L+R) \times D$

$\sigma_L = \sqrt{(L+R) \times \sigma_D^2} = \sqrt{L+R} \times \sigma_D$

최적 사이클 서비스수준의 결정

제품의 가용성이 높으면 대응성이 향상되며 고객을 끌어들일 수 있다. 하지만 제품의 가용성을 높이기 위해서는 재고를 많이 보유해야 하며, 이는 비용 증가로 이어진다. 따라서 가용성 증가와 비용증가의 균형을 유지해야 하며 이는 기업의 수익성을 최대로 하는 방향으로 결정된다. 이러한 의사결정에 영향을 미치는 요인은 재고과잉으로 인한 손실과 재고부족으로 인한 손실이다.

C_o: 재고 과잉으로 인한 단위당 손실

C_u: 재고 부족으로 인한 단위당 손실

S_L: 사이클 서비스수준

H: 연간 단위당 재고유지비용

Q: 주문량

D: 단위 기간당 수요

경우 1 계절성 제품과 같이 한 번 구입하여 판매하고 남은 제품을 처리하는 경우의 최적 사이클 서비스 수준은 $SL = \frac{C_u}{C_u + C_o}$이다.

경우 2 지속적으로 재고보충이 이루어지며 재고부족이 발생했을 경우 이월주문이 이루어지는 경우의 최적 사이클 서비스 수준은

$SL = 1 - \frac{HQ}{DC_u}$ 이다.

경우 3 지속적으로 재고보충이 이루어지며 재고부족이 발생했을 경우 판매기회를 잃어버리는 경우의 최적 사이클 서비스 수준은 $SL = 1 - \frac{HQ}{HQ + DC_u}$ 이다.

참고문헌

Adam, Everett E., R. J. Ebert(1982), *Production and Operations Management*, 2nd ed., Prentice Hall International, Inc.

Brown, R. G.(1959), *Statistical Forecasting for Inventory Control*, New York, McGraw–Hill.

Buffa, Elwood S., and Jeffrey G. Miller(1979), *Production–Inventory Systems : Planning and Control*, 3rd ed, Homewood, Ill, Richard D. Irwin.

Chase, Richard B. and Nicholas J. Aquilano(1985), *Production and Operations Management*, 4th ed., Irwin, Homewood, ILL.

Forgarty, Donald W. and Thomas R. Hoffmann(1983), *Production and Inventory Management*, South–Western Publishing Co., Cincinnati, Ohio.

Goldratt, Eliyahu M. (2009), Isn't It Obvious?, North River Press.

Green, J. H.(1987), *Production and Inventory Control Handbook*, 2nd ed., New York, McGraw–Hill.

Holt, James R. (2014), "TOC in Supply Chain Management", Engineering Management Program, Washington State University, WA. public.wsu.edu.

Krajewski, Lee J. and Larry P. Ritzman (1990), *Operations Management*, 2nd ed., Addison–Wesley Publishing Company.

Love, Stephen F.(1979), *Inventory Control*, McGraw–Hill, New York.

Makridakis, S., S. C. Wheelwright and V. E. McGee (1983), *Forecasting : Methods and Application*, 2nd ed., John Wiley & Sons, New York.

Peterson, Rein and Edward A. Silver(1979), *Decision Systems for Inventory Management and Production Planning*, Wiley, New York.

part 3

Lean과 낭비요소의 제거

Womack과 Jones의 1991년 저서, *The Machine That Changed the World*에서 린 생산(Lean Production)이라는 용어가 등장했고 그들의 1996년 저서인 *Lean Thinking*에서 린의 개념이 정립되었다고 볼 수 있다. 린 생산은 도요타 생산시스템을 달리 부르는 것이라고 보면 된다. 3부에서는 이러한 린 개념에 대해서 살펴보기로 한다.

7장에서는 Womack과 Jones가 제시한 린의 원칙인 가치에 대한 정의의 명확화, 가치 흐름의 확인, 흐름, 풀, 완벽성 등에 대해서 살펴본다. 그리고 린과 제약이론과의 차이점에 대해서도 분석을 해보고 두 기법의 융합 가능성에 대해서 알아본다.

8장에서는 린의 모태인 도요타 생산시스템에 대해서 살펴본다. 도요타 생산시스템에 적용되는 네 가지 핵심적인 개념인 JIT, 오토노메이션, 노동유연성, 창조적 사고를 비롯하여 이러한 개념들의 실천을 위한 도구로서 칸반 시스템, 생산평준화, 준비시간의 단축, 작업의 표준화, 기계배치와 다기능작업자, 소그룹활동 및 제안제도, 시각통제시스템, 기능형 관리 등에 대해서 살펴본다.

9장에서는 최근에 가장 관심을 받는 SCM에 린의 개념을 적용한 Lean SCM에 대해서 살펴본다. 린 공급사슬관리의 원리와 함께 이를 실천하기 위한 도구로서 공급사슬의 디자인, 전략적 제휴, 구매통합 전략, 생산전략, 유통네트워크 디자인, 역공급사슬 등에 대해서 알아본다.

10장에서는 다양한 린 도구들을 소개한다. 이러한 린 도구들에는 5S, 셀룰러 설비배치, 한 단위 흐름, 사이클타임과 최소작업자수의 결정, 혼합모델 스케줄링과 배치크기 축소, 표준작업, 지속적인 개선, 칸반과 풀시스템, 라인균형화, 실수방지(포카요케), 탁트타임, 전사적 생산보전, 흐름도, 낭비요소 제거 등이 포함된다.

chapter 7

Lean이란?

린(Lean)은 낭비요소를 제거하자는 것이다. 활동을 위해 자원이 소요되지만 가치를 창출하지 않는 모든 인간의 활동이 낭비에 해당되며, 수요가 없어 재고가 쌓이는 제품을 생산한다든지, 실질적으로 필요 없는 공정 단계를 거친다든지, 작업자나 제품이 특별한 목적이 없이 이곳에서 저곳으로 이동한다든지, 상위 단계에서 작업이 지체되어 하위 단계에서 대기한다든지, 재작업이나 수정이 필요한 실수를 저지른다든지 등이 포함된다. 린은 노력, 설비, 시간, 공간을 덜 투여하고도 더 많은 것을 얻을 수 있는 방법을 제공한다. 이러한 린 개념은 도요타 생산시스템에서 시작되었으나 이제는 더 이상 생산이나 제조분야에만 적용되는 개념이 아니라 서비스 분야를 포함한 다양한 분야에서 적용이 가능하다. 본 장에서는 이러한 린 개념에 대한 기본 원칙과 TOC와의 차이에 대해서도 살펴본다.

린의 기본 원칙

낭비에 대한 일종의 해독제 역할을 하는 린은 고객들이 원하는 것을 되도록 완벽하게 제공하는 데 도움이 되는 방법을 제공한다. 이를 위해 린은 가치를 창출하는 활동을 최상의 순서로 구현하며, 이러한 활동이 막힘이 없이 원활하게 수행하도록 하고, 또한 더욱 효과적으로 실행하는 방법을 제공한다.

Womack and Jones(2003)는 린 개념을 다음과 같이 다섯 가지 원칙으로 요약하고 있다.

- ✤ 가치에 대한 정의의 명확화(Specify Value)
- ✤ 가치 흐름의 확인(Identify the Value Stream)
- ✤ 흐름(Flow)
- ✤ 풀(Pull)
- ✤ 완벽성(Perfection)

가치에 대한 정의의 명확화

가치는 궁극적으로 고객에 의하여 결정되므로 가치에 대하여 정확하게 정의를 한다는 것은 고객이 정말 원하는 것이 무엇인가에 초점을 맞추는 것을 의미한다. 그런데 가치를 정확하게 정의하는 것은 어려운데, 그 이유 중의 하나는 생산자나 고객이나 기존의 틀에서 벗어나지를 못하기 때문이다. 따라서 가치에 대해 다시 정의를 한다고 하더라도 전통적인 가치인 저비용, 제품의 다양화, 신속배송 등에만 의존하게 된다는 것이다. 가치에 대한 정의가 어려운 또 다른 이유로는 고객의 관점에서 보는 제품 전체에 대한 가치보다는 제품을 제공하는 데 기여하는 여러 구성원들의 개별적인 가치에 초점을 맞추기 때문이기도 하다. 따라서 가치에 대한 정확한 정의를 위해서는 생산자가 고객과 새로운 방법으로 의사소통을 하는 것이 필요하며 또한 제품의 제공에 기여하는 구성원들 사이에 새로운 방법으로 의사소통이 이루어져야 한다.

Womack과 Jones는 가치의 명확화와 관련한 왜곡현상에 대하여 주의를 환기시킨다. 예를 들어, 주로 엔지니어들이 운영하는 독일 기업의 경우에, 전문가 이외에는 관심이 없는 기술적인 복잡성과 정교함을 가진 제품을 추구하는 것이 최선이라고 생각하고 있으며, 그러한 제품에 대하여 관심이 없는 고객들도 일단 설명을 하면 그 제품을 원하게 될 것이라고 믿고 있다는 것이다. 따라서 설사 제품이 실패하더라도 그 책임을 고객에게 전가하여 고객이 제품의 장점을 받아들일 만큼 정교하지 못하다고 생각한다는 것이다. 이러한 생각은 독일 산업의 위기를 초래하였는데, 결론적으로 독일 엔지니어들이 선호하는 복잡한 디자인과 정교한 생산기술은 지나치게 비싸서 고객들이 구입할 수가 없었으며, 종종 그러한 제품은 고객들이 진정으로 필요한 것도 아니었다는 것이다.

가치의 명확화에 대한 왜곡 현상은 자국의 사회적 기대치만 고려할 때에도 발생한다. 예를 들어, 일본의 경우에 장기고용 및 안정적인 공급자 관계 등과 같은 일본의 사회적 기대치를 고려하여 가치가 정의된다는 것이다. 이는 요즈음의 글로벌 환경에 적합하지 않은데, 그 이유는 글로벌 경쟁을 위해 필요한 현지화가 어려워지기 때문이다. 또 다른 가치 명확화의 왜곡 현상 중의 하나는 경영자들이 지나치게 주주나 단기적인 성과에 관심을 기울이는 경우에 고객을 위한 가치 창출 및 가치의 명확화보다 재무성과의 중요성이 우선한다는 것이다.

이러한 왜곡 현상 이외에도 가치의 정의는 기존의 조직의 힘, 기술, 자산, 규모의 경제에 대한 구식의 사고 등 다양한 요인으로 인하여 변형된다. 예를 들어, 많은 경영자들이 일단 기존의 기술이나 자산을 이용하여 제품을 만들고, 고객이 반응을 하지 않을 경우에 가격을 낮춘다든지 아니면 다른 방법을 동원하면 된다는 식의 사고를 가지고 있다는 것이다. 그러나 이러한 사고는 바람직하지 않으며 고객의 관점에서 근본적으로 가치를 재고해야 한다. 이러한 예로 종종 거론되는 것이 항공 산업의 예이다. 고객이 원하는 것은 자신이 원하는 곳까지 적절한 가격으로 안전하고 혼잡함이 없이 여행을 하는 것이다. 그런데 항공 산업에서는 기존의 자산을 가장 효율적으로 이용하는 것에 초점을 맞추고 있어 주로 일정 규모 이상의 도시에 거대한 공항을 건설하고 거대한 항공기로 허브간 승객을 수송하는 허브 시스템이 선호되고 있다. 그러나 정작 고객이 원하는 시스템은 작은 항공기로 작은 도시를 연결하는 지점 대 지점(point to point) 시스템이다. 항공 산업이 허브 시스템이나 거대한 항공기에서 벗어나지 못하는 이유는 구식의 효율성에 대한 사고와 기존의 자산 및 기술에 대한 집착에서 기인한다.

잘못된 제품이나 서비스를 제공하는 것은 분명하게 낭비요소이므로 린 사고에서의 가장 중요한 첫 단계는 명확하게 가치를 정의하는 것이다. 즉 린 사고는 고객과의 대화를 통하여, 특정 가격에 특정 기능을 가진 특정 제품을 제공할지에 대하여 명확하게 가치를 정의하는 것으로부터 시작된다. 이를 위해서는 기존의 틀을 파괴하는 것이 중요한데, 예를 들어, 기존의 자산이나 기술을 무시하고 새로운 시각을 가지는 것이 중요하다. 이러한 의미에서 기술전문가의 역할을 재정의해야 하며, 또한 가치를 세계의 어느 곳에서 창출할 것인지에 대하여도 다시 생각해야 한다.

가치 흐름의 확인

고객에게 특정 제품을 제공하기 위하여 기업이 수행하는 업무는 크게 다음과 같이 세 가지로 구분된다. 즉 디자인 및 엔지니어링을 통한 개념 개발에서부터 생산착수까지에 걸친 문제해결업무, 일정계획을 통한 주문의 수주에서 배송까지에 걸친 정보관리업무, 그리고 자재에서부터 완성품까지의 물질적 변환업무가 이에 포함된다. 가치 흐름이란 이러한 세 가지 업무를 통하여 특정 제품을 제공하는 데 요구되는 특정 활동들의 집합을 말하며 각 제품에 대한 전체의 가치 흐름을 확인하는 단계를 통하여 항상 거대한 낭비요소가 노출된다.

일반적으로 가치 흐름 분석을 통하여 활동을 세 가지 형태로 구분한다.

- ✤ 명확하게 가치를 창출하는 활동
- ✤ 가치는 창출하지 않으나 현재의 기술이나 생산자산으로는 피할 수 없는 활동
- ✤ 가치를 창출하지 않고 즉시 피할 수 있는 활동

가치 흐름 분석에서 중요한 것은 특정 제품을 창출하고 생산하는 데 필요한 활동들의 집합을 전체적으로 보아야 한다는 것이며, 이를 위해 전

체적인 가치 흐름을 창출하는 데 관련된 모든 구성원들간의 지속적인 의사소통이 필요하다. 그렇다고 해서 새로운 조직이 필요한 것은 아니고 단지 모든 관련된 구성원의 자발적인 협력이 요구된다. 이러한 메커니즘을 Womack과 Jones는 "린 기업(lean enterprise)"으로 지칭한다. 이러한 메커니즘을 창출하기 위해서는 기업간의 관계를 새롭게 생각하는 것이 필요하며, 모든 기업들이 원칙에 따라 행동하고 있는지를 확인할 수 있도록 가치 흐름상의 모든 단계에서의 투명성이 요구된다.

흐름

흐름이란 가치 흐름에서 낭비 활동을 제거한 후 남은 가치창출 활동의 흐름이 연속적이 되도록 하는 것이다. 우리는 기능이나 부서의 개념에 익숙해져 있는데 이는 일반적으로 활동들이 형태별로 그룹화되어야 관리가 쉽고, 효율적으로 수행되는 것으로 배워 왔기 때문이다. 또한 하나의 기계로 A, B, C라는 세 가지 부품을 생산해야 할 경우, A라는 부품을 모두 생산한 뒤, B라는 부품을 모두 생산하고, 그 다음 C라는 부품을 모두 생산하는 식, 즉 일들을 효율적으로 수행하기 위해서는 활동들을 묶음(batch)으로 하는 것이 좋다고 배워 왔다. 그러나 배치 생산은 작업을 기다리는 부품의 경우에 차례가 올 때까지 항상 긴 기다림을 의미한다. 따라서 흐름은 연속적이지 못하다.

연속적인 흐름의 예는 컨베이어 벨트 생산시스템에서 찾아볼 수 있다. 이러한 생산 방식은 소품종 대량 생산의 경우에 적합한 시스템으로 알려져 있다. 그러나 다품종 소량 생산의 경우에도 준비시간의 단축, 셀룰러 생산 방식 등을 통하여 연속적인 흐름을 얻는 것이 가능하다. 연속적 흐름이 정착되면 제품의 개념 창출에서 시장진입, 판매에서 배송, 자재에서 완성품까지 걸리는 시간이 대폭 단축된다.

풀

풀이 의미하는 것은 하위 단계의 고객이 요청하기 전에는 상위 단계에서 생산을 하지 않아야 한다는 것이다. 즉 고객이 제품을 요청하면 이를 즉시 충족시키고, 이를 보충하기 위해 상위 단계에 주문을 하게 되는 식으로 가치 흐름의 단계를 거꾸로 거슬러 올라가면서 주문이 이루어지게 된다. 전통적인 푸쉬(push) 시스템에서는 수요를 예측하고 예측된 수요만큼 배치생산을 하게 되므로 재고가 쌓이게 된다. 이러한 전통적인 시스템에서 풀 시스템으로 전환을 하기 위해서는 우선적으로 A제품 생산 모드에서 B제품 생산 모드로 전환하는 데 걸리는 시간을 대폭 단축해야 하고 또한 배치 크기를 줄여야 한다. 풀 시스템에서는 주문을 예를 들어, 주별 혹은 월별로 하는 것이 아니라 일별로 할 수 있게 되고 이렇게 되면 전체적으로 재고수준이 대폭 감소하게 된다.

완벽성

린을 실천하는 조직의 경우에 낭비요소를 제거하는 프로세스는 끝이 없음을 인지하게 된다고 한다. 즉 개선이 여러 차례 이루어졌다고 해도 항상 또 다른 개선이 가능하다는 것이다. 이러한 지속적인 개선은 점진적으로 이루어지기도 하며 혹은 급진적으로 이루어지기도 한다. 점진적인 개선은 개선(일본말: kaizen)행사를 통하여 이루어지며 급진적인 개선은 개혁(일본말: kaikaku)을 통하여 이루어진다.

린과 TOC

린과 TOC는 다음과 같은 측면에서 유사하다고 할 수 있다.

유사점

(1) 린 사고와 TOC의 근본적인 목적은 리드타임의 감소에 있다.

(2) 두 철학 모두 비록 접근법이 다르기는 하지만 기업이 지속적인 개선을 통한 경쟁우위를 유지할 필요가 있음을 강조한다. 린 사고는 지속적인 개선과 흐름에 있어서의 완벽성을 포함한 다섯 가지의 린 원칙을 강조하며, TOC는 기업의 스루풋 증가 목적을 향상시키기 위한 5단계 접근법을 제시한다.

(3) 두 철학 모두 지속적인 흐름을 강조하고 풀 시스템을 강조한다. 린 사고에서는 칸반에 의해 풀 신호가 전달되며, TOC에서는 병목에 의하여 풀 신호가 전달된다.

이렇게 두 철학이 비슷하지만 다음과 같은 측면에서 차이가 있다고 할 수 있다.

차이점

(1) 지속적인 개선의 접근법이 다르다. 린에서는 개선(카이젠)과 개혁(카이카쿠)을 제시하며 TOC에서는 5단계 프로세스를 제시한다.

(2) 풀 신호를 전달하는 시스템이 다르다. 린에서는 칸반이 이용되며 TOC에서는 병목이 풀 신호를 전달하는 역할을 한다.

(3) 낭비요소를 제거하는 방법이 다르다. 린 사고에서는 모든 형태의 낭비요소를 제거하는 데 목표를 두고 있으며, TOC에서는 병목에만 초점을 맞춘다.

Srinivasan(2004)는 TOC의 접근법과 린 사고의 접근법과의 차이점을 다음과 같이 정리하고 있다. 린 사고의 경우에 시스템 전체에서 낭비요소를 제거하고자 하므로 균형이 잡힌 생산 라인을 갖추기 위하여 자원들을 탁트타임을 기준으로 할당하고, 초과능력은 일종의 낭비로 취급되어 제거 대상이 된다. 이렇게 생산능력을 균형화하는 것은 변동이 있을 경우에 시스템의 잠재능력을 제한하게 된다. 반면에 TOC에서는 능력이 아닌 흐름의 균형에 초점을 맞추어 비병목자원의 초과능력은 제거 대상이 되지 않는다. 초과능력은 일종의 보호능력으로 작용하며, 이러한 초과능력이 제거되면 병목자원이 아니었던 자원이 병목자원이 될 가능성이 있다는 것이다. 그러나 린 사고에서는 병목자원의 경우에만 초점을 맞추는 것은 다른 곳에서 낭비요소를 제거할 기회를 상실할 수도 있으므로, 이러한 초과능력을 정기적으로 확인하고 이것을 병목자원에 재할당하여 스루풋을 증가시킬 수 있다는 것이다.

그러나 실제로 린 사고의 실천가들은 공정시간의 변동을 축소할 때에 병목자원의 개선을 우선 대상으로 하고 이어서 병목이 아닌 자원의 공정시간의 변동을 축소하되 초과능력이 작은 것부터 대상으로 한다. 이것은 생산능력을 균형화하는 것이 아니라 흐름을 균형화하는 것으로 TOC의 개념과 일치한다. 반면에 TOC 실천가들도 개선을 위해 린 기법들을 이용한다.

Goldratt과 Cox(1992)는 "생산능력을 균형화하려고 하지 말고 흐름을 균형화하려고 하라"고 말하고 있다. 생산능력의 균형화가 아닌 흐름의 균형화에 초점을 맞추어야 되는 이유를 다음의 예를 이용하여 살펴보자. 환자들이 서비스를 받을 때에 A, B, C 세 가지의 과정을 순서대로 거쳐야하는데, A와 C과정은 각각 28분이 소요되고 B과정은 60분이 소요되어 병목으로 작용한다고 가정한다. 이러한 경우 B과정에 초점을 맞추어 일정계획이 세워지게 되므로 A, C과정은 B과정에 맞추어 일정계획을 세우면 된다. 여기서 문제는 A와 C과정을 비용절감 차원에서 한 사람에게 모두 맡기느냐 아니면 두 사람을 고용하여 한 사람이 하나의 과정만을 맡게 하느냐이다. A와 C과정을 한 사람이 모두 맡으면 생산능력 균형화의 목적을 달성하게 되고 비용은 절감된다. 그러나 이러한 균형화는 변동이 있을 때에 문제가 있다는 것이다. 예를 들어, 환자마다 과정별로 소요 시간이 다를 경우, 한 사람이 A와 C과정을 모두 담당하게 되면, 두 사람이 각자 하나의 공정만을 담당하는 경우에 비하여, 환자들간에 시스템에서 기다리는 시간의 차이가 심하고 과정별로도 전체적으로 소요되는 시간이 늘어난다는 것이다. 따라서 이때는 흐름을 원활히 하도록 두 사람을 고용하는 것이 낫다는 것이다.

중요한 것은 제품을 순조롭고 신속하게 움직이는 것이며 생산능력 균형화에 초점을 맞추게 되면 일정계획이 어려워지고 특히 변동이 심할 때에 재고를 많이 생성하게 되며 상당한 혼란을 초래하게 된다. 따라서 될 수 있으면 시스템의 변동을 줄이는 것이 중요하며 변동을 줄이기 위해서는 흐름에 초점을 맞추어야 하고 이렇게 되면 낮은 재고수준과 낮은 운영비용으로 높은 스루풋을 얻게 된다는 것이다. TOC와 린 사고는 공동으로 흐름을 개선하여 스루풋을 증가하는 데 도움이 된다. TOC를 통하여 병목현상이 있는 곳을 확인하고 린 사고 및 기법을 이용하여 낭비요소(변동 포함)를 제거하는 데 도움이 된다.

참고문헌

Clark, Kim and Takahiro Fujimoto (1991), *Product Development Performance*, Harvard Business School Press.

Cooper, Robin (1995), *When Lean Enterprises Collide: Competing Through Confrontation*, Harvard Business School Press.

Crawford, F. and R. Mathews (2001), *The Myth of Excellence*, Crown Business.

Fujimoto, Takahiro (1999), *The Evolution of a Manufacturing System*, Oxford University Press.

Geary, S. and J.P. Zommenberg (2000), "What It Means to Be Best in Class," *Supply Chain Management Review*, July/August, pp. 42–48.

Goldratt, E.M. and J. Cox (1992), *The Goal: A Process of Ongoing Improvement*, MA: North River Press Publishing Company.

Goddard, Walter E. (1982), "Kanban versus MRP II–Which Is Best for You?," *Modern Material Handling, November*, pp. 40–48.

Hall, Robert W. (1982), "The Toyota Kanban System," In *Management by Japanese System*, ed., Sang M. Lee and Gary Schwendiman, Praeger Publications, New York, pp. 144–151.

Hall, Robert W. (1983), *Zero Inventories*, Dow Jones–Irwin, Homewood, Ill.

Hutchins, D. (1986), "Having a Hard Time with Just–in–Time," *Fortune*, June, pp. 64–66.

Jones, Dan and Jim Womack (2002), *Seeing the Whole: Mapping the Extended Value Stream*, Lean Enterprise Institute.

Lamming, Richard (1993), *Beyond Partnership: Strategies for Innovation and Lean Supply*, Prentice–Hall.

Mather, Hal (1991), *Competitive Manufacturing*, Prentice-Hall.

Monden, Yasuhiro (1983), *The Toyota Production System: Practical Approach to Production and Management*, Industrial Engineering and Management Press.

Monden, Yasuhiro (1995), *Cost Reduction System: Target Costing and Kaizen Costing*, Productivity Press.

Narus, J. and J.C. Anderson (1996), "Rethinking Distribution: Adaptive Channels," *Harvard Business Review*, July-August, pp. 112-120.

Nishiguchi, Toshihiro (1994), *Strategic Industrial Sourcing: The Japanese Advantage*, Oxford University Press.

Normann, Richard and Rafael Ramirez (1993), "From Value Chain to Value Constellation," *Harvard Business Review*, July-August.

Ohno, Taiichi (1988), *The Toyota Production System: Beyond Large-Scale Production*, Prodcutivity Press.

Pegels, C. Carl (1982), "The Kanban Production Management Information System," in *Management by Japanese Systems*, ed., Sang M. Lee and Gary Schwendiman, Praeger Publications, New York, pp. 144-151.

Ritzman, L. P., B. E. King, and L. J. Krajewski (1982), "Manufacturing Performance Pulling the Right Levers," *Harvard Business Review*, March-April, pp. 143-152.

Rother, Mike and Rick Harris (2001), *Creating Continuous Flow*, Lean Enterprise Institute.

Schonberger, Richard J. (1996), *World Class Manufacturing: The Next Decade*, Free Press.

Schonberger, Richard J. (2001), *Let's Fix It*, Free Press.

Shingo, Shingo (1989), *A Study of the Toyota Production System from an Industrial Engineering Viewpoint*, Productivity Press.

Womack, James P. and Daniel T. Jones (2000), *How the World has Changed since The Machine That Changed the World*, Lean Enterprise Institute.

Womack, J.P. and D.T. Jones (2003), *Lean Thinking*, New York: Free Press.

Womack, J.P., D.T. Jones, and D. Roos (1991), *The Machine That Changed the World*, New York: Harper Collins.

chapter 8

Lean과 도요타 생산시스템

앞에서 언급이 되었듯이 Womack과 Jones가 사용한 Lean Production이라는 용어는 도요타 생산시스템을 지칭한다고 보면 된다. 따라서 Lean을 잘 알기 위해서는 도요타 생산시스템을 살펴보면 된다. JIT라는 개념이 핵심이 되는 도요타 생산시스템(TPS: Toyota Production System)은 수요를 예상하여 생산을 하는 것이 아니라 특정일에 필요한 만큼만 생산을 하여 재고를 최소화하는 시스템이다. 부품을 하루에 얼마나 만들어야 하는지에 대한 정보는 칸반이라는 카드를 이용하여 전달이 된다. 기본 아이디어 자체는 간단하지만 이러한 기본 아이디어가 제대로 작동하기 위해서는 다양한 도구와 기법이 요구된다. 본 장에서는 도요타 생산시스템에서 채택하는 핵심 철학과 시스템이 무엇이며 어떻게 작동하는지를 중심으로 살펴본다. 이러한 가운데 Lean의 개념이 한층 더 분명해질 것으로 기대한다.

TPS

도요타 생산시스템(TPS: Toyota Production System)은 비용절감을 위해 불필요한 요소를 제거하자는 접근법이며, 필요한 제품을, 필요할 때에, 필요한 만큼 생산하는 방식이다. 이러한 생산시스템의 가장 중요한 효과는 불필요한 재고가 없어져서 재고유지비용이 현격히 감소한다는 것이다. 비용절감이 궁극적인 목표이기는 하나 이 목표의 달성을 위해 다음의 세 가지 하부목표를 달성해야 한다.

✤ **생산량 통제** : 수요변동에 대하여 생산량과 제품 다양성면에서 대처할 수

있어야 한다.

- **품질보증** : 각 공정에서 작업이 완료되어 후속공정으로 이동되는 공정중 재고는 품질적으로 우수해야 한다.
- **인간성 존중** : 시스템이 비용목표 달성을 위해 인적자원을 이용하는 동안 인간성 존중이 장려되어야 한다.

JIT, 칸반, 도요타 생산시스템의 관계

도요타 생산시스템의 근간이 되는 개념은 크게 네 가지(JIT, 오토노메이션, 노동유연성, 창조적 사고)가 있으며, 이 개념을 실천하기 위해 8가지 정도의 시스템과 방식(칸반, 생산평준화, 준비시간 단축, 기계배치와 다기능 작업자, 작업표준화, 소그룹활동 및 제안제도, 시각통제시스템, 기능형 관리)을 도입하고 있다. 따라서 JIT는 도요타 생산시스템이 적용하는 개념 중의 하나에 불과하며, 칸반방식은 JIT를 실행하기 위하여 이용하는 방법 중의 하나이다. 따라서 JIT = 도요타 생산시스템, 칸반 = JIT 또는 칸반 = 도요타 생산시스템이라고 생각하는 것은 무리가 있다.

도요타 생산시스템에 적용되는 네 가지의 개념

도요타 생산시스템에 적용되는 네 가지 핵심적인 개념은 다음과 같다.

- JIT(just in time) : 요구되는 제품을, 요구되는 시기에, 요구되는 양

만큼 생산한다는 것을 말한다.

- ✤ **오토노메이션(Autonomation, 일본말로 Jidoka)** : 자율적 불량통제라는 의미인데 선행공정에서 후속공정으로 불량품이 흘러가는 것을 방지하자는 개념이다.
- ✤ **노동유연성(일본말로 Shojinka)** : 수요변동에 맞추어 작업자의 수를 조정한다는 개념이다.
- ✤ **창조적 사고(일본말로 Soikufu)** : 작업자의 제안을 받아들여 이용한다는 개념이다.

개념의 실천을 위한 시스템과 방법

도요타는 위의 개념들의 실현을 위해 다음과 같은 시스템 및 방법을 도입하고 있다.

- ✤ **칸반시스템** : JIT를 유지하기 위한 시스템
- ✤ **생산평준화** : 수요변동에 대처하기 위한 방법
- ✤ **준비시간의 단축** : 생산리드타임의 감축을 위한 방법
- ✤ **작업의 표준화** : 라인균형화를 위한 방법
- ✤ **기계배치와 다기능작업자** : 노동유연성의 확보를 위한 방법
- ✤ **소그룹활동 및 제안제도** : 개선활동을 위한 방법
- ✤ **시각통제시스템** : 오토노메이션을 위한 시스템
- ✤ **기능형 관리** : 전사적 품질관리를 위한 시스템

TPS의 실천 도구

JIT와 칸반 시스템

JIT 생산이란 요구되는 제품을 요구되는 시기에 요구되는 양만큼 생산하는 것을 의미하며, 칸반 시스템은 JIT가 이루어지도록 생산을 통제하는 일종의 정보시스템이다. 보통의 생산시스템은 생산일정계획에 따라 선행공정에서 생산을 하여 후속공정으로 공급하는 푸쉬 시스템이다. 일반적인 생산시스템에서는 부품생산공정부터 최종조립공정까지 모든 공정마다 각각 생산일정을 만들어 이에 따라 생산이 이루어진다. 따라서 수요의 변화 등을 생산에 반영하기 위해서는 모든 공정의 생산일정이 동시에 수정되어야 한다. 이러한 푸쉬 시스템에서는 수요의 변동이나 공정에서 문제가 발생하면 생산일정계획의 전면적인 수정이 필요한데 이러한 수정이 쉽지 않으므로 보통 재고를 많이 유지하는 경향이 있다.

이에 비하여 칸반시스템에서는 최종조립라인이 필요한 부품을 필요한 때에 필요한 양만큼 가지러 선행공정으로 가는 풀 시스템이다. 선행공정은 후속공정에서 필요로 하는 부품을 생산한다. 부품을 생산하는 공정은 자신의 선행공정으로부터 필요한 부품 및 자재를 가지고 온다. 따라서 칸반 시스템의 경우에는 모든 공정에 대한 생산일정계획이 필요가 없으며, 최종공정에서 생산일정의 변화에 대한 정보가 제공되면 칸반을 이용하여 부품의 필요시기 및 필요한 양에 대한 정보가 선행공정으로 전달된다.

칸반이란 생산에 필요한 정보를 담은 카드를 말하며 대표적인 것으로 인수칸반(withdrawal Kanban)과 생산지시칸반(production-ordering Kanban)이 있다. 인수칸반에는 인수해야 할 부품에 대한 정보와 인수해야 할 양이 기록되어 있으며, 생산지시칸반에는 생산해야 할 부품에 대한 정보 및 그 양이 기록되어 있다.

▶ 그림 8-1 칸반의 운용과정

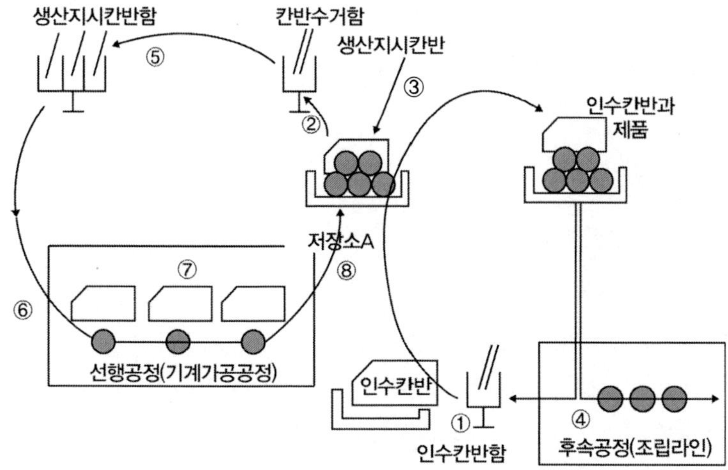

출처: Monden(1983)

선행공정과 선행공정에서 생산한 부품을 이용하는 후속공정이 있다고 하자. 선행공정에서 만든 부품은 일정한 크기의 상자에 담아 부품저장소에 보내지고 후속공정은 부품저장소에 가서 부품을 가져온다. 이러한 운영방식을 살펴보면 <그림 8-1>과 같다.

❶ 후속공정의 부품운반자는 인수칸반함에 수집된 인수칸반의 수가 정해진 수만큼 되거나 혹은 일정한 시간간격으로 인수칸반과 빈상자를 가지고 선행공정의 부품저장소에 간다.

❷ 선행공정의 부품저장소에서 부품을 인수할 때에 인수하는 상자에 부착되어 있는 생산지시칸반을 떼어서 칸반수취함에 넣는다.

❸ 생산지시칸반을 떼어 낸 상자마다 가지고 간 인수칸반을 하나씩 부착한다. 이 경우 생산지시칸반과 인수칸반을 비교하여 일치 여부를 확인한다. 가지고 간 빈상자는 선행공정에서 요구하는 장소에 놓아둔다.

❹ 후속공정에서 작업을 할 때에 인수칸반을 상자에서 떼어 인수칸반함에 넣는다.

❺ 선행공정에서는 부품저장소의 칸반수취함에 수집된 생산지시칸반을 일

정한 시간에 혹은 일정한 양을 생산한 후 생산지시칸반함으로 옮긴다.
❻ 선행공정에서는 생산지시칸반함에 있는 순서대로 생산을 한다.
❼ 부품과 칸반은 반드시 짝지어져 이동된다.
❽ 생산이 완료되면 생산지시칸반을 부착한 상자를 저장소로 옮긴다.

생산평준화

생산평준화는 칸반 시스템에 있어서 가장 중요한 전제조건이다. 후속공정은 선행공정에서 필요한 제품을, 필요한 시간에, 필요한 양만큼 인수해 간다. 이 경우에 만일 후속공정의 부품인수에 대한 시기와 양의 변동이 심하면 선행공정에서는 최고치의 인수량에 대응할 수 있는 능력을 갖추고 있어야 하며 이러한 현상은 공정수가 많을수록 변동폭이 확대된다. 외부의 공급자를 포함한 모든 생산공정에서 인수하는 수량 및 시기의 변동폭을 작게 하기 위해서는 최종조립라인에서의 생산량의 변동을 최소화하여야 한다.

도요타공장의 최종조립라인에서는 로트 크기를 최소화하여 필요한 부품을 작은 로트 크기로 선행공정에서 인수하게 된다. 결국 생산평준화는 최종조립라인에서의 변동의 폭을 줄이기 위하여 각종 제품을 그날그날의 판매량에 맞추어서 균등한 비율로 생산하는 것을 말한다. 생산평준화에 의해서 각각의 하위 조립라인의 인수량에 대한 변동을 최소한으로 억제하여, 각 하위 조립라인이 부품을 일정한 속도로 생산하게 된다.

도요타에서의 생산평준화는 두 단계로 이루어진다.

단계 1 연간 생산계획으로부터 월별 생산계획을 수립하는 것이다. 월별 생산계획에는 다음의 생산평준화 관련내용이 포함된다. 예를 들어, 특정 차종(예, camry)에 대한 모델이 3가지(A, B, C)가 있고, 각각에 대한 월 수요가 6,000, 4,000, 2,000이라고 하고, 1개월에 20일 작업을 한다고 가정하자. 그러면 각 모델별로 일일 생산평준화는 매일 300대, 200대, 100대를 생산하는 것이 된다. 참고로 1일 8시간(480분) 작업을 한다고 가정하면, 하루에 총 600대의 자동차가 생산되어야 하므로 한 대를 생산하는 데 평균적으로 필요한 사이클타임은 480/600 = 0.8분이다.

단계 2 일일 생산순서를 결정하는 것이다. 위의 경우에 모델별로 평준화하여 3 : 2 : 1로 하는 것을 원칙으로 하고 하나의 사이클을 6대로 하여 AAA, BB, C식으로, 즉 A를 3대, B를 2대, C를 1대 생산한 뒤 다시 똑같은 순서로 생산하는 방식을 고려할 수도 있고 혹은 CABABA식으로 생산순서를 정할 수도 있다. 일반적으로 생산순서는 컴퓨터프로그램을 이용하여 결정되는 것이 보통이며 각 부품에 대한 이용량과 이용 속도가 될 수 있으면 일정하도록 만드는 방향으로 결정된다.

일일생산순서가 결정되면 이 순서는 최종조립라인에게만 전달되고 필요한 부품에 대한 정보는 칸반을 통하여 선행공정으로 전달된다. 이러한 생산평준화를 위해서는 생산리드타임의 감축이 중요하며, 생산리드타임의 단축을 위해서는 생산준비시간의 단축이 중요하다.

생산리드타임의 단축

필요할 때에 필요한 양의 부품이 생산되어야 하므로 선행공정은 후속공정의 요청이 있을 시에 즉시 생산할 수 있어야 하는데 이를 위해서는 생산리드타임의 단축이 필수이다. 생산리드타임의 단축을 위해서 도요타가 시도한 것을 살펴보면 다음과 같다.

✤ 생산유연성 확보

한 사람의 다기능 작업자가 여러 가지 작업을 수행하도록 하며 이를 위해 범용설비를 갖추고 또한 설비배치도 주로 U자형을 갖춘다.

✤ 생산준비시간의 단축

생산평준화를 실현하려면 하나의 제품을 고정적으로 생산하는 시스템과는 달리 다양한 제품을 번갈아 가면서 신속히 생산할 수 있는 능력이 필요하다. 이러한 능력은 하나의 제품을 생산하다가 다른 제품을 생산하기 위해 필요한 생산준비시간의 단축 없이는 불가능하다. 도요타에서는 과거에는 single setup(10분 미만의 준비시간)을 위해 노력했으나 현재는 많은 경우에 one-touch setup(1분 미만의 준비시간)을 달성했다. 준비작업 중에서 기계가 가동 중일 때의 준비활동을 외부준비라 하고 기계가 정지된 동안의 준비활동을 내부준비라고 부른다. 내부준비와 외부준비를 명확하게 구분하고, 나아가 내부준비를 가능한 한 외부준비로 바꾸어 내부준비가 최소화되면 기계가 멈추었을 때 새로운 제품으로의 전환이 신속하게 이루어질 수 있다. 준비시간 단축은 로트 크기의 최소화로 인한 재고의 감소효과를 가지고 오며, 또한 로트 크기의 축소로 여러 제품에 대한 생산리드타임이 감소되고 고객의 주문이나 수요의 변화에 신속하게 대처할 수 있다.

✤ **라인균형화를 통한 대기시간의 단축**

라인균형화란 각 공정에서 작업에 소요되는 시간을 같도록 만드는 것으로 라인균형화를 통하여 작업대기시간을 단축할 수 있다.

✤ **작업의 표준화**

작업의 표준화란 작업자가 해야 할 여러 작업의 순서와 하나의 기계에서 한 단위를 생산하는 데 필요한 노동시간 등을 정하는 것이다. 작업의 표준화는 라인균형화, 생산성 향상, 재공품재고의 최소화를 위해 필요하다.

개선활동

아래와 같은 활동을 통하여 생산성 향상과 생산비용절감의 효과를 얻을 수 있다.

✤ **작업자수의 감소** : 낭비요소(작업 및 활동)의 제거를 통하여 작업을 재배치하고 이것이 노동력의 감축으로 이어진다.

✤ **로봇이나 자동기계 등의 설비 도입**

✤ **인간성에 대한 존중 및 신뢰관계 유지**

✤ **제안제도의 이용**

✤ **품질관리분임조활동의 활성화 :** 품질관리분임조(QC 서클: Quality Control circle)는 일정한 계획에 따라 1주일에 한 번 정도 자발적으로 모여서 자기들이 직면하고 있는 문제에 관하여 각자의 직능을 중심으로 논의하고 그에 대한 해결책을 강구하여 관리자에게 제안하는 소집단을 말한다. QC 서클은 제품불량률의 최소화와 ZD(zero－defect)를 위하여 당면한 문제를 가장 잘 알고 있는 작업자들이 문제발생원인과 그 해결방법을 모색한다는 차원에서 작업자들의 동기를 유발시키며 품질개선에 크게 공헌한다. QC 서클의 운영은 종업원의 자발적이고 적극적인 참여 그리고 문제해결기법 등 객관적인 접근방법을 사용하여 품질향상에 크게 기여하고 있다.

오토노메이션(일본말 Jidoka)

JIT 시스템이 완벽하게 운영되려면 공정의 흐름이 중단 없이 원활해야 하며 이를 위해서는 불량품이 발생되지 않아야 한다. 따라서 품질관리가 필수이다. 오토노메이션은 불량품이 라인을 통과하는 것을 불가능하게 만드는 장치이며, 이를 위해 불량품이 탐지되면 작업자는 누구나 라인이나 기계를 멈출 수 있도록 한다. 만일 불량이 발견되면 라인이 멈추고, 문제에 대한 즉각적인 해결을 위해 원인조사가 이루어지며 비슷한 문제가 다시 발생하지 않도록 조치를 취한다.

라인을 멈추는 방법은 두 가지가 있다. 하나는 작업자의 판단에 의하여 작업자가 라인을 멈추는 방법으로, 예를 들어 주어진 시간 내에 작업을 마칠 수 없는 경우에 라인을 멈출 수 있다. 다른 하나는 기계적 장치를 이용하여 불량 발생시에 자동적으로 라인이 멈추게 하는 방법이다. 기계적 장치는 시스템 불량을 탐지하는 장치, 라인을 멈추는 장치, 작업자에게 불량발생을 알리는 장치의 세 가지로 구성된다.

오토노메이션을 실행할 때에 여러 가지 시각적 통제장치가 이용된다. 예를 들어, 라인별로 작업상태표시등과 안돈(Andon)이라는 게시판이 설치되어 있다. 작업상태표시등의 경우는 그 색깔에 따라 문제의 종류를 달리하여 멀리서도 어떠한 도움이 필요한지 한 눈에 알 수 있도록 되어 있다.

- ✤ **빨간색**: 기계문제
- ✤ **흰 색**: 생산완료
- ✤ **초록색**: 원료부족으로 인한 생산중단
- ✤ **파란색**: 불량발생
- ✤ **노란색**: 작업준비중

안돈 게시판은 라인이 중지될 경우에 어느 공정에서 라인을 중지시켰는지 공정번호에 불이 들어오게 되어 있다. 불이 들어오게 되면 감독자가 즉시 라인을 중지시킨 공정으로 가서 문제를 해결하게 된다.

참고문헌

Fujimoto, T. (1999), *The evolution of a manufacturing system at Toyota*, Oxford University Press.

Hall, Robert W.(1983), Zero Inventories, Dow Jones−Irwin, Homewood, Ill.

Hines, Peter (1994), *Creating World Class Suppliers*, Pitman.

Hutchins, D.(1986), "Having a Hard Time with Just−in−Time," *Fortune*, June, pp. 64−66.

Imai, M. (1986), *Kaizen: The key to Japan's competitive success*, McGraw−Hill Publishing Company.

Imai, M. (1997), *Gemba kaizen: A commonsense, low−cost approach to management*, McGraw−Hill Publishing Company.

Jones, Dan and Jim Womack (2002), *Seeing the Whole: Mapping the Extended Value Stream*, Lean Enterprise Institute.

Karmarkar, U., "Getting Control of Just−in−Time," *Harvard Business Review*, pp. 123−131, September−October 1989.

Krajewski, L. J., King, L. P. Ritzman, and D. S. Wong, "Kanban, MRP and Shaping the Manufacturing Environment," *Management Science*, 33 : 1, pp. 57−75, January 1987.

Liker, J. K. (2004), *The Toyota way: 14 management principles from the world's greatest manufacturer*, McGraw−Hill.

Monden, Yasuhiro (1983), *The Toyota Production System: Practical Approach to Production and Management*, Industrial Engineering and Management Press.

Monden, Yasuhiro (1995), *Cost Reduction System: Target Costing and Kaizen Costing*, Productivity Press.

Nishiguchi, Toshihiro (1994), *Strategic Industrial Sourcing: The Japanese Advantage*, Oxford University Press.

Ohno, Taiichi (1988), *The Toyota Production System: Beyond Large−Scale Production*, Prodcutivity Press.

Pegels, C. Carl (1982), "The Kanban Production Management Information System," in *Management by Japanese Systems*, ed., Sang M. Lee and Gary Schwendiman, Praeger Publications, New York, pp. 144−151.

Rice, James W. and Takeo Yoshikawa, "A Comparison of Kanban and MRP Concepts for the Control of Repetitive Manufacturing Systems," *Production and Inventory Management*, 23 : 1, pp. 1−14, 1982.

Rother, Mike and Rick Harris (2001), *Creating Continuous Flow*, Lean Enterprise Institute.

Schonberger, Richard J.(1982), *Japanese Manufacturing Techniques: Nine Hidden Lessons in Simplicity*, Free Press, New York.

Shingo, Shingo (1989), A Study of the Toyota Production System from an Industrial Engineering Viewpoint, Productivity Press.

Sugimori, Y., K. Kusunoki, F. Cho, and S. Uchikawa (1977), "Toyota Production System and Kanban System Materialization of Just−in−Time and Respect for Human System," *International Journal of Production Research*, 15 : 6, pp. 553−564.

Womack, James P. and Daniel T. Jones (2000), *How the World has Changed since The Machine That Changed the World*, Lean Enterprise Institute.

chapter
9

Lean 공급사슬관리

공급사슬관리(SCM: Supply Chain Management)는 경쟁우위 확보에 있어서 매우 중요하며, 거의 모든 분야에서 전략적 의사결정에 중요한 위치를 차지한다. 기업은 자신의 생존 및 번영을 위하여 필요한 것들을 제공받기 위하여 공급사슬에 의존하고 있으며, 모든 기업들은 하나 이상의 공급사슬에 속해 있으며 공급사슬에서 일정한 역할을 한다고 볼 수 있다. 점차적으로 기업간의 경쟁이 아닌 기업이 속한 공급사슬간의 경쟁이 중요해지는 상황에서 경쟁력 있는 공급사슬을 구축하거나 혹은 그러한 공급사슬에 참여하는 기업들이 경쟁우위를 확보한다고 해도 과언이 아니다. 본 장에서는 경쟁력 있는 공급사슬의 구축 및 관리를 위한 린 공급사슬관리에 대해서 살펴본다.

SCM의 개념

공급사슬관리(SCM: Supply Chain Management)란 제품이나 서비스의 생산에서부터 소비까지의 모든 프로세스를 하나의 시스템으로 관리하여 탁월한 고객가치를 창출함으로써 경쟁우위를 확보하는 것이라고 정의할 수 있다. 이러한 정의에서 볼 수 있듯이 공급사슬관리가 서비스 제공자에게 중요한 것은 고객에게 제공하는 서비스가 고객에게 가치 창출을 할 수 있도록 공급자에서부터 서비스제공자를 거쳐 고객에게 이르기까지의 전반적인 공급사슬을 관리할 필요가 있기 때문이다.

위의 정의에서 중요한 점은 다음과 같다.

첫째, 공급사슬관리에는 자재 공급에서부터 소비까지의 전 과정이 포함되며, 특히 최종 단계인 최종소비자까지 포함된다는 것이다.

둘째, 공급사슬관리는 공급사슬 전체를 하나의 시스템으로 관리한다는 것이다. 따라서 공급사슬의 개별 구성원에 초점을 맞추어 의사결정이 이루어지는 것보다는 시스템 전체에 초점을 맞추어 의사결정이 이루어진다고 보는 것이다. 즉 부분최적화가 글로벌최적화를 보장하는 것이 아니므로, 부분최적화보다는 글로벌최적화를 추구한다는 것이다. Chopra and Meindl(2004)과 Christopher(2005)는 공급사슬관리에서 사슬이라는 용어는 네트워크나 웹이라는 용어로 교체되어야 한다고 보고 있다. 그 이유는 전체의 공급사슬시스템에는 다수의 공급자와 그 공급자에 대한 공급자까지 포함되며 또한 다수의 고객과 그 고객에 대한 고객도 포함되기 때문이다.

셋째, 공급사슬관리는 탁월한 고객가치창출에 초점을 맞추어야 한다. 여기서 말하는 고객이란 공급사슬의 마지막 단계에 있는 소비자만을 의미하는 것이 아니다. 생산자는 자재 공급자의 고객이 되며, 소매상은 생산자의 고객이 되고, 소비자는 소매상의 고객이 된다. 고객에게 가치를 창출해야만 고객과의 지속적인 관계를 유지할 수가 있다. 공급사슬관리는 고객 혹은 시장에 의하여 주도되므로 공급사슬관리에서 공급이라는 용어 대신에 수요라는 용어로 대체되어야 한다고 보는 이도 있다.

넷째, 공급사슬관리의 목적은 경쟁우위확보에 있다는 것이다. 경쟁우위를 확보한다는 것은 단순히 일등 기업이 된다는 의미보다도 경쟁에서 살아남는다는 의미가 강하다. 요즈음 산업의 글로벌화와 세계적으로 우수한 기업과의 경쟁에서 생존하는 것이 쉽지가 않다. 이러한 상황에서 경쟁우위가 없는 기업은 시장에서 도태될 것이 틀림없다.

린 공급사슬관리의 개념 및 역할

린 공급사슬관리의 개념

린 개념은 낭비요소를 제거하자는 것으로 이 개념을 공급사슬관리에 적용할 경우 다음과 같은 시나리오를 생각해볼 수 있다.

> 소비자가 소매상에게 제품을 주문(혹은 수요)하고 소매상은 보유하고 있던 재고를 이용하여 이 주문을 즉시 충족시킨 후 재고보충을 위해 생산자에게 주문을 한다. 생산자는 소매상의 주문을 충족하기 위하여 보유 자재를 이용하여 즉시 제품을 만들어 배송하고, 소모된 자재의 보충을 위해 자재 공급자에게 주문을 한다.

이러한 공급사슬에서는 모든 참여자들이 짧은 사이클 및 일정한 생산수준에서 운영하고 있으며, 공급사슬의 하위 단계에 있는 고객의 주문에 대하여 신속한 대응이 이루어지고 있어 고객이 원하는 것을 정시에 공급하고 있다. 또한 공급사슬 전체적으로 재고를 많이 보유하지 않고 상대적으로 낮은 비용으로 주문충족이 이루어진다. 이러한 개념은 생산운영 측면에서의 풀 시스템에 해당하는 개념이다. 이러한 이상적인 공급사슬이 과거에는 불가능했을지 모르나 현재는 가능하게 되었으며, 본 장에서는 이러한 공급사슬을 갖추기 위하여 필요한 여러 가지 개념 및 기법을 다루는데 결국 이러한 개념 및 기법은 린 개념과 밀접한 관련이 있다. 근본적으로 위에서 언급한 린 공급사슬이 가능하게 된 배경은 다음과 같다.

- ✤ 인터넷 등 정보기술의 발전으로 공급사슬의 구성원들이 실시간으로 고객의 수요에 대한 정보를 공유할 수 있게 되었다.
- ✤ JIT 등 생산시스템의 발전으로 고객의 수요에 대응하는 시간이 단축되었다.
- ✤ 로지스틱스 분야의 발전으로 보관 및 수송에 걸리는 시간이 단축되었다.
- ✤ 공급사슬의 구성원들 사이에 장기적인 파트너십이 구축되어 리드타임 단축 및 보유재고수준의 감소가 가능하게 되었다.

린 공급사슬은 제품이 고객에게 전달되는 데 필요한 프로세스와 파트너를 통합하며, 변화하는 고객의 요구에 적응하면서도 여전히 신속하게 제품을 전달한다. 이러한 린 공급사슬에 속하는 기업은 경쟁자에 비하여 비용우위를 가지게 되어 경쟁우위를 확보하게 된다. 실제로 경쟁우위를 가진 기업들을 분석해보면 대부분의 경우에 경쟁우위의 원인을 공급사슬에 두고 있음을 알 수 있으며, 이러한 성공적인 기업의 공급사슬이 경쟁력을 가지는 것은 린 개념이 적용되고 있음을 알 수 있다.

린 공급사슬의 효과는 크지만 이러한 공급사슬을 구축하는 것은 쉽지가 않다. 그 이유는 최근의 비즈니스 환경이 과거와는 무척 다르고 또한 공급사슬 활동들이 매우 밀접하게 연결이 되어 있기 때문이다. 특히 최근의 경쟁상황이 기업 대 기업의 경쟁이 아닌 공급사슬 대 공급사슬의 경쟁임을 고려하면 공급사슬의 전 구성원이 협력하여 경쟁력 있는 공급사슬을 만들어야 하는데, 이러한 협력을 이끌어 내는 것이 쉽지는 않기 때문이다.

경쟁적 환경의 변화와 린 공급사슬관리의 역할

기업의 경쟁적 환경은 지속적으로 변화하고 있으며, 이러한 변화는 기업 경영에 있어서의 변화를 요구한다. 최근에 기업경영에 있어 가장 중요한 전략적 이슈 중의 하나로 부각되는 것이 공급사슬관리이다. 혹자는 현 상황을 "공급사슬 경쟁의 시대"라고까지 한다. 신속하게 변하는 시장에 보다 더 잘 대응하고, 일관되고 신뢰성이 있는 가치전달시스템을 창출하기 위해서는 특정 기업 혼자서는 할 수 없으며 공급사슬 전체가 이러한 목적 달성을 위해 노력을 해야 한다.

기업들이 경쟁우위를 확보하는 방법은 경쟁자보다 기업의 핵심프로세스를 보다 더 잘 관리하여 고객에게 보다 나은 가치를 창출하는 것이다. 여기서 핵심프로세스란 신제품개발, 공급자관리, 주문충족, 고객관리를 말하며 핵심프로세스를 경쟁자보다 더 잘 관리한다는 의미는 경쟁자보다 가치측면에서 효과적으로 관리함을 의미한다. 기업의 능력 중에서 요즈음 가장 주목을 받고 있는 것은 수요에 대해 신속하고 유연하게 대응할 수 있는 능력이다. 최근의 경쟁적 환경은 다음과 같이 특징지을 수 있다.

- ✤ 공급사슬 대 공급사슬의 경쟁
- ✤ 유통채널에서 공급자에서 구매자로 파워가 넘어가고 있다.
- ✤ 제품의 수명주기가 짧아지고 있다.
- ✤ 산업이 글로벌화하고 있다.
- ✤ 가격경쟁이 심해지고 있다
- ✤ 고객의 요구가 증가한다.

이러한 경쟁적 환경에서 Christopher(2005)는 다음과 같은 7가지의 중요한 비즈니스 변화 및 그에 관련한 공급사슬의 역할을 다음과 같이 설명하고 있다.

❶ 공급자 중심에서 고객중심으로의 전환

전통적으로 공급사슬의 디자인은 고객에서부터 시작하는 공급사슬에 관심을 둔 것이 아니라 공장에서부터 시작하는 공급사슬을 염두에 두고 이루어졌다. 즉 배치 중심의 생산 프로세스가 어떻게 하면 효율적으로 산출물을 유통시키느냐에 관심을 두었으므로 공급사슬 디자인의 목적은 주로 비용최소화였다. 그러나 오늘날과 같이 시장이 매우 경쟁이 심한 경우에는 공급사슬의 목적이 고객의 요구에 대한 높은 수준의 대응성을 갖는 것으로 바뀌어야 한다. 그러므로 비용보다는 민첩성이 주요 원동력이 된다.

❷ 푸쉬(push)에서 풀(pull)로의 전환

미래의 수요를 예측하고 이에 의해 생산이 미리 이루어지는 '생산 푸쉬(production push)' 심리에서 수요가 발생할 때까지는 생산이 이루어지지 않다가 수요가 발생하면 프로세스가 시작되는 '수요 풀(demand pull)' 철학으로 전환이 이루어진다. 이 개념이 린에서의 칸반원칙이며 이러한 시스템의 성공을 위해서는 공급사슬이 유연성을 가지는 것이 중요하다.

❸ 재고에서 정보로의 전환

전통적으로 공급사슬관리는 실수요보다는 예측에 의하여 수행되어 왔다. 즉 미래의 수요를 예측하고 그 예측치에 따라 생산이 이루어지며 완성품을 재고로 비치하는 것이 초점이었다. 그러나 이러한 방식은 재고과잉이나 재고부족의 위험이 큰데, 그 이유는 시장에서의 변동이 심하고 예측이 쉽지 않기 때문이다. 그러나 이제는 공급사슬이 수요에 의하여 구동이 되도록 해야 한다. 이를 달성하기 위해서는 수요정보가 실시간으로 수집되고 이러한 정보가 공급사슬 전체적으로 공유되도록 해야 한다. 이렇게 되면 재고에 대한 의존도가 낮아지게 되어 재고비용이 절감되게 된다.

❹ 거래에서 관계로의 전환

지속적인 수익성을 확보하는 방법은 고객과의 장기적인 관계를 유지하는 것이라고 보는 것이 일반적이다. 과거에는 기업의 초점이 거래중심이어서 시장점유율이나 매출 등에 초점이 맞추어져 있었으나, 최근의 관계마케팅에서의 주요 초점은 고객유지이다. 고객유지의 주요 원동력은 고객에게 최상의 서비스를 제공하는 것이다. 따라서 공급사슬이 고객의 가치를 창출하는 방향으로 디자인되어야 한다.

❺ 수송과 창고관리에서 '처음부터 끝까지' 전구간 관리로의 전환

최근에 로지스틱스 및 공급사슬관리의 범위가 확대되어 왔다. 과거의 로지스틱스는 수송과 창고보관에만 국한된 유통관리였으며, 비용최소화 및 자원의 효율적인 관리에 초점이 맞추어졌었다. 그러나 최근의 공급사슬관리는 공급사슬 전구간 및 네트워크의 조정 역할이 더 중요하게 되었다. 따라서 입고로지스틱스가 완성품의 유통만큼 중요하며, 공급사슬관리의 초점은 공급사슬 구성원간의 흐름시간을 단축하는 것에 맞추어져 있다.

❻ 기능에서 프로세스로의 전환

전통적의 기업의 조직은 기능중심이었으며, 이러한 구조는 의사결정 단계가 많은 수직적 구조이다. 이러한 조직의 문제점은 의사결정에 시간이 오래 걸리게 되어 요즈음과 같이 빠른 속도로 변화하는 시장에 신속하게 대응할 수가 없다. 따라서 조직구조는 고객에게 가치를 창출하는 주요 비즈니스 프로세스에 초점이 맞추어져야 하며, 이는 여러 기능에 걸치는 팀 중심이 되어야 한다.

❼ 나홀로 경쟁에서 네트워크 경쟁으로의 전환

전통적으로 기업의 흥망성쇠는 그 기업의 자원이나 능력에 달려 있다고 생각해 왔다. 그러나 아웃소싱의 추세가 증가하면서 경쟁의 주체는 개별기업이 아닌 그 기업이 속한 공급사슬 전체가 된다. 즉 과거에는 하나의 기업이 공급사슬의 대부분을 포함하는 형태였으나, 이제는 그 기업을 포함하는 네트워크의 일부가 된다. 경쟁주체가 네트워크가 되는 상황에서 경쟁에서의 성공은 네트워크 내의 다른 파트너의 자원이나 능력을 어떻게 이용하느냐에 달려 있다.

최근의 비즈니스 환경은 공급자의 시장에서 구매자의 시장으로 전환되었다. 즉, 이제는 공급자가 힘을 가지던 시대는 지나고 고객이 힘을 가진 시대로 접어들었다. 동시에 마케팅 철학도 대량생산으로 다수의 시장에 서비스를 제공하는 개념에서 대량맞춤으로 다수의 고객에게 서비스를 제공하는 개념으로 바뀌었다. 이러한 변화가 상당기간 동안 관찰되어 왔지만, 공급사슬의 디자인에는 진정으로 반영되어 왔다고 보기는 어렵다. 이러한 환경변화를 반영하기 위해서는 공급사슬이 훨씬 민첩해야 하고 높은 수준의 다양성, 대량맞춤, 빠른 변화에 신속하게 대응가능해야 한다.

경쟁력 있는 공급사슬의 디자인

수요 특성에 맞는 공급사슬의 형태 선택

Fisher(1997)는 공급사슬을 디자인하기에 앞서 제품의 수요에 대한 특성을 파악하는 것이 중요하며 수요의 특성에 맞는 공급사슬을 디자인하는 틀을 제공한다. 제품은 수요의 패턴에 따라 기능적 제품과 혁신적 제품으로 분류할 수 있다. 기능적 제품이란 기본적인 욕구를 충족시키는 제품으로 시간이 지나도 변함이 거의 없으며, 수요가 안정적이고 예측가능하고 긴 수명주기를 가지는 제품이다. 이러한 제품의 경우 경쟁이 심하고 수익성이 낮다는 특성이 있다. 반면에 혁신적 제품은 수익성은 높으나, 수명주기가 짧고 수요예측이 어렵다는 특성을 가진다. 기능적인 제품과 혁신적인 제품의 경우 근본적으로 다른 형태의 공급사슬이 요구된다.

공급사슬은 크게 두 가지 기능을 수행한다. 하나는 물리적 기능이며 다른 하나는 시장조정 기능이다. 물리적 기능이란 자재를 제품으로 변환하는 것과 공급사슬의 한 지점에서 다른 지점으로 제품을 수송하는 것을 포함한다. 시장조정 기능이란 시장에 출하되는 다양한 제품이 고객이 구매하기를 원하는 것과 일치하는지를 보장하는 기능이다. 물리적 기능과 관련된 비용은 생산비용, 수송비용, 재고비용 등이며, 시장조정 기능과 관련된 비용은 공급이 수요를 초과했을 경우의 가격인하로 인한 손실 및 수요가 공급을 초과했을 경우의 기회손실 및 고객의 불만족으로 인한 비용 등을 포함한다.

기능적 제품의 경우 수요예측이 쉬워 수요와 공급의 일치가 예상되므로 시장조정은 쉬우며 따라서 물리적인 비용의 최소화에 초점을 맞추면 된다. 그러므로 기능적 제품에 적합한 공급사슬에서는 공급자, 생산자, 소매상간의 활동을 조정하여 최소의 비용으로 예측 가능한 수요를 충족시키는 것이 중요하다. 반면에 혁신적 제품의 경우에는 공급부족이나 공급과잉의 위험이 있으므로 시장정보를 빨리 읽고 신속하게 대응하는 것이 중요하다. 따라서 불확실한 수요에 대하여 재고와 생산능력을 공급사슬 내의 어느 곳에 보유할 것인가가 중요하며, 낮은 비용보다 스피드와 유연성을 가진 공급자를 선택하는 것이 중요하다.

공급사슬의 형태는 두 가지로 구분할 수 있는데, 하나는 물리적으로 효율적인 공급사슬이며, 다른 하나는 시장 대응적인 공급사슬이다. 두 공급사슬의 특성을 비교하면 <표 9-1>과 같다.

▶표 9-1 공급사슬의 형태의 비교

	물리적으로 효율적인 공급사슬	시장 대응적인 공급사슬
공급사슬의 목적	예측 가능한 수요를 가능한 한 낮은 비용으로 효율적으로 공급함.	재고부족, 강요된 가격인하, 쓸모없이 된 재고를 최소화하기 위하여 불확실한 수요에 신속하게 대응함.
생산의 초점	평균가동률을 높게 유지함.	초과 완충 생산능력을 배치함.
재고전략	재고회전율을 높이고 공급사슬 전체적으로 재고수준을 최소화함.	부품 및 완제품의 중요 완충 재고를 배치함.
리드타임 초점	비용을 증가시키지 않는 한 리드타임을 단축함.	리드타임 단축하는 방향으로 과감하게 투자함.
공급자 선택 접근법	비용 및 품질을 우선적으로 고려하여 선정함.	스피드, 유연성, 품질을 우선적으로 고려하여 선정함.
제품디자인 전략	성능을 최대화하고 비용을 최소화함.	제품의 차별화를 최대한 늦추기 위하여 모듈러 디자인을 이용함.

주: 공급사슬은 효율적인 공급사슬과 시장대응적인 공급사슬의 두 가지 형태로 구분되며 이 두 공급사슬은 목적, 생산의 초점, 재고전략, 리드타임 초점, 공급자 선택, 제품디자인 등 여러 가지 측면에서 다른 특성을 가진다.

출처: Fisher(1997)

대응력 있는 공급사슬의 디자인

일반적으로 기업들은 효율성에 초점을 맞추어 비용감소, 생산능력의 효율적인 이용, 재고감소 등에 관심을 두어 왔다. 이러한 것이 중요한 것은 틀림이 없으나 이제는 효율성보다는 효과성에 초점을 맞추는 것이 중요한 것으로 보인다. 그 이유는 제품이나 기술의 수명주기가 단축되고, 경쟁심화로 제품변화의 빈도가 높아지며, 고객의 수요가 다양해지는 상황에서 기업이 경쟁우위를 확보하기 위해서 가장 중요하게 요구되는 능력 중의 하나는 수요의 변화에 대한 대응성이다. 즉, 짧은 시간 내에 수요의 크기에 따라 생산량을 조절하거나 고객의 기호 변화에 따라 빠른 시간 내에 제품을 다양화할 수 있도록 민첩성 혹은 유연성을 가지는 것이 중요하다는 것이다. 공급사슬이 대응성을 갖추기 위해서는 민첩성을 가져야 하는데 공급사슬이 민첩성을 가지기 위해서는 다음을 고려해야 한다. 우선적으로 시장에 대하여 민감성을 가져야 한다. 이 말이 의미하는 것은 실제의 수요를 파악할 수 있어야 하고 대응할 수 있어야 한다는 것인데, 예를 들어, 판매시점 데이터와 같은 수요에 대한 실시간 정보를 수집하여 수요에 대응할 수 있어야 한다는 것이다. 이렇게 수집된 판매시점 데이터는 공급자와 구매자가 공유하도록 하는 것이 유리한데 그 이유는 정보공유를 통하여 수요가 가시화됨으로써 공급사슬 구성원들이 동일한 데이터, 즉 실제 수요에 기반을 두고 활동을 하게 되어 주문에만 의존할 경우 일어날 수 있는 수요의 왜곡현상을 피할 수 있기 때문이다. 공급사슬 구성원간에 정보공유가 순조롭게 되기 위해서는 제품을 공동으로 개발한다든지, 동일한 시스템을 갖춘다든지 등 구매자와 공급자와의 협조적인 관계를 유지하여야 한다. 요즈음은 개인 기업이 다른 기업과 경쟁한다기보다는 공급사슬이 다른 공급사슬과 경쟁하는 것으로 볼 수 있다. 따라서 네트워크 전체가 민첩성을 가지는 것이 중요하며 이를 위해서는 구성원간의 상당한 수준의 협조와 동기화가 필요하며, 네트워크 파트너의 강점과 능력을 최대한 이용하여야만 지속적인 경쟁우위를 유지할 수 있다.

채찍효과의 원인 및 완화 방법

소매상 수준에서 경험하는 작은 수요변동에 대한 정보가 공급사슬상의 상위단계로 주문의 형태로 전달될 때에 수요변동이 확대되어 나타나는 현상을 채찍효과(Bullwhip Effect)라 한다. 채찍효과라고 이름이 붙여진 이유는 채찍의 손잡이 부분에서의 작은 움직임이 채찍의 끝으로 전달되면서 그 효과가 엄청나게 크게 확대되어 나타나는 것과 같기 때문이다. 이러한 채찍효과는 공급사슬에서 상당한 비효율성을 야기하는데, 즉 재고비용증가, 고객서비스 저하, 수입 감소, 생산능력계획의 차질, 비효과적인 수송 및 생산일정 등을 초래한다. 현재는 많은 기업들이 채찍효과를 이해하고 재고감소 및 고객수요에 대한 대응성 증가를 위해 공급사슬상의 파트너와 협력하여 채찍효과를 감소하는 노력을 기울임으로써 경쟁우위를 확보하려고 한다.

채찍효과의 원인은 <표 9-2>에서와 같이 공급사슬의 구조적 원인과 공급사슬 구성원의 행위적 원인으로 구분할 수 있다.

▶ 표 9-2 채찍효과의 구조적 원인과 행위적 원인

구조적 원인	행위적원인
판매시점 자료의 공유가 없다. 공급사슬 구성원간의 의사소통이 결여되어 있다. 리드타임이 길다. 공급사슬의 단계가 많다. 풀 신호가 결여되어 있다. 배치주문이 주를 이룬다. 가격할인이나 판매촉진이 이용된다.	이월주문에 대하여 과잉 반응한다. 재고 감축을 위해 주문을 보류한다. 필요한 이상으로 주문한다. 수요예측이 부정확하다. 월, 분기, 연도의 목표치를 달성하려고 한다.

이러한 채찍효과를 완화하는 방법으로는 다음과 같은 것이 있다.

불확실성의 감소

채찍효과를 감소시키거나 제거하기 위한 방법으로 가장 빈번하게 제안되는 것은 수요정보를 중앙집중화하여 공급사슬의 각 단계에 실제 수요에 대한 완전정보를 제공하여 공급사슬 전체적으로 불확실성을 감축하는 것이다. 한 가지 중요한 것은 수요정보가 동일하다고 하더라도 수요예측 방법이나 주문방식이 다를 경우에는 채찍효과의 감축 효과가 반감되므로 공급사슬 구성원들이 수요예측 방법과 주문방식을 통일할 필요가 있다.

변동성의 감소

고객수요 자체가 안정적인 경우 채찍효과는 감소되므로 고객수요를 안정적으로 하는 방법을 도입하도록 한다. 예를 들어, 항시저가정책을 채택하여 제품의 가격을 안정적으로 유지하여 가격이 낮을 때에 고객이 필요한 이상으로 구입하거나 가격이 높을 경우 구매를 줄이는 식을 없애고 고객의 수요를 평준화한다.

리드타임 감소

리드타임이 길면 변동성이 증가한다. 따라서 리드타임을 감소하게 되면 채찍효과를 완화시킬 수 있다.

전략적 파트너십

전략적 파트너십을 통하여 공급사슬에서 채찍효과를 감소시키는 방향으로 정보공유와 재고관리가 이루어질 수 있다. 예를 들어, VMI(Vendor Managed Inventory) 시스템을 도입하게 되면 소매상의 주문에 의한 재고관리가 아닌 생산자가 직접 자신의 제품에 대한 소매상의 재고를 관리하게 되므로 채찍효과는 완전하게 제거된다. 일단 수요정보 공유를 통하여 채찍효과가 감소되므로 소매상에게 정보를 고유하도록 인센티브를 제공하는 전략적 파트너십을 통하여 채찍효과의 감소를 기대할 수 있다.

전략적 제휴

가격경쟁의 심화로 인하여 비용절감이 기업의 최우선 목표가 되는데, 이를 공급자에게만 떠넘기는 것은 품질저하, 공급자 파산 등의 문제가 있으므로 바람직하지 못하다. 공급자와의 관계를 고려할 때에는 공급자의 비용이 바로 자신의 비용으로 생각하는 시스템적 생각을 가지는 것이 중요하다. 즉, 공급사슬의 모든 구성원들이 비용감소라는 공동의 목적을 위해 노력을 하는 것이 중요한데, 이는 공급자와의 효과적인 파트너십의 구축을 통하여 가능하다.

공급자와의 전략적 제휴

공급자와의 전략적 제휴의 형태는 다음과 같이 크게 네 가지로 구분할 수 있다.

신속대응전략(quick response strategy)

공급자는 소매상으로부터 판매시점 데이터를 제공받아 수요예측, 생산일정, 리드타임 단축 등에 이용한다. 소매상이 주문을 하면 그때 주문을 충족시킨다.

연속재고보충전략(continuous replenishment strategy)

공급자는 소매상으로부터 판매시점 데이터를 받아, 이 정보를 약속된 재고수준을 유지를 위한 정기적인 배송 준비를 위해 이용한다.

VMI시스템(vendor managed inventory system)

JIT 유통이라고 불리는 것으로 소매상의 허가를 필요로 하긴 하지만 수요정보 공유를 통하여 공급자가 재고수준 결정하고 이 수준을 유지하기 위한 재고관리정책도 공급자가 결정한다. 이 시스템은 Walmart와

Proctor& Gamble 파트너십에서 볼 수 있는데, Walmart에서는 수요정보를 매일 Proctor & Gamble에게 제공하므로 Proctor & Gamble은 전날의 판매량만큼 다음날 재고를 보충하면 되므로 수요예측에 의존하지 않아도 된다. 이와 같이 VMI는 공급자와의 수요정보공유를 통하여 공급자가 주문에 의존하지 않고 스스로 재고를 보충을 하게 함으로써 구매부서의 구매, 검사 등과 관련한 거래의 수를 감축한다. 공급자 스스로 재고보충의 우선순위를 결정할 수 있으므로 보유재고수준의 감소 및 재고부족 감소의 효과가 있다. 또한 공급자들이 수량할인을 통한 대량구매를 유도하려는 동기가 없어져 대량구매로 인한 채찍효과 등의 영향을 없앨 수 있다. 그리고 과거에 생산부서에서 구매부서로 요청을 하고 구매부서가 공급자에게 주문을 하는 식의 단계가 생산부서와 공급자가 바로 연결되어 공급사슬상의 조정이 향상된다는 장점이 있다. 이렇게 장점이 많은 반면에 VMI의 실행과 관련하여 어려움도 있을 수 있다. 예를 들어, VMI에서는 많이 공급하는 것이 중요한 것이 아니므로 공급자의 판매사원의 경우 판매실적에 따라 받던 보너스가 없어져서 공급자의 판매사원의 반대에 직면할 수 있다. 또한 VMI를 통한 보유재고수준 감축의 효과는 진열공간의 축소를 의미하고 이는 시장점유율의 감소로 비춰질 수 있다. 공급사슬상에 중간유통업자가 있을 경우에 VMI의 실행과 더불어 공급자가 그들의 기능을 흡수하게 되므로 반대를 하게 된다.

CPFR(Collaborative Planning, Forecasting, and Replenishment)

CPFR은 공급사슬상 제품의 이용도는 높이면서 재고비용을 감축하는 것을 목표로 한다. CPFR은 구매자와 공급자가 제품에 대하여 단일 수요예측치에 이를 수 있도록 수요예측을 일치시키는 방법이다. 기본적인 아이디어는 기업들이 인터넷을 통하여 수요예측치를 공유하는 것이며 기술적으로 데이터 분석이 이루어져서 배송이나 판매에 영향을 미치는 예외적인 상황이 발생하면 각 기업의 계획자들에게 경보가 발령되고 기업들은 서로 협조하여 계획을 조정하거나 주문을 촉진하거나 데이터입력 오류를 수정하거나 하게 된다. CPFR은 VMI 원리를 바탕으로 발전된 것이므로 공급사슬 제휴 단계상 VMI 다음 단계로 보는 것이 일반적이다.

CPFR은 원래 월마트(Walmart)와 워너램버트(Warner–Lambert) 사이에 리스테린 구강청결제의 재고관리를 위하여 도입된 시스템으로 리스테린의 제품 가용성이 월마트의 기준에 미달하는 것을 계기로 고객의 수요와 공급사슬상의 재고보충 필요를 연결시키는 프로세스를 정의하는 시스템을 만들었으며, CPFR 도입 이후 서비스수준의 향상, 리드타임의 감소, 매출증가의 효과가 있음이 보고되었다.

현재 JC Penny, Kimberly–Clark, NCR, K–mart, Proctor & Gamble 등이 이용하고 있으며, 계획 및 수요예측치를 온라인으로 구축, 공유, 조정하는 정교한 소프트웨어 시스템이 요구된다. CPFR을 통하여 재고보유수준의 감축, 매출증가, 주문충족률의 향상 등의 효과가 보고되었으며, CPFR의 장점 중의 하나는 고객의 리드타임 예상치에 적응하기 위하여 전략적으로 공급사슬상 어디에 재고를 보유할지를 공급사슬 전체적으로 결정할 수 있다는 장점이 있다.

로지스틱스 서비스 제공자와의 파트너십

로지스틱스관리위원회는 로지스틱스를 다음과 같이 정의하고 있다. "로지스틱스는 고객의 요구를 충족시키기 위하여 시작점에서 소비시점까지 제품, 서비스 및 관련정보의 효율적이고 효과적인 흐름 및 보관을 계획, 실행, 통제하는 공급사슬 프로세스의 일부이다." Coyle, Bardi, and Langlery(2003)는 로지스틱스는 , 적절한 제품을, 적량으로, 적절한 상태로, 적소, 적기에, 맞는 고객에게, 적절한 비용으로 제공될 수 있도록 하는 역할을 한다고 정의하고 있다. 로지스틱스 기능이 제공하는 서비스는 수송이나 보관 등과 같이 물리적인 활동뿐만 아니라 도급자를 선택하거나 수송료를 협상하는 비물리적인 활동도 포함한다. 린 공급사슬에서 로지스틱스를 통합하는 것이 중요하다. 로지스틱스의 통합을 통하여 Coyle, bardi, and Lamglery가 제시하는 고객에게 로지스틱스 서비스를 제공하는 것이 가능하며 또한 전략적 재고의 비치 장소에 관한 의사결정을 신속히 할 수 있으므로 더 나은 고객 서비스를 제공할 수 있다. 또한 로지스틱스 통합은 여분의 재고나 생산능력으로 불확실성을 완충하지 않고도 최소한의 재고로 효과를 낼 수 있도록 해준다.

기업들은 제품을 신속하고, 값싸고, 소량으로 배송하라는 압력을 받고 있다. 그러나 많은 기업들은 이러한 압력에 대하여 적극적으로 대처하는 것을 꺼리는데, 그것은 기업들이 로지스틱스 기반을 갖추는 데 필요한 자금의 여력이 없거나, 있더라도 이러한 투자가 자신들의 핵심능력에 도움이 된다고 생각하지 않기 때문이다. 따라서 기업들은 로지스틱스를 제공하는 제3자인 3PL(third party logistics)과의 파트너십 구축을 통하여 문제를 해결하고자 한다.

3PL은 자기 자신의 자산이나 설비를 이용하여 보관, 주문관리, 유통, 수송서비스 등의 로지스틱스 서비스를 제공하는 기업이다. 3PL을 이용하게 되면 다음과 같은 장점이 있다.

- ✤ 3PL 기업의 경우 다수의 고객과 거래를 하므로 풀링을 통한 규모의 경제의 효과가 있어 개별 고객에게는 로지스틱스 비용이 감소된다.
- ✤ 3PL을 이용하면 이용하는 만큼의 비용만을 지출하게 되므로, 3PL 이용 전의 고정비용이 변동비용이 되며 사업의 시작과 규모조정이 용이하다.
- ✤ 사업의 일부를 아웃소싱하게 되는 것이므로 기업은 자신의 핵심능력에만 집중을 하게 되고 사업의 복잡성도 감소된다.
- ✤ 3PL 기업들이 경쟁력 강화 차원에서 지속적으로 자신들의 정보기술 및 설비를 업데이트하므로 정보시스템이 향상되고 개발비용이 감소된다.
- ✤ 3PL은 로지스틱스 전문성을 제공한다.
- ✤ 3PL의 전문적인 서비스 제공으로 서비스 품질이 개선된다.
- ✤ 3PL의 네트워크를 이용하여 국제시장에의 즉각적인 접근이 용이하다.

구매통합전략

제품의 원가에서 외부에서 조달되는 자재나 부품이 차지하는 비율을 보면 공급자가 기업의 총비용에 미치는 영향이 얼마나 큰지를 쉽게 알 수 있다. 구매는 비용절감의 차원에서 매우 중요한 역할을 하며 또한 품질에도 중요한 영향을 미친다. 더군다나 자신의 핵심역량에만 초점을 맞추기 위하여 아웃소싱이 증가하는 상황에서 구매의 역할은 더욱 그 중요성이 높아지고 있다.

구매통합이란 경쟁 우위 확보를 위한 능력을 갖추기 위하여, 구매부서 혹은 기능이 기업 내부의 다른 기능 및 기업 외부의 다른 조직과 밀접하게 통합되어야 한다는 것이다. 기업 내부의 다른 기능과의 통합을 내적 통합, 기업 외부의 공급자 등과의 통합을 외적 통합이라 한다. 통합이 이루어지면 다양한 사람들이 그들이 가진 정보와 전문지식을 제시하고 또한 관점이 다양해지므로, 예전에는 생각하지 못했던 관점에서 문제를 바라볼 수 있는 장점이 있다. 기업에서는 이러한 장점을 이용하고자 기업 내부의 여러 기능으로부터 사람들이 모여 이루어지는 다기능 팀을 조직하여 운영하기도 하며, 신제품 개발을 위한 조달기능, 엔지니어링, 공급자 등을 통합하여 운영하기도 한다.

구매가 기업 내부의 다른 기능 즉 생산, 품질, 엔지니어링, 회계, 재무, 마케팅 기능과 직간접으로 연계되어야 하는 것은 당연하다. 여기에 추가적으로 중요한 것은 공급자와의 관계이다. 대부분의 구매자와 공급자는 비용, 품질, 배송, 시간 차원에서의 개선을 위해서는 공급자와의 협력이 중요함을 인식하고 있다. 이렇게 공급자와 협력 관계를 유지하는 것을 협력적인 접근법이라고 한다.

구매자와 공급자가 이렇게 협력적인 관계를 유지하게 되면 신뢰관계가 형성되는데, 신뢰관계가 형성될 경우의 이점은 서로 비용자료를 공유하게 되어 공동으로 비용절감을 위한 노력을 기울일 수 있게 된다는 것과 공급자가 구매자의 신제품 개발의 초기 단계에서부터 참여함으로써 기여를 하게 된다는 것이다. 또한 구매자와 공급자의 협력적인 관계는 장기적인 계약을 맺을 가능성이 높아지므로 둘 다 장기계약의 혜택을 얻게 된다. 예를 들어, 장기 계약을 하게 되면 공급자는 구매자가 원하는 제품을 효율적으로 생산할 수 있는 공장이나 설비에 투자를 하게 되어 낮은 원가로 구매자에게 공급을 할 수 있게 된다. 또한 장기 계약은 공동 기술개발, 위험공동부담, 공급자능력의 개발 등을 가능하게 한다. 그러나 이러한 협력적인 관계를 유지하는 데 있어 비밀유지, 법적 장애, 변화에 대한 저항, 공급자의 파워가 큰 경우 등 여러 가지의 장애요인이 있을 수 있다. 이러한 장애요인을 확인하고 극복할 수 있는 방법을 찾아야 한다.

공급사슬의 원활한 흐름을 위한 생산전략

기술의 급격한 변화, 글로벌 시장의 확대, 시장세분화 및 제품차별화의 증대, 제품 생산 및 개발에 대한 옵션의 증대 등은 효율적이고 효과적인 제품 및 공정 디자인에 대한 필요성을 증대시켰다. 특히 공급사슬관리의 중요성이 부각됨에 따라서 공급사슬과 관련된 사항을 제품 및 공정 디자인 시에 고려하는 것이 중요하게 되었다. 최근에 제품디자인을 공급사슬 측면에서 볼 때 작은 부품수, 단순한 디자인, 모듈러 디자인 등이 중요하며, 제품디자인시에 공급자를 포함한 여러 분야가 동시에 참여하는 동시공학의 개념도 중요하다.

DFL(Design For Logistics)

Lee(1992)는 로지스틱스비용 절감 및 고객서비스 수준 향상을 고려하여 제품 및 공정이 디자인되어야 한다고 하며 다음 세 가지 개념을 제시한다.

경제적 포장 및 수송

수송비를 최소화할 수 있도록 제품이 디자인되어야 하며 또한 보관 및 진열 공간을 많이 차지하지 않도록 디자인이 되어야 한다. 예를 들어, 플라스틱 의자 같은 경우 여러 개를 포개어 수송 및 보관할 수 있도록 디자인되어 있다. IKEA는 고객이 제품을 직접 조립할 수 있도록 디자인하고 부분품들을 효율적이고 촘촘하게 박스에 담아 수송비가 절약되고 보관이 쉽도록 하였으며 무엇보다도 고객에게 양질의 제품을 저렴한 가격으로 제공할 수 있게 되었다.

동시 및 병렬 공정

생산에서 문제가 되는 것은 항상 긴 리드타임이다. 리드타임이 감축되면 리드타임 동안의 수요에 대한 예측의 정확성이 향상되어 재고유지수준 및 재고비용이 감소한다. 리드타임을 감축할 수 있는 방법 중의 하나가 동시 및 병렬 공정이다. 동시 및 병렬 공정이란 여러 공정을 순차적이 아닌 동시에 수행하는 것을 의미하며 순차적인 공정에 비하여 생산 리드타임이 단축된다. 이러한 공정이 가능하기 위해서는 제품이 여러 부분으로 분리되어 각 부분이 동시에 제작될 수 있도록 하여야 하는데 이러한 제품 디자인을 모듈러 디자인이라고 한다.

표준화

예측의 정확성 향상을 위해 두 가지 방법이 있다. 하나는 예측 시점을 늦추어 될 수 있으면 제품이 필요한 시점(혹은 판매 시점)에 가까이 가서 예측을 하는 방법이고, 또 하나는 만일 부품이 여러 제품에 공동으로 이용될 수 있도록 디자인된다면 공동부품에 대한 수요예측은 통합수요예측이 되어 수요예측의 정확성이 높아진다. 이렇게 공동부품으로 디자인하는 것이 표준화의 한 예가 된다. Swaminathan(2001)은 표준화를 네 가지로 구분하고 있다.

- ✤ **부품표준화**: 부품표준화는 부품이 여러 제품에 공동으로 이용될 수 있도록(부품의 공동화) 만드는 것으로 규모의 경제를 실현할 수 있고 또한 리스크 풀링(risk pooling) 효과가 있어 보유재고수준이 감소한다. 리스크풀링 효과란 지역별 수요를 통합할 경우 특정 지역의 높은 수요를 다른 지역의 낮은 수요와 상쇄할 수 있어 전체적인 수요의 변동이 작아지고, 따라서 안전재고수준이 낮아지며 전체적으로 재고보유수준이 낮아진다는 것이다.
- ✤ **공정표준화**: 여러 제품에 대한 생산 공정을 될 수 있으면 같게 만들고, 제품의 차별화를 될 수 있으면 뒤로 미루는 것이다. 예를 들어, 베네통의 경우와 같이 다양한 색깔의 스웨터를 제작할 때에, 처음부터 다른 색깔로 염색이 된 실을 사용하는 것이 아니라 처음에 흰색이나 회색의 실로 스웨터를 제작하고 최종 공정에서 염색이 이루어지도록 하는 것이다. 즉 제품의 차별화를 될 수 있으면 미루는 것으로 이러한 접근법을 차별화 연기 혹은 제품차별화의 지연이라고 한다. 이러한 표준화의 효과는 개별 색깔의 옷에 대한 수요예측은 부정확한 데 비하여 공통의 옷에 대한 수요예측은 통합수요예측이 되므로 보다 정확해진다는 효과가 있다. 이러한 공정표준화를 위해서는 공정에 대한 순서조정이 가능하도록 해야 한다.
- ✤ **제품표준화**: 동일한 제품을 다양한 고객의 요구에 맞추어 조정할 수 있도록 디자인하는 것으로 예를 들어, 전압을 달리하는 시장에 제품을 공급할 때에 각 시장에 맞는 제품을 따로 제작하는 것이 아니라 전원공급장치만 변경하면 되도록 제품을 디자인하는 것이다. 제품표준화의 또 한 가지 방법은 하향대체라는 것으로 급이 낮은 제품에 대한 재고가 부족할 경우 급이 높은 제품으로 대체하는 것이다. 예를 들어, 낮은 급의 컴퓨터 칩이 부족할 경우 급이 높은 컴퓨터 칩을 급이 낮은 컴퓨터 칩으로 판매하는 것이다.

✤ **조달표준화**: 생산되는 제품은 표준화되어 있지 않지만 공정설비를 표준화하는 것을 말한다. 즉 동일한 설비를 이용하여 다양한 제품의 생산이 가능하도록 하는 것이다. 따라서 이 경우 설비조달이 최종 수요와는 독립적으로 이루어진다.

모듈러 디자인

모듈화 전략은 복잡한 제품이나 공정을 효율적으로 구성하는 전략이며, 모듈 시스템은 개별적으로 디자인되는 모듈들로 구성되지만 모듈이 모여 전체가 하나의 시스템으로 기능한다. 모듈화가 성공하기 위해서는 어떠한 모듈들이 시스템을 구성하며, 그 모듈들의 기능은 무엇인지, 모듈들이 어떻게 연결되고 어떻게 상호작용을 하는지, 모듈의 성과 측정에 대한 기준 및 모듈이 시스템에 맞는지에 대한 표준 설정 등이 정확하고, 모호하지 않으며, 빠짐없이 완벽하게 확립되어야 한다.

Baldwin and Clark(1997)에 의하면 제품을 모듈로 나눔으로써 모듈디자이너, 생산자, 사용자 모두 유연성을 가지게 되었으며, 기업들이 독립적으로 모듈 개발에 노력을 기울임으로써 혁신의 속도를 증가시켰다고 보고 있다. 또 제품의 모듈화는 사용자들이 구성품을 선택 및 조립하여 자신이 원하는 최종제품으로 만드는 것이 가능하도록 하며, 생산 공정을 여러 공급자에게 위임함으로써 생산자는 유연성을 얻고 비용을 절감하게 된다고 한다.

모듈화는 변화의 속도를 촉진할 뿐만 아니라 경쟁적 압박을 높이는 역할을 한다. 이러한 상황에서 기업이 선택할 수 있는 전략은 다음 두 가지 중의 하나이다. 하나는 제품을 기획하여 모듈을 완전히 새롭게 제작하는 기업이 되는 것이고 다른 하나는 기존의 모듈을 모아 제품을 만드는 기업이 되는 것이다. 이러한 전략들은 각기 장단점이 있어 어느 전략이 좋다고 결론을 내릴 수는 없다. 예를 들어, 모듈을 완전히 새롭게 제작하는 기업의 경우 특허권을 이용하여 자신의 기술을 보호할 수 있다는 장점이 있고 또한 수익도 많은 편이기는 하지만 생산비용이 높다는 것과 기술개발에 대한 투자가 지속적으로 필요하다는 것 등이 단점으로 작용한다. 반면에 기존의 모듈을 이용하는 기업의 경우 초기투자 비용 및 생산 비용이 적게 들며, 시장에 신속하게 진입할 수 있고, 또한 새로운 기술의 개발은 모듈을 만드는 기업이 하게 되므로 기술개발에 대한 자금이 많이 소요되지 않는다. 그리고 유연성이 높아 새로운 모듈이 나올 경우 신속하게 움직일 수가 있다는 장점도 있다. 반면에 자신만의 기술이 없어 다른 기업들이 언제든지 시장진입이 가능하므로 경쟁에서 살아남기가 어렵다는 단점이 있다.

모듈화는 혁신의 속도를 높이므로 경쟁자의 움직임에 대하여 대응하는 필요한 시간적인 여유가 짧아진다. 경쟁우위를 확보하기 위해서는 우수한 모듈을 개발하여 시장에 신속하게 진입하는 것이 중요한데, 이를 위해서는 내부 조직을 재디자인할 필요가 있으며, 그 방법 중의 하나는 조직을 모듈화하는 것이다. 즉 조직의 모듈화를 통해 작업을 개별 팀들에게 할당함으로써 모듈의 개발 사이클을 촉진할 수 있다.

모듈러 디자인이 공급사슬관리에 있어서 중요한 것은 모듈러 디자인을 통하여 재고비용의 감축과 수요예측의 정확성을 높일 수 있기 때문이다. 모듈러 디자인은 크게 모듈러 제품과 모듈러 프로세스의 두 가지로 구분된다. 모듈러 제품이란 컴퓨터와 같이 중요부품들이 모듈로 되어 있고 또한 그 종류도 다양한데 이러한 부품들을 결합하여 다양한 종류의 최종제품이 완성되는 경우이다. 모듈러 제품의 장점은 고객이 원하는 맞춤제품을 공급할 수 있다는 점과 제품을 최종완성품 상태로 생산하여 보유하는 것이 아니라, 부품상태로 보유하게 되므로 완성품 상태로 보유할 경우 발생할 수 있는 재고비용을 감축할 수 있다는 장점이 있다. 이러한 예의 하나가 제품을 공통제품의 형태로 보유하고 있다가 고객의 요구에 따라 중요 부품을 결합하여 다른 모델의 완성품을 생산하여 고객에게 제공하는 경우이다.

이 경우 완성품 보유했을 경우에 발생할 수 있는 재고비용을 감축하는 효과와 함께 공통제품의 형태로 보유할 경우 공통제품에 대한 수요예측이 이루어지므로 통합수요예측의 효과를 기대할 수 있다는 점이다. 통합수요예측의 효과는 알려진 바와 같이 수요예측이 보다 정확해진다는 것이다. 모듈러 프로세스는 공정이 모듈화되어 있어 재고를 공정별로 부분 작업이 이루어진 형태로 보유하고 있다가 고객의 요구에 따라 그에 필요한 공정을 거쳐 완성품이 제작되는 형태이다. 이 형태의 경우에도 모듈러 제품과 같이 재고비용 감축의 효과와 통합수요예측의 효과를 기대할 수 있다.

동시공학

동시공학(concurrent engineering)이란 다양한 분야의 팀원들로 팀을 구성하여 제품컨셉개발, 제품디자인 등을 동시에 수행하는 것을 말한다. 팀에는 비즈니스(구매, 마케팅, 재무 등), 엔지니어링, 생산, 그리고 고객뿐만 아니라 설비, 부품, 서비스의 공급자들도 포함된다. 각 전문가가 제품의 정의단계 초기에 의견을 투입하게 되면 비용은 절감되고 성과는 최대화된다. 그 이유는 초기에 다양한 분야로부터의 의견이 반영되면, 후반에 엔지니어링 변경의 필요성을 대폭 줄일 수 있기 때문이다. 이렇게 되면 제품개발기간이 단축되고 신제품의 시장진입 시기를 앞당길 수 있다. 동시공학과 반대되는 개념이 순차적 공학(sequential engineering)인데 순차적 공학에서는 디자인, 확인, 시제품 제작이 반복될 가능성이 높다. 그것은 한 번에 모든 요소들이 고려되지 않아서인데, 예를 들어, 제품의 첫 디자인시에 성능, 비용, 시장성, 미 등의 측면만 고려한 디자인이 이루어지고 이를 바탕으로 확인 및 시제품이 만들어졌으나, 생산가능성, 시험가능성, 품질, 신뢰도, 조립, 서비스가능성 등을 고려한 재디자인이 필요하게 되면 다시 재확인 과정을 거쳐 시제품제작이 다시 이루어져야 한다. 이렇게 되면 전체적으로 소요되는 시간은 길어지게 된다.

일반적으로 동시공학은 다음과 같은 효과가 있다.

✤ 시장진입이 빨라진다.
✤ 제품개발이 신속해진다.
✤ 품질이 좋아진다.
✤ 공정중재고가 적어진다.
✤ 엔지니어링 변경 요청이 적어진다.
✤ 생산성이 향상된다.

대량맞춤

요즈음 기업들은 대량 맞춤이라는 마케팅 전략을 지원하는 공급사슬을 구성하려고 하고 있다. 대량맞춤(mass customization)이란 대량생산의 mass와 맞춤의 customization이 결합된 용어로서 마케팅 전략 중의 하나인데, 다양해지는 소비자의 기호에 맞는 다양한 맞춤 제품을 신속하고 효율적으로 저렴한 가격으로 배송하는 전략을 말한다. 일반적으로 제품의 다양화는 다품종 소량생산을 의미하므로 대량생산을 통한 규모의 경제 효과를 볼 수 없는 것으로 생각될 수 있으나, 생산유연성의 제고와 모듈러 디자인 등을 통하여 단일 생산 프로세스에서 다양한 제품을 신속하고 저비용으로 생산이 가능하게 되었다. 예를 들어, 모듈러 디자인을 통하여 고객의 주문이 있기 전까지 공통제품의 형태로 보유하고 있다가 고객의 주문에 따라 모듈을 최종적으로 조립하는 형태로 운영되어 다양한 고객의 요구에 대응할 수 있으며, 이 경우 완성품 생산이 지연되므로 최종제품에 대한 재고수준이 낮아진다. 또한 공통제품 생산은 대량으로 이루어지므로 규모의 경제를 통한 평균생산비용의 절감 효과를 얻을 수 있다. 대량맞춤 전략을 성공적으로 수행하는 기업으로 Dell이 있다. Dell은 웹 기반의 대량맞춤 전략을 추구하고 있는데 고객으로부터 직접 주문을 받아 컴퓨터를 조립하여 고객에게 배송하는 주문생산방식을 채택하고 있다. 이는 실제 고객의 요구가 있을 때까지 제품의 최종생산을 연기하는 방식이며, 이러한 방식이 성공할 수 있었던 것은 Dell이 고객의 요구에 신속하게 대응할 수 있는 시스템과 직접 판매 방식을 통한 공급사슬 중간 단계를 제거함으로써 저렴한 비용으로 제품을 제공할 수 있었기 때문이다.

신속 대응을 위한 생산전략

공급사슬상의 모든 파트너들이 시장변화 혹은 고객의 요구에 대한 신속한 대응을 요구하게 됨으로써 생산부문도 고객의 다양한 요구를 점점 더 짧은 시간 내에 충족시켜야 하는 압박을 받게 된다. 생산 분야에서 이러한 것을 해결하는 방법은 생산 유연성을 가지는 것이다. 유연성을 가진다는 것은 리드타임의 단축을 의미하며 생산시스템은 리드타임을 단축하는 방향으로 설계되어야 한다. 이러한 생산시스템의 예로서 8장에서 살펴본 도요타 생산시스템이 있다. 도요타 생산시스템은 생산계획에 따라 생산을 하여 재고로 비축하는 시스템이 아닌 수요에 따라 다양한 제품의 생산이 이루어지는 일종의 풀 시스템이며 이러한 생산시스템의 도입으로 시장의 변화 및 고객의 요구에 대한 신속한 대응이 가능해진다.

앞서 언급이 되었던 베네통의 경우에는 생산프로세스를 재구성하여 생산의 유연성을 확보함으로써 소비자의 기호 변화(특히 색깔)에 대해 신속하게 대응할 수 있는 시스템을 갖추게 되었다. 즉 이전에는 염색된 실을 이용하여 스웨터를 제작하던 공정순서를 바꾸어, 흰실이나 회색실로 스웨터를 미리 만들어 놓고, 최종단계에서 염색이 가능하도록 함으로써 옷의 색깔에 대한 결정을 보다 나은 수요예측정보나 더 많은 판매정보를 확보할 때까지 연기함으로써, 이전에 다양한 색깔의 옷을 재고로 보유할 때에 발생하는 재고문제를 해결할 수 있었다.

배송 및 유통 네트워크 디자인

유통은 고객가치 창출에 상당히 중요한 역할을 한다. 그것은 비용, 대응 시간, 제품의 가용성 등에 지대한 영향을 미치기 때문이다. 공급자로부터 소비자에 이르기까지 공급사슬 단계를 따라 제품이나 자재를 운반하는 데 관련된 활동을 유통이라 하는데, 유통은 공급사슬의 단계와 단계 사이에서 발생한다. 유통은 기업의 수익성과 직결되는데 그 이유는 유통이 공급사슬의 비용 및 고객의 제품구매경험과 직결되기 때문이다. 일반적으로 성공적인 대형 마켓들은 유통 측면에서의 이점을 이용하여 제품을 저비용으로 고객에게 제공함으로써 경쟁 우위를 확보하고 있다. 기업들의 공급사슬관리의 목적은 저비용의 확보에서부터 대응성 확보까지 다양하며, 이러한 목적의 달성은 그 목적에 적합한 유통네트워크의 선택으로 가능하다. 따라서 종종 동종 산업의 기업들이 다양한 유통네트워크를 가지고 있음을 보게 된다. 유통네트워크는 고객서비스 차원과 비용 차원에서 그 성과를 살펴볼 수 있다. 고객서비스 차원에서의 성과에는 여러 가지가 있겠으나 그 중에서도 다음 두 가지가 중요하다고 할 수 있다.

- ✤ **대응 시간 혹은 리드타임:** 고객이 주문을 하여 제품을 수령하기까지 걸리는 시간을 말하는 것으로 주로 유통센터가 고객 가까이에 있으면 대응 시간이 짧다고 볼 수 있다.
- ✤ **제품의 가용성:** 제품이 재고로 있어 고객이 원할 때에 언제든지 고객의 욕구를 충족시키는 확률을 말하는 것으로 다양한 제품을 재고로 많이 보유하고 있는 경우 이 확률이 높아진다고 할 수 있다.

이외에도 서비스 성과 요인으로 여러 가지가 고려될 수 있다. 예를 들어, Chopra and Meindl(2004)은 제품의 다양성, 고객의 경험, 주문의 가시성, 반품의 용이성 등을 추가적으로 고려한다.

한편으로 비용 차원에서의 성과 요인으로는 다음을 고려할 수 있다.

- **재고비용**: 리스크 풀링의 효과를 얻을 수 있을 경우 재고수준이 낮아진다고 할 수 있다.
- **수송비용**: 수송비용에는 두 가지 종류가 있는데, 하나는 입고수송비용이고 다른 하나는 출고 수송비용이다. 수송비용은 주로 재고보유지점과 고객과의 거리가 어느 정도인가에 따라 단위당 수송비가 결정되며 또한 FTL(Full Truck Load)과 같이 수송에서의 규모의 경제를 얻을 수 있느냐에 따라 단위당 수송비용은 달라지게 되는데, 거리가 가까울수록 그리고 규모의 경제를 얻을 수 있는 경우에 수송비용은 낮아진다.
- **시설 및 취급비용**: 시설 및 취급비용은 시설의 수와 관련이 있다. 유통시설을 많이 보유하게 되면 당연히 시설비용이 많이 발생하게 된다.

시설의 중앙집중화와 분산화

유통네트워크의 디자인에서 가장 중요한 것은 아마 보유할 시설의 수를 결정하는 것일 것이다. 보유시설의 수가 많다는 것은 그만큼 통제가 분산됨을 의미하고 보유시설이 작다는 것은 그만큼 통제가 집중화됨을 의미한다. 중앙집중화된 유통시스템에서는 리스크 풀링 효과를 얻을 수 있으므로 안전재고의 수준이 낮아진다. 또한 시설의 수가 작으므로 시설유지비용도 다수의 시설을 유지하는 것보다 작게 든다. 그러나 시설의 수가 작아서 고객과의 거리가 상대적으로 멀어지므로 출고 수송비용은 증가하고 반면에 생산지에서 소수의 유통센터로의 입고 수송비는 규모의 경제 효과로 인하여 작아진다. 또한 고객과의 거리가 멀어짐으로 인하여 대응시간이 길어지게 된다.

위의 내용을 요약하면 다음과 같다.

- 보유시설의 수가 증가하면 대응시간은 짧아진다.
- 보유시설의 수가 증가하면 재고비용은 증가한다.
- 보유시설의 수가 증가하면 일정수준까지는 수송비용이 감소하지만 일정수준을 지나게 되면 오히려 수송비용이 증가한다. 일반적으로 보유시설

의 수가 많아지면 입고 수송비용은 증가하고 출고 수송비용은 감소한다. 입고 수송비용이 증가하는 이유는 보유시설의 수가 많아질 경우 시설별 입고 수송량이 작아져서 대량수송으로 인한 규모의 경제의 효과를 얻을 수 없기 때문이다. 출고 수송비용이 감소하는 이유는 보유시설이 고객에 근접하게 되므로 평균 수송거리가 짧아지기 때문이다. 종합적인 효과는 보유시설의 수가 증가하면 일정수준까지는 수송비용은 감소하지만 일정수준을 지나게 되면 오히려 수송비용은 증가하게 된다.

✤ 보유시설의 수가 증가하면 시설유지비가 증가한다.

종합적으로 재고비용, 수송비용, 시설비용을 합친 로지스틱스비용은 보유시설의 수가 증하면 일정수준까지는 로지스틱스 비용이 감소하지만 일정수준을 지나게 되면 오히려 로지스틱스비용이 증가한다.

유통네트워크의 형태

유통네트워크의 형태는 크게 세 가지로 구분된다.

✤ 생산자 직접배송(drop shipping)

소비자가 소매상에게 주문은 하지만 생산자가 소매상을 거치지 않고 직접 소비자에게 제품을 배송하는 경우이다(특별한 경우에는 Dell과 같이 소비자가 생산자에게 직접주문을 하는 경우도 있다). 이러한 유통형태의 특성을 살펴보면 다음과 같다. 우선 소매상의 경우 재고를 전혀 보유하지 않거나 소량으로 보유한다는 것이다. 재고가 생산자에 의하여 중앙집중화된다는 것이다. 즉 생산자는 소매상들의 수요를 통합할 수 있고, 그 결과 낮은 재고수준으로 높은 수준의 제품 가용성을 제공할 수 있다. 또한 생산자로 하여금 주문이 들어올 때까지 고객 맞춤을 연기(postponement)할 수 있어 완제품이 아닌 부품 수준에서 재고를 보유하게 되고 부품 수준에서의 통합이 가능하게 되므로 재고수준이 낮아짐을 의미한다. 그러나 수송비용이 높아진다는 단점이 있다. 고객별 출고 거리가 평균적으로 길어지며 또한 FTL(Full Truck

Load)이나 LTL(Less than Truck Load)보다도 단위당 수송비용이 높아진다는 단점이 있다. 또한 생산자가 각기 다른 다품목을 주문하는 고객의 경우, 그 고객에게 복수의 배송이 이루어져야 하므로 배송이 통합되는 경우보다 비용이 높아진다. 재고가 중앙집중화되므로 시설유지비용은 작게 든다. 하지만 소매상이 고객의 주문을 생산자에게 전달해야 하며 또한 생산자의 창고에서 고객까지의 거리는 소매상과 고객과의 거리보다 길기 때문에 대응시간이 길어진다.

✤ 유통센터(distribution center)

재고가 공장이 아닌 유통센터나 소매상에 보유되고 유통센터나 소매상에서 고객에게는 택배업자를 통한 배송이 이루어지는 형태이다. 이 경우 생산자가 재고를 보유하는 경우에 비하여 재고 보유가 분산되므로 재고수준은 높아진다고 할 수 있다. 생산지에서 유통센터로의 대량수송을 통한 규모의 경제 효과가 있고 유통센터와 고객과의 거리가 가까워지므로 수송비용은 낮아진다. 유통센터를 경유하게 되므로 생산자 직접배송에 비하여 시설유지비용 및 취급비용은 약간 높다고 할 수 있다. 유통센터가 고객 가까이에 위치하기 때문에 생산자 직접배송보다 대응시간은 짧아진다고 볼 수 있다. 생산자 직접배송 수준만큼의 제품 가용성을 유지하려면 비용이 더 들게 된다. 그러나 생산자의 직접배송과는 달리 다품목을 주문한 고객에게 유통센터에서 부문품목을 결합하여 한 번에 배송이 가능하다.

✤ 크로스 도킹(cross docking)

크로스 도킹 시스템에서는 생산자에서 유통센터를 경유하여 고객에게까지 지체 없이 연속적으로 유통이 일어난다. 제품이 유통센터에 오랜 시간 동안 보관되는 것이 아니므로 유통센터는 제품의 보관 시설로서의 역할이 아닌 재고의 조정 시설로서의 역할을 하게 된다. 크로스 도킹 시스템에서는 여러 생산자로부터의 입고 트럭들이 유통센터에 도착하면 대기하고 있던 고객에게 갈 출고 트럭들로 제품을 옮겨 싣고 바로 고객에게 배송이 이루어지게 되므로 제품은 유통센터에서 거의 시간을 보내지 않게 되고 따라서 재고비용이나 리드타임이 감소하게 된다.

수송비용 관리

로지스틱스 비용에는 수송비용, 재고유지비용, 보관비용, 정보시스템 비용 등이 포함된다. 그 중에서도 많은 부분을 차지하는 것이 수송비용이다. 수송비용과 관련하여 고려해야 할 것은 수송량과 거리와 관련하여 규모의 경제가 존재한다는 것이다.

수송량에 따른 규모의 경제

수송량이 한 트럭 분량이 아닌 화물의 경우에 LTL(Less than Truck Load)로 분류되고 파운드당 일정 수송료를 낸다. 만일 수송량이 한 트럭분이 되면 FTL(Full Truck Load)로 분류되고 이때는 파운드당이 아닌 트럭 한 대에 대한 일정 수송료를 내게 된다. 이 둘을 비교해 볼 때에 파운드당 수송료가 FTL의 경우 훨씬 저렴하다는 것이다. 따라서 될 수 있으면 FTL 화물을 만들 수 있는 방법을 찾는 것이 유리하다. 그 방법을 소개하면 다음과 같다.

- ✤ **시간상 병합(consolidating across time)**: FTL이 될 때까지 수송을 미루는 것인데, 이는 작은 로트 크기를 지향하는 JIT 개념에 반한다. 수송이 미루어지므로 창고나 공장에 재고수준이 높아져서 재고비용이 증가할 수 있다. 따라서 재고비용의 증가와 수송비용의 감소사이의 상쇄효과를 고려하여 결정해야 한다.
- ✤ **판매자 혹은 구매자간 병합(consolidating across vendor or buyer)**: 판매자들 혹은 구매자들이 조합을 만들어 서로 화물을 모아 FTL을 만드는 것이다. 이것이 가능한 이유는 작은 비용으로 수송업자로 하여금 도착지에 이르기 전에 여러 곳을 거치면서 화물을 싣거나 내리거나 하게 할 수 있기 때문이다. 조합 형성이 가능하지 않은 경우에 병합을 도와주는 화물촉진자(freight forwarders)라는 중개업자를 이용할 수도 있다.

✤ **구역건너뛰기(zone skipping)**: 예를 들어, 서울에서 인터넷 쇼핑몰을 운영하는 기업이 있다고 하자. 하루 분량의 주문 중에서 부산으로 가는 배송분량이 일정 수준을 넘게 되면, 서울에서 택배를 통하여 각 가정으로 일일이 배송하는 것보다 FTL을 이용하여 부산의 택배기지까지 수송한 후에, 그 곳에서 택배를 통하여 각 가정으로 배송하는 방법이다.

거리에 따른 규모의 경제

수송비용은 거리에 따라 결정되는 것이 보통이며, 거리가 멀수록 수송비용은 증가하지만 평균비용은 거리가 멀수록 낮아진다. 예를 들어, 수송비용이 다음과 같이 결정된다고 하자. $T=aX+b$($T=$ 수송비용, $X=$거리, a와 $b=$상수) 이 식에서 X가 증가하면 T는 증가함을 알 수 있으므로 거리가 멀수록 수송비용은 증가한다고 할 수 있다. 그러나 단위 거리당 평균비용은 감소하는데, 그것은 단위 거리당 평균비용$=(aX+b)/X=a+b/X$에서 X가 증가하면 b/X가 감소하게 되어 단위 거리당 평균비용은 감소한다. 즉, 거리에 따른 규모의 경제가 존재한다.

역공급사슬

역공급사슬 혹은 역로지스틱스(reverse logistics)는 고객으로부터의 반품을 수거하는 데 요구되는 일련의 활동이며, 기업의 관심이 높아지고 있다. 이렇게 역로지스딕스에 기업이 관심을 갖게 된 이유는 크게 두 가지로 구분할 수 있다. 기업은 환경규제나 고객으로부터의 압박으로 인하여 역로지스틱스를 갖출 것을 강요받기도 한다. 예를 들어, 유럽의 경우 새로운 타이어 하나를 판매하면 중고타이어 하나를 재활용해야 한다. 이와는 반대로 제품이나 부품을 재사용함으로써 운영비용을 감축할 수 있는 기회를 발견하고 역로지스틱스에 기업이 자체적으로 나서는 경우도 있다. 반품 프로세스가 항상 기업의 짐으로 남아있을 이유가 없다. 역로지스틱스를 통하여 반품을 신속하게 처리함으로써 그리고 반품을 전체 공급사슬관리의 주요 요소로써 보는 시각을 가짐으로써 그렇지 않았다면 없어졌을 가치를 얻을 수 있다.

역로지스틱스는 우리가 일반적으로 말하는 로지스틱스에서 물질이나 정보의 흐름이 역으로 된 것으로 생각하면 된다. 역로지스틱스는 일반 로지스틱스와 흐름이 역이라 것 이외에 특별히 다른 것이 없으므로 다음과 같이 정의할 수 있다. "역로지스틱스란 반품의 가치를 되찾거나 반품의 적절한 처분을 위해서 소비시점에서 시작점까지 제품, 서비스 및 관련 정보의 흐름 및 보관을 효율적이며 효과적으로 계획하고, 실행하며 통제하는 공급사슬 프로세스의 일부이다."

전형적인 역로지스틱스 활동에는 파손품, 과잉재고, 중고, 유행이 지난 제품 등의 반품을 수거하거나 소비자나 소매상으로부터 포장이나 수송에 이용된 물질을 회수하는 프로세스 등이 포함된다. 반품이 수거된 뒤에는 기업으로서는 반품 처리에 대하여 공급자에 반품, 재판매, 아웃렛을 통한 판매, 폐품처리, 재수리, 재단장, 재생산, 자재 회수, 재활용, 매립 등의 다양한 옵션이 있다.

고객이 소매상에게 반품을 하게 되면, 소매상은 이것을 반품을 관리하는 곳으로 보내게 되고, 이곳에서는 반품의 검사 및 어떠한 방법으로 처리하는 것이 가장 가치가 있는 것인지를 결정하게 된다. 전혀 사용하지 않은 이상이 없는 제품은 다시 전방 공급사슬으로 투여되고, 수리하여 판매 가능한 것은 재생산하여 이차 시장으로 가고, 재판매가 가능하지 않은 것은 부품을 분리수거하여 생산에 투여되고, 나머지는 고물로 처리한다.

추가적으로 관심을 기울여야 할 것은 반품의 처리 방식과 관련하여 어떠한 전략을 이용할 것인가에 대한 것이다. 반품은 종류에 따라 수명주기가 다르고 가치가 하락하는 속도도 다르다. 예를 들어, 하이테크 제품의 경우는 다른 제품에 비하여 수명주기가 짧으며, 가치하락의 속도가 빠르다. 게다가 하이테크 제품 중에서도 수명주기가 상대적으로 짧은 것이 있고, 가격의 하락 속도가 빠른 것이 있다. 따라서, Guide(2001)는 제품의 수명주기와 가치하락속도를 고려하여 역공급사슬 전략을 세워야 한다고 한다. 이러한 전략의 종류로는 두 가지가 있는데, 하나는 반품의 처리가 한 곳에서 이루어지는 중앙 집중적인 역공급사슬이고 다른 하나는 분산된 역공급사슬이다.

✤ 중앙집중적 역공급사슬이란 모든 반품이 한 곳으로 모이고, 그곳에서 검사가 이루어져서, 수리를 할지, 부품을 분리수거할지, 고물처리할 것인지가 결정하는 경우인데, 효율성과 비용절감의 효과가 있다. 중앙집중적인 역공급사슬은 제품의 수명주기가 길고 또한 가격의 하락 속도가 느린 경우에 좋다.

✤ 분산된 역공급사슬이란 제품을 판매한 소매상이 반품의 처리에 대하여 결정을 하는 경우이다. 수리를 거쳐 재판매가 가능한 경우에는 중앙의 수리 시설로 반품을 보내고 나머지의 경우는 소매상이 알아서 처리한다. 분산된 역공급사슬은 제품의 수명주기가 짧고 가치하락의 속도가 빠른 경우에 유리하다. 분산된 역공급사슬은 가치 있는 품목을 시장에 신속하게 다시 내보낸다는 이점과 함께 역공급사슬의 혼잡을 감소시키는 데 도움이 된다. 문제는 소매상이 반품의 상태에 대하여 정확하고, 신속하고, 저렴하게 판단을 할 수 있어야 한다는 것과 소매상에게 반품처리에 대한 인센티브가 주어져야 한다는 것이다.

참고문헌

Baldwin, Carliss Y.and Kim B. Clark (1997), "Managing in an Age of Modularity," *Harvard Business Review*, September-October.

Blackburn, Joseph D., V.Daniel R. Guide, Jr., Gilvan C. Souza, and Luk N. Van Wassenhove (2004), "Reverse Supply Chains for Commercial Returns," *California Management Review*, Vol.46, No.2, 6-22.

Blumberg, donald F. (2005), *Introduction to Management of Reverse Logistics and Closed Loop Supply Chain Processes*, CRC Press.

Bolstorff, Peter and Robert Rosenbaum (2003), *Supply Chain Excellence: A handbook for Dramatic Improvement Using the SCOR Model*, AMACOM.

Burt, David N., Donald W. Dobler, and Stephen L. Starling (2003), *World Class Supply Chain Management: The Key to Supply Chain Management*, McGraw-Hill.

Chopra, Sunil and Peter Meindl (2004), *Supply Chain Management: Strategy, Planning, and Operation*, Second Edition, Pearson/Prentice Hall.

Christopher, M. and D. Towill (2001), "An Integrated Model for the Design of Agile Supply Chains," *International Journal of Physical Distribution and Logistics Management*, Vol.31, No.4.

Christopher, M., A. payne, and D. Ballantyne (2002), *Relationship Marketing: Creating Stakeholder Value*, Butterworth-Heinemann.

Christopher, Martin (2005), *Logistics and Supply Chain Management: Creating Value-Adding Networks*, Third Edition, Prentice Hall, Great Britain.

Cohen, Shoshanah and Joseph Roussel (2005), *Strategic Supply Chain Management: The 5 Disciplines for Top Performance*, McGraw-Hill.

Council for Logistics Management (2004), *State of Logistics Report*.

Coyle, John, Edward J. Bardi, and C. John Langley Jr. (2003), *The Management of Business Logistics: A Supply Chain Perspective*, 7th Edition, Thompson/South —Western.

Fisher, Marshall L. (1997), "What is the Right Supply Chain for Your Product?," *Harvard Business Review*, March—April.

Guide, V.D., Jr. and L.N. Van Wassenhove (2001), "Managing Product Returns for Remanufacturing," *Production and Operations Management*, 10(2):142—154.

HBS Press (2000), *Harvard Business Review on Managing the Value Chain*, Harvard Business School Publishing.

Hugos, Michael (2003), *Essentials of Supply Chain Management*, John Wiley & Sons, Inc.

Kaplan, R.S. and D.P. Norton (1996), *The Balanced Scorecard*, Harvard Business School Press.

Kordupleski, Ray and Janice Simpson (2003), *Mastering Customer Value Management: The Art and Science of Creating Competitive Advantage*, Pinnaflex Educational Resources, Inc.

Lee, H.(1992), "Design for Supply Chain Management: Concepts and Examples," Working Paper, Department of Industrial Engineering and Engineering Management, Stanford University.

Lowson, R., R. King, and A. Hunter (1999), *Quick Response: Managing the Supply Chain to Meet Customer Demand*, John Wiley & Sons.

Monczka, Robert, Robert Trent, and Robert Handfield (2005), *Purchasing & Supply Chain Management*, 3rd Edition, Thompson/South—Western.

Monden, Y. (1983), *The Toyota Production System*, Productivity Press.

Porter, M.E. (1985), *Competitive Advantage*, The Free Press.

Roberts, J. (1990), "Formulating and Implementing a Global Logistics Strategy," *International Journal of Logistics Management*, Vol.1, No.2.

Rogers, Dale S. and Ronald S. Tibben—Lembke (1999), *Going Backwards:*

Reverse Logistics Trends and Practices, Reverse Logistics Executive Council.

Schonberger, R.J. (1990), Building a Chain of Customers, The Free Press.

Shapiro, Jeremy (2001), *Modeling the Supply Chain*, Duxbury.

Silver, Edward A. and Rein Peterson (1985), *Decision Systems for Inventory Management and Production Planning*, 2nd Edition, Wiley.

Simchi−Levi David, Philip Kaminsky, & Edith Simchi−Levi (2004), *Managing the Supply Chain: The Definite Guide for Business Professional*, McGraw−Hill.

Srinivasan, Mandyam M. (2004), *Streamlined 14 Principles for Building & Managing The Lean Supply Chain*, Thompson.

Stalk, G., P. Evans, and L.E. Shulman (1992), "Competing on Capabilities: The New Rule of Corporate Strategy," *Harvard Business Review*, March−April.

Swaminathan, J. M. (2001), "Enabling Customization Using Standardized Operations," *California Management Review*, Vol.43, No.3, Spring, pp. 125−135.

Taylor, David and David Brunt (2001), *Manufacturing Operations and Supply Chain Management: The Lean Approach*, Thompson.

Vollmann, Thomas E., William L. Berry, D. Clay Whybark, F. Robert Jacobs (2005), *Manufacturing Planning & Control Systems for Supply Chain Management, 5th Edition*, McGraw−Hill.

Wincel, Jeffrey P. (2004), *Lean Supply Chain Management: A Handbook for strategic Procurement*, Productivity Press.

chapter 10

Lean 도구

린을 실천하기 위하여 개발된 개념이나 기법은 상당히 다양하다. 이러한 기법들의 상당 부분은 도요타 생산시스템에서 비롯되었다. 린이 추구하는 것은 고객이 원하는 제품을 신속하게 제공하는 것이며 이를 위해서는 흐름이 원활해야 하는데 린 기법을 통하여 이를 성취하고자 하는 것이다. 이 장에서 소개하는 기법들은 Womack과 Jones(1996)가 제시한 다섯 가지의 린의 원칙과 밀접한 관련이 있다. 즉, 고객이 원하는 가치를 파악하고 이러한 가치를 창출하는 데 필요한 활동을 확인하며, 스피드를 위해 이러한 활동들의 흐름이 원활하도록 하며, 스피드의 확보로 예측생산보다는 고객들의 수요가 발생하면 즉시 제공하도록 하고 지속적으로 낭비 요소를 제거하는 노력을 기울인다는 다섯 가지 원칙을 실천하는 도구들이 이 장에서 소개된다.

5S

5S는 시간과 자재의 낭비를 제거하는 방법적인 접근법이다. 혼잡한 작업장은 무엇을 찾는 데 걸리는 시간의 낭비, 과잉 자재나 도구로 인한 비용 낭비, 공간 낭비 등과 같은 낭비로 차있다. 이러한 혼잡한 작업장을 단순화된 작업공간으로 전환하면 더 효율적으로, 저렴하게, 안전하게 운영된다는 것이 5S의 기본철학이다. 5S는 다섯 개의 일본말 용어를 포함하는데 이와 유사한 의미를 가진 영어 단어는 아래와 같으며 가끔 같은 의미를 가진 다른 영어 단어가 사용되기도 한다.

- ✤ Seiri(정리) ➜ Sort(정리)
- ✤ Seiton(정돈) ➜ Straighten(정돈)
- ✤ Seiso(청결) ➜ Shine(청결)
- ✤ Seiketsu(단정함) ➜ Standardize(표준화)
- ✤ Shitsuke(훈육) ➜ Sustain(유지)

이 장에서는 작업장에서 5S를 사용하는 것의 장단점에 대해서 설명하고 5S를 종업원에게 어떻게 소개를 할지 그리고 성공적으로 다섯 단계를 진행하는 방법을 보여준다.

5S를 통한 품질의 향상

5S로 작업장을 깨끗하고 청결하게 하면 활동이 단순화되어 품질이 향상된다. 품질이 향상되는 이유는 구체적으로 다음과 같다.

- ✤ **프로세스의 단순화:** 작업의 흐름을 검토하여 혼잡함 속에서 일할 필요가 없도록 하고 필요한 자재를 쉽게 찾을 수 있으며 프로세스가 단순화된다.
- ✤ **자재의 가시성 증대:** 동일한 자재는 항상 동일한 장소에 저장되어 자재취급자가 자재의 수준을 쉽게 체크하여 부족이 발생하기 전에 조치를 취한다.
- ✤ **작업자의 사기진작:** 5S는 작업자 중심의 프로그램이다. 작업자들이 작업장을 청결하게 하고 정리를 하므로 더 깨끗한 그리고 더 효율적인 작업장이 된다.
- ✤ **관리의 질 향상:** 혼잡함이 없어져서 진행 중인 작업이 더 가시적으로 분명해지며, 입고자재는 항상 동일한 장소에 입고되어 언제 부족이 발생하는지를 알 수 있다. 또한 완성품도 항상 동일한 장소에 저장되어 생산이 스케줄에 따라 잘 이루어지고 있는지를 알 수 있다.
- ✤ **생산전환의 품질 향상:** 프로세스와 자재의 장소를 계획하고 바닥에 표시를 하여 혼란을 없애고 제품 품질을 향상시킨다.

단계별 내용

정리 단계

정리 단계는 불필요한 품목을 버리는 것이다. 사람들은 추가적인 도구, 자재 등에 대한 예산을 확보하는 것이 어려우므로 미래에 대비하는 차원에서 다음과 같은 것을 모으려는 성향을 가지게 된다.

- ✤ 이전의 프로젝트 수행시에 남은 것
- ✤ 사용 가능한 부품이 포함된 폐기물
- ✤ 다른 부서로부터 가져온 것
- ✤ 고객으로부터 반품된 것

때로는 작업도중에 일을 중단하는 경우가 있는데 이 경우에 창고로 자재를 반송하는 대신에 중단한 일을 다시 완료하라는 주문이 들어올 것에 대비하여 그대로 보관하는 경우가 있다. 이렇게 보관하는 것은 예산이 오랫동안 사용되지 않는 자재에 묶이는 셈이 된다. 정리 단계는 작업을 수행하는 데 필요한 자재를 확인하고 보유하는 것이며 필요한 것 이외에는 없애야 한다.

정돈 단계

정리가 끝나면 정돈을 한다. 정돈이란 작업자의 위치를 중심으로 하여 도구와 자재를 어디에 둘 것인지를 결정하는 것이다. 작업자의 이동시간을 최소화하도록 도구와 자재를 위치시켜야 한다. 작업자가 필요한 것은 모두 닿기 쉬운 곳에 있어야 하며 모든 자재가 찾기 쉬운 곳에 있도록 작업장을 배치해야 한다. 각 아이템별로 전용 장소를 할당하여 하나의 아이템만이 그곳에 위치하도록 한다.

선반, 컨테이너, 캐비닛, 서랍 등을 내용물에 따라 이름표를 붙인다. 이렇게 하면 누구나 무엇이 들어있는지를 알게 되고 이름표에 따라 분류되어 보관된다. 이름표 붙이기의 또 하나의 장점은 모두가 아이템별 적합한 보관 장소를 알게 되므로 작업장에서 중복으로 보관되는 경우를 제거할 수 있다.

시설 전체적으로 사용할 수 있는 표준화된 이름표를 만드는 것이 좋다. 최소한 이름표에는 부품번호와 품목이름이 들어가야 한다. 더 좋은 방법은 이름표에 품목사진을 포함하는 것이다. 이름표 붙이기의 한 방법으로 이용할 수 있는 방법으로 특정 프로세스에 이용되는 것을 구분하기 위해 이름표의 색을 달리하는 것이다.

도구와 자재에 대한 정돈과 이름표 붙이기가 완료되면 전체적인 작업장을 어떻게 구성을 할지 작업장 배치도를 그려야 한다. 이러한 그림이 중요한 것은 공장에서 작업대의 이동이나 사무실 공간의 조정 등에 필요한 전기선, 데이터선, 전화선 등의 설치시에 유지 보수팀이 이 배치도를 이용하기 때문이다. 작업장배치도 작성시에 고려할 사항들은 다음과 같다.

- ✤ 작업대를 준비할 때에 부품을 작업자가 이용하는 순서대로 놓도록 한다. 만일 다섯 가지의 부품을 조립하여 완성품이 만들어진다면 다섯 가지의 부품을 순서대로 좌에서 우로, 위에서 아래 등으로 순서대로 놓는다.
- ✤ 작업대를 준비할 때에 작업의 흐름이 교차되도록, 즉 입고되는 부품이나 공정중재고를 담은 컨테이너의 위치와 완성품의 위치가 반대쪽이 되도록 위치시킨다. 즉 작업대 한 쪽에서 부품을 가져다 이용하고 작업이 완료되면 반대쪽으로 완성품을 놓도록 한다.
- ✤ 자재와 도구를 잘 배치하여 작업자가 걸어 다니는 시간을 최소화하도록 한다.
- ✤ 정보를 지속적으로 공유하는 작업자간의 책상이나 작업대를 가까이에 위치시킨다.

청결 단계

깨끗한 작업장은 긍정적인 환경을 조성하며 작업자의 태도에도 영향을 미친다. 깨끗한 작업장은 생산성 향상에 대한 정신적으로 긍정적인 상황을 조성한다. 청소를 하지 않으면 지금까지 진행한 정리와 정돈은 그 효과를 잃어버리고 옛날로 돌아갈 가능성이 높아진다.

청소는 다른 것과 마찬가지로 생산 프로세스의 하나이다. 즉 작업장을 사용 준비하는 것이다. 청소에는 작업대청소, 바닥청소, 창고청소, 도구청소 등이 포함된다. 청소를 하는 데는 도구와 청소용품 그리고 어떤 경우에는 청소 프로세스와 관련된 문서 등이 요구된다. 무엇을 청소할지에 대한 리스트를 만들고 이에 따라 필요한 도구와 용품에 대한 리스트를 만든다.

청소가 의미하는 것은 깨끗하게 하는 것만을 의미하는 것이 아니며 더러움의 원인을 확인하여 제거하는 것도 포함된다. 예를 들어, 먼지가 나는 공정이 있다면 먼지를 제거할 수 있는 진공청소 기구를 그 옆에 설치하여 먼지를 흡수하도록 하는 것이 여기에 포함된다.

작업공간이 깨끗하게 유지되기 위해서는 유지보수 문제가 이슈가 될 수도 있다. 예를 들어 다음과 같은 것이 이슈가 된다.

- 물이 새는 파이프, 빗물이 새는 창문, 망가진 선반 등
- 좋지 않은 조명
- 전기콘센트 부족, 이름표가 붙지 않은 스위치

이러한 유지보수 문제를 누군가가 기록하여 게시판에 게시를 하여야 한다. 이러한 게시판의 리스트에는 다른 부서에 대한 요청내용, 경영진에 대한 의사결정 요청건, 알려진 문제점들이 포함된다. 감독자는 적어도 매주 한 번 각 아이템에 대하여 처리가 어떻게 되었는지 업데이트해야 한다.

모든 시설관련 이슈는 유지보수 부서에 즉각적인 행동을 요청하여야 하며 경영진은 모든 이슈들이 해결되도록 감독하여야 한다. 청소가 유지보수를 대체할 수는 없다. 물이 새면 물이 새는 원인을 찾아 수리를 해야지 흐르는 물만을 닦아내는 것은 의미가 없다. 문제의 원인을 찾아 신속하게 처리하는 것이 중요하다.

표준화 단계

이 단계에서는 앞의 단계들에서 얻은 결과를 성공사례로 다른 곳으로 퍼뜨리는 것이다. 즉 좋은 관행을 회사 전체에 표준화하는 것이다. 표준화된 프로세스는 작업자를 교차훈련하거나, 대체인력을 투입하거나, 작업팀을 확장할 때에 요구되는 시간을 줄인다. 성공사례가 표준이 되면 모두가 특정 상황에서 가장 잘 대처하는 방법을 알게 된다.

관행을 표준화하기 위해서 다음과 같이 접근하는 것이 좋다.

- ✤ 시설 전체적으로 깨끗함에 대한 표준을 정의한다.
- ✤ 각 5S팀으로부터의 성공사례 수집 및 시설전체에 사용할 성공사례 선정을 위한 대표자를 임명하고 선정된 사례는 게시판에 게시한다.
- ✤ 팀별 5S 상황 게시판을 표준화하여 어느 부서를 가든지 동일한 정보는 게시판의 동일한 장소에 위치하도록 한다.
- ✤ 이름표와 기호를 표준화한다. 사람들에게 기억을 상기시키려고 할 때에 시각적인 통제를 이용한다.
- ✤ 기능이나 부서가 옮겨 다니기도 하므로 쉽게 찾도록 작업셀에 이름표를 붙인다.
- ✤ 시설 전체적으로 일일 청소 시간 및 주간 5S 회의를 계획한다.
- ✤ 모든 작업장과 공동구역이 적절히 깨끗한지를 확인하는 데 체크시트를 이용한다.

유지 단계

유지단계에서 궁극적인 목적은 모든 종업원들의 습관이 되도록 5S를 체화되도록 하는 것이며 5S를 기본적인 기업 프로세스로 통합시키는 것이다. 이를 위해 유지단계에서는 기업이 5S를 모든 종업원들이 따라야 하는 공식적인 표준으로 인식하도록 요구한다. 따라서 5S가 지속될 것이라는 것을 인식시킬 필요가 있으며 5S 원칙을 기업의 작업윤리에 포함시켜야 한다. 예를 들어, 5S 성과를 관리자의 성과 평가에 통합하여 5S가 일시적인 것이 아니라 비즈니스에서 표준이 됨을 인식시킬 필요가 있다. 또한 팀원들이 책임의식을 유지하도록 모든 사람들은 정리와 청소를 나중으로 미루지 말고 즉각적인 책임을 지도록 해야 한다. 그리고 정기적인 청소 스케줄을 만들고 활동리스트와 누가, 언제 할 것인지를 명확히 한다. 5S 관행을 지속적으로 강력히 시행하는 수단 중의 하나가 감사이다. 이를 위해 감사팀을 구성하고 감사팀은 표준에 맞는지를 감사하게 된다.

셀룰러 설비배치

셀룰러 설비배치(cellular layout)는 작업장의 효율성 및 유연성을 창출하기 위하여 하나의 셀에 여러 가지 설비를 공정순서에 따라 배치하는 것으로 <그림 10-1>에서와 같이 보통 U형태로 배치한다.

이러한 설비배치는 다음과 같은 장점이 있다.

- ✤ 작업자에게 가장 효율적인 설비배치를 제공하여 작업자의 효율성을 극대화한다.
- ✤ 워크스테이션이 가까운 거리에 위치하므로 제품이나 부품이 움직이는 거리를 최소화한다.
- ✤ 작업공간을 최소화한다.
- ✤ 작업을 뒤쪽의 혹은 대각선상의 프로세스 등과 서로 공유하여 유연성을 극대화한다.
- ✤ 작업자 수 조절이 쉬워 생산 유연성을 최대화한다.
- ✤ 한 단위 흐름(one piece flow)의 토대가 된다.

▸그림 10-1 셀룰러 설비배치: U자형

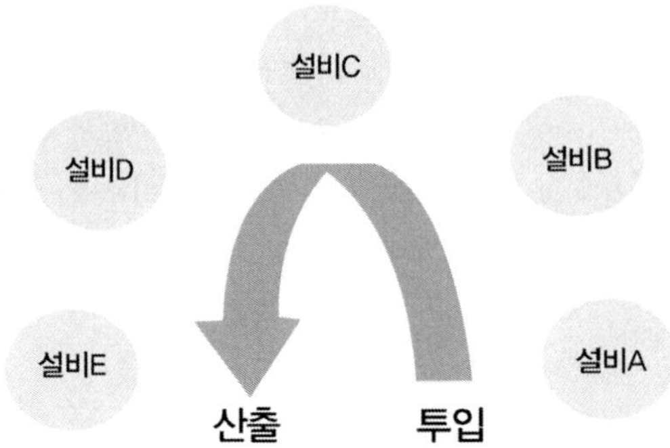

셀룰러 설비배치의 효과를 최대한으로 하기 위해서는 다음과 같은 사항을 추가적으로 고려하여야 한다. TPM(Total Productive Maintenance)을 수행해야 하며, 유지 절차 및 일정을 시각적으로 게시해야 한다. 또한 신속한 전환 절차를 확립하여 다양한 제품의 생산이 가능하도록 하고, 전환절차를 표준화하여 모두가 이해하도록 하고 기계의 비가동시간을 최소화한다. 기계나 작업대를 움직이기 쉽도록 롤러를 부착하여 재배치가 쉽도록 하며, 케이블 등은 천장에서 내려오는 형태로 하여 재배치가 쉽도록 한다. 다기능작업자를 양성하도록 하여 각 작업자가 모든 기계를 작동할 수 있도록 하고, 작업자 수의 변동에 따른 시나리오에 따라 작업을 수행 가능하도록 한다.

셀룰러 설비배치시에 유의할 점은 다음과 같다. 기계를 형태별로 그룹화해서는 안 되며, 프로세스 순서에 따라 셀의 배치가 이루어져야 하고, 작업자가 서서 작업할 수 있도록 디자인한다. 각 작업자는 셀에 있는 모든 기계를 작동할 수 있어야 하며, 작업자 수가 증가할 경우 서로 방해가 되지 않도록 한다. 그리고 불량품은 즉시 발견될 수 있도록 유의한다.

한 단위 흐름

한 단위 흐름(one piece flow)이란 재고나 낭비가 없이 제품을 한 번에 한 단위씩 워크스테이션 사이를 이동하도록 하는 것으로, 이와 반대되는 개념이 묶음(batch) 생산이다. 한 단위 흐름은 혼합 모델 일정계획(mixed model scheduling)을 가능하게 하는데, 즉 극단적인 경우에 연속적으로 생산되는 제품이 서로 다른 모델일 수가 있다는 것이다. 한 단위 흐름공정의 장점은 다음과 같다.

- ✤ 공정중재고를 최소화하여 리드타임을 단축한다.
- ✤ 고객에게 도달하기 전에 불량품이나 문제의 발견이 쉽다.
- ✤ 비숙련 작업자로도 흐름의 유지가 가능하도록 표준작업을 이용할 수 있다.
- ✤ 다기능작업자를 가장 필요한 곳에 이용하는 것이 가능하다.

이러한 흐름이 가능하도록 하기 위해서는 다음을 고려하여야 한다. 될 수 있으면 U자 형태의 셀을 구축하고, 프로세스가 인접하도록 설비를 배치한다. 셀의 작업별 사이클타임의 균형을 맞추고 셀 디자인시에 최신기술, 예방보전, 전환 등을 고려한다. 한 단위 흐름이 이상적이기는 하지만 공정시간과 공정 경로가 서로 다른 제품들을 하나의 셀에서 한 단위 흐름으로 생산하는 것은 비생산적이며, 새로운 제품을 생산할 때마다 생산준비를 다시 해야 하는 공정의 경우에도 한 단위 흐름은 적합하지 않다. 또한 제품을 공정간 이동할 때에 시간이 많이 걸린다든지, 자재취급비용이 높을 경우에도 한 단위 흐름은 적합하지 않다. 한 단위 흐름이 성공하기 위해서는 지속적으로 리드타임을 단축하려는 노력이 필요하며 지속적으로 공정중재고를 최소화하도록 해야 하고, 문제가 발생하면 그 문제를 확인하고 제거해야 하며 다기능 작업자는 필요한 곳에 배치되도록 해야 한다.

사이클타임과 최소작업자수의 결정

사이클타임(cycle time)이란 작업을 완료하는 데 걸리는 시간이다. 이 개념은 탁트타임(takt time)과는 다른데, 탁트타임은 고객의 수요를 충족하기 위해 제품 한 단위 생산에 할당되는 시간이다. 사이클타임은 공정이나 작업을 완료하는 데 필요한 작업자의 수를 결정하는 데 이용되는 것으로 표준작업을 개발하는 데 필요하다. 사이클타임에는 두 가지 종류가 있는데 하나는 개별 사이클타임이고 다른 하나는 총 사이클타임이다. 개별 사이클타임은 개별 작업을 완료하는 데 걸리는 시간을 말하며, 총 사이클타임은 프로세스 전체를 완료하는 데 걸리는 시간을 말하고 이는 개별 사이클타임의 합으로 구한다.

특정 과업을 완료하는 데 필요한 작업자의 수는 다음 단계를 거쳐 구한다.

- ✤ 과업에 포함된 작업별로 개별 사이클타임을 구한다.
- ✤ 총 사이클타임을 구한다(총 사이클타임＝개별 사이클타임의 합).
- ✤ 탁트타임을 계산한다(탁트타임＝가용시간/수요).
- ✤ 작업자 수＝총 사이클타임/탁트타임

혼합모델 스케줄링과 배치크기 축소

도요타 생산시스템에서 보았듯이 생산평준화(leveling, 일본말로 heijunka)는 수량 및 종류별 생산수준을 일별, 주별, 월별로 일정하게 유지하는 것을 말한다. 예를 들어, 어느 기업이 A, B, C 세 가지 제품을 생산한다고 하고 단위당 조립시간이 각각 10분이라고 하자. 조립공장에서는 하루 10시간 작업을 하고 주당 5일 작업을 한다고 하자. 그리고 A, B, C 제품별 수요가 시간당 3단위, 2단위, 1단위라고 하자.

이 경우 두 가지 전략을 비교하기로 한다.

전략 1 **주단위로 생산하는 경우**

주별 수요가 A, B, C 각각 150단위, 100단위, 50단위이며 이를 모두 생산한 후에 고객에게 전달한다고 하자. 이 경우에 작업장의 평균재고 수준은 75단위, 50단위, 25단위가 된다.

전략 2 **시간단위로 생산하는 경우**

시간당 A, B, C를 3단위, 2단위, 1단위로 생산하여 고객에게 전달한다면 재고는 거의 없을 것이다. 이것이 바로 혼합모델 스케줄링의 하나의 좋은 예가 된다.

전략 2의 경우에 흐름은 더 원활해지고 재고수준이 낮아지고 풀 시스템의 구축이 가능해진다. 물론 생산평준화를 위해서는 생산리드타임의 감축이 중요하며, 생산리드타임의 단축을 위해서는 생산준비시간의 단축이 중요하다.

표준작업

표준작업이란 작업이 어떻게 수행되어야 하는지를 분명하게 명시하는 것이다. 일반적으로 작업은 가장 효과적인 자원을 사용하면서 가장 효과적인 작업순서로 구성이 된다. 그러므로 이러한 자원의 이용과 작업순서는 유지가 되어야 하며 이를 명문화하여 작업자들이 따르도록 해야 한다.

표준작업이 중요한 이유는 다음과 같다.

- ✤ 일관성과 지속적인 개선을 촉진한다.
- ✤ 작업 안전성을 개선한다.
- ✤ 동일한 기준이 적용되므로 성과평가가 공정하다.
- ✤ 신규 직원의 교육에 도움이 된다.

지속적인 개선

린은 한 번에 끝나는 것이 아니며, 지속적으로 프로세스를 재검토하고 낭비요소와 부가가치가 없는 활동을 제거해야 한다. 이와 같은 지속적인 개선을 '카이젠(kaizen)'이라고 한다. 개선을 위해서 린 도구 및 개념을 적용하는 이벤트 혹은 워크숍을 자주 가지도록 해야 한다. 개선 활동은 하나의 활동에 깊이 있게 초점을 맞출 수도 있고 하나의 셀에 초점을 맞추어 다양한 린 도구를 실행할 수도 있다. 개선을 위한 워크숍은 강력한 경영층의 지지와 작업자의 협조가 있어야 성공할 수 있다.

카이젠이라는 용어는 Imai가 *카이젠: 일본의 경쟁적 성공의 열쇠* 라는 책을 1986년에 출판하면서 널리 알려지게 된 용어이다. 이 용어는 카이젠이 중요한 역할을 한 도요타의 성공으로 더 유명하게 되었다. 일본말로 카이젠은 지속적인 개선이라는 의미이며 이러한 활동에 최고 경영자부터 중간관리자 그리고 작업자들 모두가 참여하며 비용면에서도 상대적으로 작은 지출이 요구된다는 것이 특징이다. 카이젠에서의 개선은 작고 점증적이지만 장기적으로는 극적인 결과를 초래한다. 이러한 카이젠을 적용하는 일본 기업과는 달리 서구의 경영진은 혁신을 숭배한다. 혁신은 극적이고 주의를 끄는 데 효과적인 반면에 카이젠은 극적이지 않고 미묘하다. 혁신은 일회성이며 그 결과도 종종 형편이 없는 경우도 있지만 카이젠은 상식적이고 저비용의 접근법을 이용하며 점증적인 진보를 통하여 장기적으로 성공적인 결과를 초래한다. 카이젠은 위험도가 낮은데 그 이유는 언제든지 큰 비용을 들이지 않고도 원래대로 돌아갈 수가 있기 때문이다.

원칙

카이젠의 두 가지 핵심요소는 다음과 같다.

- ✤ 점진적이고 지속적인 개선
- ✤ 프로세스에 전 직원의 참여

작업자들은 프로세스와 제품에서의 개선안을 제안하여 작지만 빈번한 변화를 만드는 데 참여할 필요가 있다. 카이젠의 개념에 대한 논리적인 구조, 도구간의 정확한 관계, 구체적인 측정치, 공장에서의 실행 순서 등에 대해서 명확하게 정의하기가 어렵다. 그 이유는 기업에 따라 카이젠의 서로 다른 측면과 도구가 강조되기 때문이다. 예를 들어, 도요타의 길은 혼다의 길과는 다르다는 것이다.

Imai는 카이젠이라는 것이 <그림 10-2>에서와 같이 다양한 일본의 비즈니스 관행을 묶는 일종의 우산 개념이라는 것이다. 그리고 이것은 단순히 관리기법이 아니라 일종의 철학이라는 것이다. 카이젠은 사람들의 작업에 대한 접근법에 초점을 맞추고 관리자와 작업자들이 생산성을 개선하기 위해 그들의 마음가짐을 어떻게 바꾸어야 하는지를 보여준다. 카이젠이 다른 여러 성공적인 전략과 다른 점은 사람들이 그들의 일에 대하여 어떻게 수행하는지에 대한 기본적인 방법에 초점을 맞추는 데 도움을 준다는 것이다.

▶ 그림 10-2 카이젠

출처: Imai(1986)

카이젠과 혁신의 차이

카이젠은 혁신과는 차이가 있다. 그 차이점에 대해서 Imai는 <표 10-1>과 같이 정리하고 있다. 카이젠에서는 기존의 기술로 작은 변화를 강조하는 접근법을 채택하지만 혁신적인 접근법에서는 기술적인 돌파구를 통한 혁신을 선호한다. 카이젠에서는 인간적인 요소에 초점을 맞추어 개선을 위한 사람들의 과정 중심의 노력을 지지하는 반면에 혁신적인 접근법에서는 결과 중심의 기준에 따라 성과를 평가하는 경향이 있다. 결국 카이젠은 품질과 생산성 향상을 위하여 기존의 사람과 자본을 이용하는 데 있어서 전 직원의 지속적인 노력과 헌신이 요구된다고 할 수 있다.

카이젠의 특성

다음은 카이젠의 특성에 대하여 살펴본다.

첫째, 카이젠은 지속적인 노력을 통한 작은 개선을 의미한다. 경영에는 두 가지 중요한 기능이 있는데 하나는 유지이고 다른 하나는 개선이다.

▶ 표 10-1 카이젠과 혁신의 차이

	카이젠	혁신
1. 효과	장기적이고 오래 지속되나 극적이 아님	단기적이지만 극적임
2. 속도	작은 걸음	큰 걸음
3. 시간프레임	지속적이며 점증적	간헐적이며 비점증적
4. 변화	점진적이며 안정적	급진적이며 불안정적
5. 참여	모두	소수의 챔피언
6. 접근법	협력주의, 그룹 노력, 시스템적 접근법	엄격한 개인주의, 개인적 아이디어와 노력
7. 모드	유지와 개선	폐기와 구축
8. 점화장치	전통적인 노하우와 정교함	기술혁신, 신발명, 신이론
9. 실질적 요구사항	저투자, 높은 유지 노력	고투자, 낮은 유지 노력
10. 노력의 중심	사람	기술
11. 평가기준	더 나은 결과를 위한 과정과 노력	결과와 수익
12. 이점	저성장 경제에 적합	고성장 경제에 적합

출처: Imai(1986)

유지라는 것은 현재의 기술적, 경영적, 운영적 표준 등을 유지하는 것을 의미한다. 반면에 개선이라는 것은 현재의 표준을 높이는 활동을 의미한다. 개선은 다시 둘로 구분되는데 하나는 혁신이고 다른 하나가 카이젠이다. 혁신은 새로운 기술이나 설비에 대한 대규모 투자를 통한 극적인 개선을 의미하고 카이젠은 지속적인 노력을 통한 작은 개선들을 의미한다. 서구의 기업들은 혁신에 매료되어 카이젠이 초래할 수 있는 장기적인 혜택을 간과하는 경향이 있다. 카이젠은 인간적인 노력, 사기, 의사소통, 훈련, 팀워크, 참여, 자제력, 즉 개선에 대한 상식적이고 저비용의 접근법을 의미한다.

둘째, 카이젠은 과정 중심의 사고를 중시한다. 카이젠이 과정 중심의 사고를 중시하는 반면에 서구에서는 결과 중심의 사고를 중시한다. 카이젠 노력이 실패하는 중요한 원인 중의 하나는 카이젠 전략의 적용시에 과정 중심의 사고를 적용하지 않기 때문이다.

셋째, 카이젠에서의 첫 단계는 표준의 개선을 추구하는 데 있어서 지속성을 보장하기 위한 수단으로 PDCA(plan－do－check－act) 사이클을 확립하는 것이다. 계획은 개선의 목표를 수립하고 목표를 달성하기 위한 활동계획을 마련하는 것이며, 실행은 계획을 실천하는 것이고, 체크는 계획의 실천이 계획된 개선을 초래하였는지를 결정하는 것이며 마지막으로 조치는 최초에 발생했던 문제가 재발하지 않도록 새로운 절차를 표준화하거나 새로운 개선 목표를 수립하는 것이다(상세한 설명은 14장 참조). 이 PDCA 사이클은 일회성으로 끝나는 것이 아니라 반복된다. Imai는 이 PDCA 사이클을 개선으로 보고 이러한 개선은 현재 시스템의 표준화와 안정화, 즉 유지 없이는 PDCA 사이클로 넘어갈 수가 없다고 보고 있다. 따라서 그는 현 시스템의 표준화와 안정화를 위한 SDCA 사이클이 선행되어야 한다고 본다. SDCA 사이클은 Standardize－Do－Check－Act를 의미한다.

넷째, 품질, 비용, 배송 중에서 가장 중요한 것은 품질이다. 가격이나 배송이 매력적이더라도 품질이 부족하면 경쟁우위를 확보할 수가 없다. 따라서 경영진은 품질에 대하여 절대적인 우선순위를 두는 태도를 견지하여야 한다.

다섯째, 카이젠은 일종의 문제해결 프로세스이다. 문제를 정확하게 해결하기 위해서는 적합한 데이터가 수집되고 분석되어야 한다. 데이터 없이 문제를 해결하려고 하는 것은 감각에 의지하는 셈이다. 현재의 상태에 대한 자료의 수집이 개선의 시작점이 되어야 한다.

여섯째, 프로세스에서 후행 단계는 고객이라는 공리를 실천해야 한다.

프로세스는 여러 단계로 구성된다. 어느 단계의 선행단계는 공급자이며 후행단계는 고객인 셈이다. 고객은 내부고객과 외부고객으로 구분되는데 프로세스의 마지막 단계는 외부고객이지만 중간 단계에서의 고객은 내부고객(종업원)이다. '후행단계를 항상 고객으로 간주해야 한다'는 공리를 실천하면 기업내부에서 불량부품이나 부정확한 정보가 다음 단계로 넘어가는 일은 없게 된다. 이렇게 되면 외부고객도 고품질의 제품을 제공받게 되는 것이다. 진정한 품질보증은 결국 조직의 모두가 후행단계를 항상 고객으로 간주해야 한다는 공리를 실천하는 것이다.

카이젠 전략의 성공을 위해서 갖추어야 할 시스템과 도구

카이젠을 위한 시스템과 도구에는 다양한 것들이 포함된다. 예를 들어, 5S, 제안제도, 품질분임조, TQM, TPS, JIT, 칸반 등이 포함된다. 여기에 등장하는 도구는 본 서의 여러 부분에서 설명이 되므로 여기서는 생략한다.

카이젠 전략의 궁극적 목표

카이젠에서 개선의 대상이 되는 것은 품질, 비용, 정시납품이다. 이 세 가지 조건이 만족되면 고객이 만족하는 것이다. 품질은 제품이나 서비스의 완성품 품질을 의미할 뿐만 아니라 제품이나 서비스의 산출에 관여하는 프로세스도 포함된다. 비용은 제품이나 서비스의 디자인, 생산, 판매, 서비스비용을 포함한다. 납품은 요구량을 정시에 전달함을 의미한다. 최고경영층의 일은 시장에서 기업의 QCD(quality, cost, delivery) 위치를 파악하고 QCD 개선 정책의 우선순위를 결정하는 것이다.

칸반과 풀 시스템

칸반(kanban) 시스템은 도요타에서 개발한 시스템으로 JIT를 실천하는 데 이용하는 정보전달 시스템이다. 즉 선행프로세스로부터 혹은 공급자로부터 필요한 것을 필요한 만큼 필요한 시기에 받기 위해서 후행프로세스에서 선행프로세스에 정보를 전달하는 시스템이다. 이러한 시스템을 도입하게 되면 재고수준을 줄일 수 있게 된다.

칸반 시스템의 기초

JIT 생산이란 요구되는 제품을 요구되는 시기에 요구되는 양만큼 생산하는 것을 의미하며, 칸반 시스템은 JIT가 이루어지도록 생산을 통제하는 일종의 정보 시스템이다. 정보 시스템이라 하면 후속공정에서 선행공정에게 연락하여 필요한 것을 필요한 시기에 필요한 만큼 보내달라고 요청할 때에 이러한 정보가 담긴 칸반을 이용한다는 것이다.

보통의 생산 시스템에서는 부품 생산공정부터 최종조립공정까지 모든 공정마다 각각 생산일정을 만들어 이에 따라 생산이 이루어진다. 이러한 푸쉬 시스템에서는 수요의 변동이나 공정에서 문제가 발생하면 생산일정계획의 전면적인 수정이 필요한데 이러한 수정이 쉽지 않으므로 보통 재고를 많이 유지하는 경향이 있다. 이에 비하여 칸반 시스템에서는 최종조립라인이 필요한 부품을 필요한 때에 필요한 양만큼 가지러 선행공정으로 가는 풀 시스템이다. 따라서 칸반 시스템의 경우에는 모든 공정에 대한 생산일정계획이 필요가 없으며, 최종공정에서 생산일정의 변화에 대한 정보가 제공되면 칸반을 이용하여 부품의 필요시기 및 필요한 양에 대한 정보가 선행공정으로 전달된다.

푸쉬 vs 풀

작업자나 공급자가 언제 자재를 조립프로세스로 보내야 하는지를 결정하는 기법은 크게 푸쉬와 풀로 구분된다.

✤ 푸쉬 자재관리 시스템은 기술에 기반을 둔 시스템이다. 컴퓨터 소프트웨어가 예상되는 생산율에 기반하여 기업이 요구하는 재고를 결정한다.

✤ 풀 시스템은 시장에 중심을 둔다. 고객이 생산율을 결정한다. 기업은 팔리는 물품을 대체하기 위해 제품을 생산한다.

전통적인 제조업에서는 기업이 무엇을 생산할지를 결정하고 이것을 자재명세서로 전환하여 이를 생산량으로 곱한다. 기업의 공급자들은 필요한 부품을 수집하여 제공하고 모든 자재가 준비되면 기업은 제품 생산스케줄을 확정한다. 이러한 푸쉬 시스템은 기업이 필요한 것을 예측하고 이러한 예측치에 기반을 두고 조립라인에 자동으로 자재를 보내게 된다. 이러한 전략이 종종 조립구역을 즉각적인 작업에 필요하지 않은 남은 부품들로 복잡하게 한다. 보내고 다시 주문하는 노동력을 절약하기 위해 부품들이 남아있게 되는 것이다. 일상생활의 예를 들면 소비자들이 할인점에서 대량으로 식료품을 구입하여 집에 보관을 하게 된다. 이 전략은 집에서 보관에 사용할 공간이 필요하며 재고를 항시 추적해야 하며 유효기간이 지난 것은 버려야 하는데 이러한 일이 자주 발생한다. 예측이 잘못되면 다른 문제들도 야기한다. 예를 들어, 프로세스에서 생산량의 90%까지는 자재가 충분하다가도 그 다음부터는 일부 자재의 부족이 발생하기 시작한다. 생산의 끝 무렵에는 부품에 대한 소량의 긴급주문이 많아지게 된다. 재고부족을 피하기 위해서 이와 같이 긴급주문을 하게 되면 비용문제가 발생한다.

풀 시스템은 푸쉬 시스템에서 야기하는 많은 문제들을 해결할 수 있다. 조립라인에 초기물량의 자재를 제공한 후에 작업자들의 요청이 있기 전에는 자재를 공급하지 않는다. 이러한 방법이 자재의 이동을 실제 생산의 움직임에 맞추는 것이다. 추가적인 자재의 요청을 할 때에 칸반 신호를 이용할 수 있다. 풀 시스템은 작업스테이션이 동일한 작업을 반복할 경우에 적합하다. 예를 들어, 컴퓨터, 자동차, 가구, 세탁기 등의 조립에 적합한 시스템이다.

칸반 시스템의 장단점

처음 보면 칸반 시스템을 도입하는 것이 일이 많고 자재부족의 측면에서 스트레스가 클 수 있다. 칸반 시스템의 도입에 많은 일이 필요한 것은 사실이지만 실상은 현재 하고 있는 일에 비하여 훨씬 더 많은 것은 아니다. 그리고 이러한 도전을 이겨내면 거기에서 얻는 혜택은 상당하다.

칸반 시스템의 장점은 다음과 같다.

- ✤ 칸반시스템은 자재를 취급하는(재고관리) 노동력의 절감, 자재관련 행정사무의 절감, 자재보관 공간 절감과 같은 이유로 비용이 절감된다.
- ✤ 포장자재의 취급 및 폐기 감축
- ✤ 자재손실로 인한 문제의 감축
- ✤ **제품의 품질향상**: 재고로 오래 보관되지 않고 필요시에 공급되는 새로운 자재는 제품의 품질을 향상시킨다.
- ✤ **문제의 신속한 확인 및 해결**: 과잉재고는 문제를 숨길 수가 있다. 예를 들어 불량자재가 발견될 경우에 단순히 그것을 옆으로 치우고 여분의 자재를 사용하게 되면 문제를 바로 해결하는 데 도움이 되지 않는다.

칸반 시스템의 단점은 다음과 같다.

- ✤ 소량의 배치로 공급 빈도가 높아지므로 입고장이 협소할 경우에 입고 차량들의 혼잡이 예상된다.
- ✤ 재사용 컨테이너를 취급하고, 라인상황(예를 들어 라인 중단)에 대하여 공급자와 지속적으로 의사소통하고, 작업장으로의 배송빈도가 증대하며, 입고 부품에 대한 잠재적인 포장재 재디자인 때문에 노동력의 증가가 필요하다.
- ✤ 공급관리를 단순화하기 위하여 공급자의 수를 줄이게 되면 유연성과 경쟁의 축소로 가격이 상승하고, 배송빈도의 증대로 비용이 증대하며, 쓰레기양의 축소를 위한 컨테이너 크기 변경 및 포장재 재디자인으로 인한 비용이 증대하기 때문에 공급자비용의 증대가 예상된다.

라인균형화

라인균형화(line balancing)란 탁트타임을 맞추기 위하여 작업장 내에서 작업자에게 작업을 어떻게 분배하느냐를 결정하는 것이다. 라인균형화를 통하여 성취하고자 하는 것은 각 작업에 대한 개별 사이클타임을 얻고, 작업이 진행되어야 할 순서를 결정하며, 필요 작업자 수를 정하고, 작업셀에 있는 작업자에게 작업을 균등하게 할당하는 것이다. 라인균형화의 단계를 예를 들어 설명하면 다음과 같다.

단계 1 프로세스의 개별 작업별로 사이클타임을 측정한다. 예를 들어, 작업자가 3명이 있고 각 작업자에게 할당된 작업과 작업별 사이클타임이 <표 10-2>과 같다고 하자.

▶ 표 10-2 작업자별 사이클타임의 측정

작업자 1			작업자 2			작업자 3		
작업번호	작업명	시간(분)	작업번호	작업명	시간(분)	작업번호	작업명	시간(분)
1	A1	10	1	A4	8	1	A6	3
2	A2	8	2	A5	11	2	A7	2
3	A3	5				3	A8	4
						4	A9	5
						5	A10	2
	합계	23		합계	19		합계	16

단계 2 총 사이클타임을 산출한다. 총 사이클타임은 개별 사이클타임의 합이므로 여기서는 23+19+16=58분이다.

단계 3 탁트타임을 계산한다. 탁트타임=가용시간/수요인데, 예를 들어, 30분이라고 하자.

단계 4 필요 작업자 수를 계산한다. 필요 작업자 수=총 사이클타임/탁트타임=58/30≒2이다.

단계 5 작업자 수를 2명으로 탁트타임을 고려하여 작업을 균형있게 할당한다. 예를 들어, 작업자3이 담당하던 A9과 A10을 작업자1에게 할당하면 작업자1의 사이클타임은 23+5+2=30이 된다. 또 작업자3이 담당하던 A6, A7, A8을 작업자2에게 할당하면 작업자2의 사이클타임은 19+3+2+4=28이 된다. 물론 이것은 하나의 예에 불과하며 다른 방법이 있을 수 있다. 핵심은 작업자들의 작업시간이 탁트타임에 근접하도록 하는 데 있다. 결국 이렇게 하면 작업자 한 사람이 필요 없게 되고 이 사람을 다른 유용한 곳에 배치할 수 있게 된다.

실수방지(포카요케)

실수방지(fool proofing, 일본말로 poka-yoke)란 불량이 다음 단계로 넘어가는 것을 방지하기 위하여 생산단계나 설비에 실수예방 장치를 포함하도록 디자인하는 것을 말한다. 이렇게 하면 재작업을 할 필요가 없어지므로 비용을 절감할 수 있고, 사이클타임을 줄이고 대기, 수송, 검사, 불량 등의 낭비요소를 예방할 수 있다. 실수예방 장치를 통하여 다음의 세 가지 수준 중에서 하나를 성취할 수 있다.

수준 1 실수가 발생하기 전에 원천적으로 오류를 제거한다.

수준 2 불량이 생기기 전, 오류가 발생할 때에 탐지된다.

수준 3 불량이 발생한 후이지만 다음 단계에 도달하기 전에 탐지된다.

여기서 **수준 1** 이 가장 바람직하긴 하지만 항상 가능한 것도 아니며 비용면에서 효과적인 것도 아니다. 따라서 장치를 만들 때에 상황에 맞는 가장 적합한 수준을 결정해야 한다.

실수예방 장치는 다음과 같이 세 가지로 분류된다.

- ✤ **디스플레이 장치:** 오류가 발생했다는 것을 작업자에게 알려주는 가시적인 혹은 청각적인 경보 장치
- ✤ **지그 장치:** 틀린 부품을 사용하거나 혹은 올바른 부품의 위치가 잘못되는 것을 방지하는 장치
- ✤ **자동정지 장치:** 오류를 자동으로 탐지하고 더 이상의 진행을 멈추게 하는 장치

탁트타임

탁트(takt)는 독일어로 리듬 혹은 박자를 가리킨다. 도요타는 이 개념을 도요타 생산시스템에서 생산능력과 고객수요를 연결시키는 기반으로 도입하였으며, 고객수요가 생산속도를 결정하는 박자가 된다. 즉, 탁트타임은 고객의 수요를 충족시키기 위하여 요구되는 제품의 생산속도를 의미한다. 대부분의 기업에게는 성공적인 린 프로세스를 가진다는 것이 생산이 고객의 수요에 따른다는 것을 의미한다. 이 개념이 탁트타임이다.

고객수요에 대한 이해

린 프로세스의 목표가 생산을 고객의 수요에 맞추는 일관된 프로세스를 가지는 것이므로 고객의 수요에 대한 이해가 요구된다. 쉽게 들리지만 그렇지는 않다. 많은 기업들이 푸쉬 환경에서 운영되고 있다. 이러한 환경에서의 목표는 제품을 생산하는 데 기계를 바쁘게 하는 것이다.

제조나 서비스 산업에서 다양한 종류의 고객수요 요구사항을 보게 된

다. 기업들은 고객의 수요를 충족시키는 데 다양한 접근법을 이용한다. 린 기업의 특성은 고객의 수요에 먼저 초점을 맞추고 그 다음에 고객을 만족시키기 위하여 생산 프로세스를 설정하게 되는데 이 모든 것에 낭비요소가 없도록 한다.

많은 기업들이 내부적으로 초점이 맞추어져 있다. 기업들은 생산을 내부적인 측정치에 기반을 두고 설정한다. 내부적인 측정치에는 생산목표, 재고회전율, 예산, 예측 등이 포함된다. 내부적 측정치가 나쁜 것은 아니다. 실상 린 기업에서의 핵심 도구이다. 그러나 이러한 측정치들은 고객의 수요에 초점을 맞추는 것 다음에 고려되어야 한다. 즉 고객의 수요에 먼저 초점을 맞추어야 한다는 것이다.

프로세스 템포의 설정 및 프로세스 디자인 결정

고객을 만족시키기 위하여 프로세스 템포를 설정해야 한다. 이러한 것을 하지 않는 기업은 고객들이 원하지 않는 완성품의 재고더미로 넘쳐나게 된다. 프로세스 템포를 설정하기 위하여 탁트타임을 설정하는 방법은 다음과 같다.

✤ **탁트타임**=단위기간당 이용할 수 있는 시간/단위기간당 수요

예를 들어, 고객이 한달에 16,800개를 구입한다고 하고 기업의 프로세스는 한 달에 20일 운영된다고 하자. 그러면 하루에 840(16,800/20)개가 생산되어야 한다. 만일 하루에 7시간(420분) 일을 한다고 한다면 0.5분당(420/840) 하나가 생산되어야 한다. 이것이 생산율이 된다.

고객의 수요를 충족시키기 위해서는 탁트타임을 기준으로 프로세스 디자인을 검토하여 조정해야 한다. 예를 들어, 작업이 A, B, C 공정을 거쳐 완료되는 프로세스가 있다고 하면, 각 공정에서 단위당 걸리는 시간이 각각 5분, 2분, 0.5분이라고 하자. 탁트타임이 0.5분이므로 A공정의 경우에는

워크스테이션이 10개가 필요하게 되며, B공정에서는 4개의 워크스테이션이 필요하게 된다.

생산템포는 프로세스의 디자인에 달려 있다. 일부 프로세스는 다른 프로세스보다 오래 걸린다. 빨리 완료되지 않는 프로세스의 경우에는 워크스테이션 수를 늘려 다른 프로세스와 보조를 맞추도록 해야 한다. 만일 물리적인 이유로 생산율을 높일 수 없다면, 교대조의 수를 늘려 생산율을 조정할 수 있다.

원활한 흐름을 위한 균형 잡기

제품의 원활한 흐름을 위해서는 프로세스에서의 작업이 균형이 맞추어져야 한다. 작업의 균형화를 위해서는 개별 워크스테이션의 흐름 원활화가 선행되어야 하고 이를 위해 모든 불필요한 움직임을 제거해야 한다. 다음은 단계별 작업이 균형을 갖추도록 한다.

예를 들어, 작업장 1에서 작업이 완료되면 작업장 2로 넘어간다고 하자. 그런데 작업장 1의 작업소요시간이 작업장 2의 작업소요시간보다 짧다고 하자. 이렇다면 두 작업장의 작업을 균형을 맞출 필요가 있다. 한 가지 방법은 작업장 2의 일부 작업을 작업장 1에서 하는 것이다. 예를 들어, 작업장 2에서 수행하는 첫 번째 작업이 작업장 1에서 넘어온 제품을 뒤집는 것이라고 한다면 이 작업을 작업장 2에서 할 것이 아니라 작업장 1에서 하면 작업장 2에서는 작업시간이 단축된다.

전사적 생산보전

전사적 생산보전(TPM: Total Productive Maintenance)은 설비의 효능을 개선하고 설비로 인한 생산성의 손실을 제거하기 위해 이용되는 기법이며 생산공정상에 있는 모든 기계가 제 성능을 발휘하여 생산이 결코 중단되는 일이 없도록 한다. <그림 10－3>은 TPM의 목적, 세부목표 및 실천방안을 나타낸 것이다. <그림 10－3>에서 보는 바와 같이 TPM의 목적은 설비와 작업자의 최적관계를 수립하고 유지하여 설비의 효과성을 최대화하는 것이다. 세부적으로는 발생이 가능한 여섯 가지의 손실, 즉 설비고장, 준비 및 조정을 위한 중단시간, 유휴 및 사소한 중단시간, 속도 감소, 프로세스 불량, 산출물 감소 등을 사전에 예방하고 또한 설비를 개선을 하는 것이 TPM의 목표이다. 이를 위한 실천 방안으로서 다섯 가지의 활동이 제시되어 있다.

TPM의 잠재력을 실현하기 위해서는 최고경영층에서부터 설비운영자까지 전사적으로 설비의 최적상태를 유지하기 위한 노력을 기울여야 한다.

▸ 그림 10－3 TPM의 목적 및 실천방안

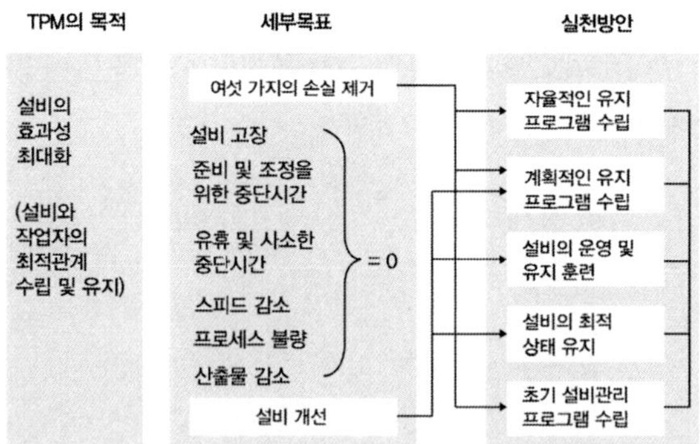

출처: The Lean Pocket Guide(2003)

최고경영층은 명확한 TPM 정책 및 목적을 확립하고 지원을 확실하게 해야 한다. TPM의 발전을 위해서 유지보수 담당자들이 견실한 기술적인 훈련을 받는 것이 중요하다.

흐름도

가치를 창출하지 않는 활동의 확인 및 제거가 프로세스 개선의 핵심이다. 흐름도는 단순성이나 낭비 감축을 위해 제거해야 할 프로세스 단계를 신속하게 확인하는 데 도움이 된다. 흐름도 중에서 프로세스 흐름도(process flow chart)와 스파게티 다이어그램(spaghetti diagram)이 가장 빈번히 이용된다.

프로세스 흐름도는 생산 활동의 논리적인 순서를 나타내는 데 도움이 된다. 프로세스 흐름도를 그릴 때에 몇 가지 기호가 이용된다. 각각의 기호는 다음을 의미한다.

- ✤ 원 ➜ 운영 혹은 작업
- ✤ 화살표 ➜ 이동
- ✤ 네모 ➜ 검사
- ✤ 역삼각형 ➜ 일시적 저장
- ✤ 손톱모양 ➜ 연기 혹은 지연

프로세스 흐름도에 활동내용과 활동에 소요되는 시간 및 움직이는 거리 등을 함께 나타내어 가치를 창출하지 않는 활동을 확인하는 데 도움이 된다.

스파게티 다이어그램은 제품의 물리적인 움직임을 나타내는 데 이용된다. 스파게티 다이어그램에서는 제품이 이동하는 혹은 프로세스의 진행 경로를 직선이나 곡선의 화살표를 이용하여 나타낸다. 스파게티 다이어그램은 전체적인 흐름을 확인하는 데 도움이 되며 프로세스 배치의 변경을 통한 개선의 기회를 확인하는 데 유용하다.

낭비요소 제거

낭비요소 제거는 린 프로세스의 주춧돌 중의 하나이며 린 전환을 시작하는 완벽한 지점이다. 프로세스에서 낭비를 제거하기 위해서 낭비를 확인하는 방법을 이해해야 한다. 보면 낭비를 안다고 생각할지도 모르지만 몇 가지 핵심 이슈를 이해하고 낭비의 형태에 동의를 하면 전환이 더 부드러워진다.

뒤에 언급한 일곱 가지의 낭비는 도요타 생산시스템에서 비롯되었다. 그러므로 낭비에 대한 설명이나 사례가 제조프로세스에 밀접하게 관련이 있다. 린과 다른 품질개선 기법들의 진화로 인하여 비즈니스 세계가 공급사슬전체, 서비스 산업, 그리고 다른 분야에서의 낭비에 대하여 관심을 가지게 되었다. 공급사슬에 대한 검토는 공장의 벽을 넘어서 바깥을 볼 필요가 있으며 시설에서 다른 시설로의 움직임과 여러 형태의 수송수단을 이용할 필요가 있다. 생산 시설을 보면 제품이 하나의 기계에서 다른 기계로, 혹은 하나의 프로세스에서 다른 프로세스로 흘러간다. 그 결과는 고품질의 제품을 고객에게 전달하는 것이다. 서비스도 이와 마찬가지다. 제품이 비록 보이지는 않을지라도 프로세스는 여전히 궁극적으로 가치를 더하는 흐름을 포함한다. 작은 작업장에 존재하거나 아니면 세계적으로 존재하거나 낭비는 여전히 낭비이다.

일부 전문가들은 숙련 노동자들의 불충분한 이용률을 여덟 번째 낭비로 고려한다. 왜 숙련된 장인, 매니저, 자료처리 기사들의 시간을 단순한 사무적인 일에 소모하는가? 모든 종업원들이 일부 단순 문서 작업을 해야 하지만 이러한 일이 숙련된 사람의 하루를 소모시키기도 한다.

다음에서 언급되는 일곱 가지의 낭비는 낭비를 정의하는 데 일반적인 틀로 이용될 수 있다.

과잉생산의 낭비

과잉생산은 프로세스가 순서상 다음에 있는 고객이 필요한 것보다 많이 생산할 때에 발생한다. 과잉생산이 가장 흔한 낭비 중의 하나지만 인식하는 것이 어렵다. 이러한 과잉생산은 낭비를 확인하고 제거하는 데 있어서의 좋은 출발점이다. 과잉생산을 가장 먼저 제거해야 하는 이유는 과잉생산의 제거가 큰 보상을 주기 때문이다.

제조의 경우에는 재고수준을 보아야 한다. 만일 특정 프로세스가 높은 생산성을 얻기 위하여 큰 배치를 생산한다면 그 프로세스는 높은 생산성을 얻지만 후속 프로세스는 필요하지 않은 작업을 수행해야 하는 낭비가 발생한다.

과잉생산에 대한 정당화를 위해 효율성이나 재고부족에 대한 대비가 언급된다. 아무도 재고가 부족하기를 원하지는 않는다. 경영자들은 배치크기가 큰 것이 전체 프로세스에서 효율성이 크다고 생각한다. 그러나 이러한 정당화는 생산 흐름을 평준화하거나 혹은 고객의 수요에 맞추어 생산하는 것에 반한다. 재고부족에 대비하기 위하여 과잉생산을 한다는 것은 공급자의 낮은 품질과 같은 문제를 야기할지도 모른다.

기다림의 낭비

기다림의 낭비는 따로 설명할 필요가 없이 자명하다. 사람들이 생산적이지 않고 서성거리는 경우를 쉽게 찾아 볼 수 있다. 계산대에서 기다린 경험, 물건을 찾기 위해 상점에서 돌아다닌 경험, 도움을 받기 위해 전화상으로 기다린 경험 등이 있는가? 품질 팀은 이러한 형태의 낭비를 제조, 서비스, 행정 등 다양한 분야에서 확인할 수 있다. 기다림을 제거하면 작업자들이 그들의 일에 초점을 맞출 수 있다.

기다림이라는 것은 많은 작업자들이 자유롭게 확인하고 토론하는 화제이다. PC 수리기사를 기다린다든지, 부품이 도달할 때까지 기다린다든지, 심지어 매니저의 의사결정을 기다리는 경우들이 있다. 그 시간에 다른 일을 할 수도 있으나 작업자가 기다리는 동안 유휴인력이 되는 경우가 많다. 또 다른 기다림으로 인한 낭비의 결과는 작업자들이 기다리는 모양새를 보이지 않기 위하여 바쁜 것처럼 행동할 때이다. 부가가치가 없는 활동을 하면서 종업원들은 덜 드러나 보이는 형태의 낭비를 창출하는 것이다.

그냥 서 있지 말고 무엇이라도 하라는 경영진의 명령은 작업자로 하여금 한 형태의 낭비에서 다른 형태의 낭비로 바꿀 것을 강요를 하는 셈이다. 때로는 기다림을 피하기 어려운 경우도 있다. 특히 투입에 있어서의 변동 정도가 심한 프로세스의 경우에 기다림을 피하기가 어려운 경우가 많다. 그러나 낭비성의 상황에서 벗어날 수 있는 방법이 있다. 예를 들어, 시간적인 요소가 중요하지 않은 부수적인 작업을 제공하는 것이다. 수행할 주 작업이 없을 경우에는 작업자들은 작은 부품을 조립한다든지 등의 부수적인 작업을 시작한다.

불필요한 수송의 낭비

수송 낭비는 자재를 운반하는 데 소요되는 시간, 설비, 공간 등을 포함한다. 수송 낭비를 분석하는 가장 좋은 방법은 프로세스의 시작에서 끝까지 움직일 때에 가장 짧고 빠른 경로를 확인하는 것이다. 다음은 수송 낭비의 예이다.

- ✤ 자재가 필요한 곳에 입고되는 것이 아니라, 자재를 한 곳에서 쌓아놓고 필요한 곳으로 이동된다. 이러한 움직임에 시간과 설비가 소요된다.
- ✤ 자재가 시설에 입고되는 지점과 작업자들이 이용하는 지점 사이의 긴 거리도 낭비이다.

  불필요한 수송에 대한 실마리는 다음과 같은 것에서 찾을 수 있다.

- ✤ **제조**: 부서들이 가까운 거리에 있는 것이 운영상 더 좋을 수 있는 데도 불구하고 제품을 긴 거리 운반하는 컨베이어 형태를 갖추는 것이 수송의 낭비일 수 있다. 컨베이어에 있다고 해서 프로세스가 낭비적이지 않다는 것은 아니라는 것이다. 컨베이어가 자재를 운반하는 데 작업자가 필요하지는 않지만 유지보수가 필요하며 유연성을 가진 도구는 아니다. 과잉생산된 것을 저장소로 운반하는 것이 또 다른 일반적인 수송낭비이다. 과잉생산의 규모 커질수록 더 많은 공간과 수송이 요구된다.
- ✤ **서비스, 행정 등**: 부서간 서류의 발송 및 수신에서 낭비가 발생할 수 있다. 종업원간, 부서간, 조직간 프로세스에서의 업무나 임무의 이관이 잠재적인 수송낭비 분야이다.

수송 낭비를 제거하면 다음과 같은 혜택을 얻을 수 있다.

- ✤ 창고에서 공장 내의 여러 지점으로의 지속적인 지게차의 흐름이 제거된다. 유사하게 시설에서 자재를 긴 거리 운반하는 컨베이어가 제거된다. 둘 다 구매와 유지 비용이 많이 든다.
- ✤ 자재 운반에 필요한 노동력을 제거할 수 있다.
- ✤ 과잉재고 낭비의 제거로 인한 혜택을 제공한다.

불필요한 공정 단계의 낭비

개선 프로젝트가 불필요한 단계를 제거하지 않는지 유의하라. 전체적인 프로세스에 가치를 더하지 않는 비효율적인 업무를 확인하는 것은 드문 일이 아니다. 프로세스 단계를 제거하는 것이 고객의 기대사항을 알아볼 수 있는 좋은 분야이다. 보고서를 받았는데 보지도 않고 쓰레기통으로 버린 적이 있는가? 보고서를 더 이상 만들지 말고 누군가 그것을 알아차리는지를 보라. 만일 어떤 활동이 고객의 입장에서 제품이나 서비스에 가치를 더하지 않는다면 중지하라. 제조운영에서 자재나 제품의 흐름은 드러나 있다. 프로세스에서의 낭비도 드러나 있다. 정보처리에 있어서 낭비를 확인하는 것은 조금 더 어렵다. 간략하게 요약된 보고서를 만드는 것이 어려울 수 있다. 그러나 복잡한 보고서를 만드는 것은 준비하는 사람에게도 낭비이지만 보고서를 받는 사람들에게도 정보를 이해하고 소화하는 데 시간 낭비이다. 불필요한 프로세스를 제거하는 것은 다음과 같은 즉각적인 혜택을 제공한다.

- ✤ **노동비용의 절감**: 생산적인 노동의 추가적인 가용시간이 늘어남
- ✤ **불량의 감소**: 프로세스의 단계가 적을수록 작업자가 실수할 확률이 낮아진다.
- ✤ **자재비용의 감소**: 제거된 단계에서 사용하던 자재

과잉재고의 낭비

과잉재고는 지금 필요한 것을 초과하여 보유한 자재이다. 고객의 요구에 따라 진행되는 한 단위 흐름 프로세스에서 과잉재고는 없으며 모든 재고는 프로세스 내에 있고 고객을 향하여 움직인다. 물론 완벽한 상태는 거의 존재하지 않는다. 그러므로 프로세스에 있는 대부분의 재고는 낭비로 보아야 하며 감축하거나 제거해야 한다.

공장, 창고, 사무실 등을 둘러볼 때에 재고더미가 있는지를 살펴보라. 공장이나 창고 환경에서 과잉재고는 자재나 다른 프로세스 투입물의 형태일 수도 있고 작업자들이 프로세스중인 제품이나 서비스일 수도 있으며 혹은 프로세스가 완료된 것일 수도 있다. 공장이나 창고 밖에서는 과잉문구류나, 소용없는 정보 혹은 다른 형태의 낭비가 있는지를 살펴보라. 재고가 항상 물리적인 제품의 형태가 아님을 기억하라. 서류, 양식, 도구 등도 재고에 포함된다.

과잉재고를 제거하면 다음과 같은 혜택이 기대된다.

- ✤ 과잉재고는 자재를 구매하는 데 소요된 돈과 자재를 이용하여 만든 부품에 들어간 노동력을 나타낸다. 따라서 재고수준이 낮으면 돈을 적게 소모했음을 의미한다.
- ✤ 과잉재고는 저장소가 필요하며 어떻게든 추적되어야 한다. 따라서 재고수준이 낮으면 저장소나 추적이 덜 필요함을 의미한다.

아마 과잉재고 관련하여 가장 손해가 큰 낭비는 문제를 숨긴다는 데 있다. 과잉재고는 종종 저품질을 가리기도 한다. 기업들은 자재가 불량이기 때문에 더 많이 보유하기도 한다. 공급 프로세스가 믿음성이 없으면 기업들은 이러한 부적절성을 대비하기 위하여 더 많이 재고를 보유한다. 이러한 문제들과 다른 문제들이 과잉재고로 가려진다. 기업이 린 프로세스를 실행할 때에 그리고 재고를 감축할 때에 불가피하게 표면으로 나타나는 문제들에 대하여 대비하여야 한다.

불필요한 움직임의 낭비

불필요한 움직임은 작업자의 과잉움직임을 의미한다. 작업자가 자재를 얻기 위하여 먼 거리를 움직이는 것을 포함하여 원하는 자료를 얻기 위하여 정리되지 않은 파일을 선별하는 것과 같이 간단한 것이 낭비일 수 있다. 이러한 낭비움직임은 제조운영에서뿐만 아니라 사무적 행정적 업무에서도 찾을 수 있다.

다음과 같은 질문을 해보아야 한다.

- ✤ 도구가 지정된 장소에 놓여 있지 않은 혼잡한 작업장을 찾을 수 있는가?
- ✤ 전화가 편리한 장소에 놓여 있어 종업원들이 쉽게 이용할 수 있는지 혹은 전화를 받기 위해 불편한 움직임이 필요한가?
- ✤ 원하는 정보를 기록하기 위해서 펜이 손에 준비가 되어 있는가?

과잉움직임은 시간을 낭비할 뿐만 아니라 종업원의 건강에 나쁜 영향을 미치는 안전과 인체공학적인 이슈를 야기한다. 어지럽게 흩어져 있는 전기 연장선은 종업원으로 하여금 부상을 피하기 위해 추가적인 주의가 요구된다. 컴퓨터 스크린을 보기 위하여 거북목을 한다든지 적합하지 않은 자세로 타이핑을 하는 것은 인체공학적인 문제를 야기한다.

부상당한 작업자들로 인하여 기업에게는 비용이 발생된다. 무거운 물체를 들어 올리다 발생하는 허리부상 및 무릎부상은 작업자의 피로도를 높이고 불량을 높이게 된다. 행복한 작업자들이 다치고 피로한 작업자보다 더 생산적이다.

불량의 낭비

불량제품을 생산하는 것도 충분히 낭비적인데 불량을 수정하는 데 지출되는 비용은 순수한 낭비이다. 검사하는 데 시간을 늘리게 되면 불량품이 고객에게 전달되는 것은 막을 수 있으나 그러한 노력은 여전히 낭비이다. 검사 과정에서 불량품이 발견되어 이것을 수정하는 데 들어가는 시간과 노력도 모두 낭비이다. 만일 제품이 애초에 잘 만들어지면 검사할 필요가 없다.

최악의 상황은 고객이 불량을 발견할 때이다. 이때는 고객의 불만족에 대처해야 한다. 반품관련 비용은 전달프로세스에서 되돌리는 것보다 4배 더 지불해야 한다. 프로세스가 불량 제로의 제품을 생산하도록 개선되기 전까지는 비록 검사가 낭비이기는 하지만 확실히 좋은 옵션이 된다.

린 프로세스는 실수 제로 프로세스이다. 조립이 필요한 제품을 구입하여 조립을 할 때에 부품이 담긴 봉지에서 너트나 볼트 하나가 부족함을 발견한 적이 있는가? 이러한 문제는 포장을 통하여 해결할 수 있는데 품목마다 위치할 자리를 만드는 것이다. 실수 제로의 프로세스는 만들 수 없을지는 몰라도 이러한 방법은 문제가 시각적으로 드러나도록 한다.

표준화되고 문서화된 작업 프로세스를 가지는 것이 품질문제를 예방하는 또 다른 도구이다. 린 프로세스는 종종 품질문제를 표준화된 작업 프로세스와 비교하여 무엇이 실수를 야기하였는지를 결정하도록 요구한다. 고품질의 제품을 생산하고 낭비를 제거하기 위해서는 건전한 프로세스 디자인에 주의를 기울이고 프로세스를 따르는 것이 중요하다.

불량제로 제품의 혜택으로는 다음이 포함된다.

- ✤ 고객들의 재구매로 마케팅비용이 감소한다.
- ✤ 검사비용이 감소하거나 제거된다.
- ✤ 안전이 제품에 반영되어 있으므로 제조물책임이 감소한다.

참고문헌

Crosby, Philip B. (1979), *Quality Is Free, New York*, New York: McGraw−Hill.

Feigenbaum, Armand V. (1991), *Total Quality Control*, 3rd Edition, New York, New York: McGraw−Hill.

Fujimoto, Takahiro (1999), *The Evolution of a Manufacturing System*, Oxford University Press.

Hall, Robert W. (1982), "The Toyota Kanban System," In *Management by Japanese System*, ed., Sang M. Lee and Gary Schwendiman, Praeger Publications, New York, pp. 144−151.

Handbook for TQM and QCC, Volume I and Volume II., Inter−American Development Bank (IDB).

Imai, M. (1986), *Kaizen: The key to Japan's competitive success*, McGraw−Hill Publishing Company.

Imai, M. (1997), *Gemba kaizen: A commonsense, low−cost approach to management*, McGraw−Hill Publishing Company.

Jack Campanella (1999), *Principles of Quality Costs: Principles, Implementation, and Use*, 3rd Edition, ASQ Quality Press.

Jones, Dan and Jim Womack (2002), *Seeing the Whole: Mapping the Extended Value Stream*, Lean Enterprise Institute.

Juran, Joseph M. (1962), *Quality Control Handbook*, 2nd Edition, New York: McGraw−Hill. Liker, J. K. (2004), *The Toyota way: 14 management principles from the world's greatest manufacturer*, McGraw−Hill.

Krajewski, L. J., King, L. P. Ritzman, and D. S. Wong (1987), "Kanban, MRP and Shaping the Manufacturing Environment," *Management Science*, 33:1,

January, pp. 57−75.

Lamming, Richard (1993), *Beyond Partnership: Strategies for Innovation and Lean Supply*, Prentice−Hall.

Mather, Hal (1991), *Competitive Manufacturing*, Prentice−Hall.

Monden, Yasuhiro (1983), *Toyota Production System*, Industrial Engineering and Management Press.

Monden, Yasuhiro (1995), *Cost Reduction System: Target Costing and Kaizen Costing*, Productivity Press.

Nishiguchi, Toshihiro (1994), *Strategic Industrial Sourcing: The Japanese Advantage*, Oxford University Press.

Ohno, Taiichi (1988), *The Toyota Production System: Beyond Large−Scale Production*, Prodcutivity Press.

Pegels, C. Carl (1982), "The Kanban Production Management Information System," in *Management by Japanese Systems*, ed., Sang M. Lee and Gary Schwendiman, Praeger Publications, New York, pp. 144−151.

Rice, James W. and Takeo Yoshikawa (1982), "A Comparison of Kanban and MRP Concepts for the Control of Repetitive Manufacturing Systems," *Production and Inventory Management*, 23:1, pp. 1−14.

Rother, Mike and Rick Harris (2001), *Creating Continuous Flow*, Lean Enterprise Institute.

Schonberger, Richard J. (1982), *Japanese Manufacturing Techniques: Nine Hidden Lessons in Simplicity*, Free Press, New York.

Schonberger, Richard J. (1996), *World Class Manufacturing: The Next Decade*, Free Press.

Schonberger, Richard J. (2001), *Let's Fix It*, Free Press.

Shingo, Shingo (1989), A Study of the Toyota Production System from an Industrial Engineering Viewpoint, Productivity Press.

Womack, James P. and Daniel T. Jones (2000), *How the World has Changed since The Machine That Changed the World*, Lean Enterprise Institute.

part 4

6 Sigma와 변동성의 감축

1980년대 모토롤라에 의해 소개된 6시그마는 품질관리의 철학을 바꾸어 놓았다고 해도 과언이 아닐 만큼의 획기적인 변화를 초래하였다. 6시그마의 등장은 적정품질수준이라는 개념이 존재하던 시대에서 품질은 지속적으로 개선이 되어야 한다는 시대로의 전환을 의미한다. 6시그마의 핵심은 변동성은 여러 가지 측면에서 악영향을 미치므로 이를 제거하자는 것이다. 6시그마는 기본적으로 세 가지 축으로 구성이 되어 있는데 목표는 무결점 지향(변동성 최소화), 철학은 고객 지향, 그리고 전략은 통계적 사고라고 요약할 수 있다.

11장에서는 6시그마에 대한 이해를 돕기 위한 기초적인 이론들을 살펴본다. 6시그마의 특성과 품질문제 해결을 위한 DMAIC 5단계 접근법을 소개하고 벨트제도와 SIPOC, Fishbone Diagram, FMEA 등의 실천 도구도 소개한다.

12장에서는 프로세스 변동성의 측정과 관리에 대해서 살펴본다. 이를 위해 관리도의 작성 방법과 관리도를 이용하여 어떻게 품질관리가 이루어지는지에 대해서 소개한다. 또한 프로세스의 능력을 측정하기 위한 수단인 능력지수를 계산하는 방법에 대해서 설명하고 능력지수와 관리도와의 관계에 대해서 살펴본다.

13장에서는 제품이나 서비스의 디자인 단계에서 적용할 수 있는 DFSS를 소개한다. DFSS의 핵심인 DMADV 프로세스를 중심으로 설명하고 DMAIC와의 차이점도 분석한다. DFSS의 실천에 유용한 도구인 카노 기법과 QFD에 대해서도 살펴본다.

14장에서는 전통적인 품질관리 기법으로서 TQM에 대해서 살펴본다. TQM의 9가지 특성인 고객중심, 종업원 참여, 프로세스 중심, 통합적인 시스템, 전략적이고 시스템적인 접근법, 지속적인 개선, 사실에 근거한 의사결정, 의사소통, 공급자와의 파트너십 등을 소개하고, 철학, 목표, 전략 등의 측면에서 6시그마와의 차이점을 알아본다.

chapter 11

6 Sigma란?

6시그마라는 용어는 결점을 제로에 가깝게 줄인다는 의미를 내포하고 있다. 시그마는 통계학에서 사용하는 표준편차인데 집단의 변동성을 나타내는 단위이다. 6시그마를 통계적인 관점에서 보면 변동을 줄여서 제공하는 제품이나 서비스 거의 모두가 고객의 요구를 만족시키거나 초과하게 한다는 것이다. 6시그마는 품질 분석 기법과 광범위한 통계기법을 적용하여 생산이나 서비스 전달 프로세스에서 바람직하지 않은 결과물을 야기하는 프로세스 인풋을 찾아낸다. 그 결과 인풋의 변동을 최소화하고 더 일관된 제품을 만들어낸다. 이 장에서는 6시그마의 기본원칙에 대하여 설명하고 몇 가지 실천 도구를 소개한다.

6시그마의 기초

시그마에 대한 이해

시그마는 통계학에서 데이터가 평균으로부터 얼마나 떨어져 있는지를 나타내는 표준편차이다. 품질 용어로는 프로세스에서 나오는 불량품 수를 나타내며 시그마 수준이 높을수록 불량품의 수는 줄어든다. 정규분포에서 중앙은 평균을 나타내고 평균을 기준으로 $\pm k$ 시그마의 양쪽 바깥의 부분이 불량이 발생하는 확률로 보는 것이다. 즉 6시그마 수준에서의 불량이 발생하는 확률은(평균±6시그마)의 양쪽 바깥의 면적이 된다.

통계적으로 엄밀하게 말하면 6시그마 수준에서의 양쪽 바깥의 면적

(확률)은 거의 0이다. 이 확률에 백만을 곱해도 거의 0이므로 백만 개당 불량 수가 0개인 셈이다. 그런데 일반적으로 6시그마 수준이 백만 개당 3.4개의 불량이 생기는 수준이라고 하는 이유는 프로세스의 중앙오류(centering error) 문제 때문이다. 프로세스의 중앙오류는 프로세스가 시작 시점에서는 안정적이지만 오래되면 공구의 마모 등으로 프로세스의 폭이 넓어져서 중앙값(평균값)이 이동하기 때문에 발생한다. 중앙값이 좌측으로 이동되는지 혹은 우측으로 이동되는지는 상황에 따라 다르다. 어쨌거나 이동되는 크기는 일반적으로 1.5시그마 정도로 본다. 만일 오른쪽으로 1.5시그마 정도 이동한다면 6시그마 수준은 4.5시그마 수준이 되고 4.5시그마 수준에서의 오른쪽 끝의 면적은 0.0000034가 되어 여기에 백만 개를 곱하면 3.4개가 된다.

엄밀히 말하면 6시그마 수준이란 예를 들어 세탁기를 백만 대 생산하면 3.4대의 불량 세탁기가 생산되는 수준을 말하는 것은 아니다. 제품에는 다양한 품질특성(CTQ: Critical to Quality)이 있어 세탁기 한 대에도 발생할 수 있는 결함 수는 여럿일 수가 있다. 따라서 실제로 시그마수준은 제품 한 대에 발생할 수 있는 평균결함수를 의미하는 것이며 이와 같은 이유로 백만 기회당 결함수라는 의미를 가진 DPMO(Defects per Million Opportunities)라는 단위를 사용한다.

<표 11-1>은 시그마수준과 DPMO와의 관계를 보여주는 표이다. DPMO 대신에 ppm(parts per million)을 이용하기도 한다.

▶ **표 11-1 시그마수준과 불량품 수의 관계**

시그마수준	DPMO
1시그마	690,000
2시그마	308,000
3시그마	66,800
4시그마	6,210
5시그마	230
6시그마	3.4

6시그마의 특성

6시그마는 다음과 같은 특성을 가진다.

통계학의 이용

6시그마가 TQM, Lean을 비롯한 다른 품질개선 기법들로부터 많은 것을 도입하지만 6시그마가 다른 기법들과 다른 점은 이러한 기법들을 통계학으로 잘 결합하여 데이터를 기반으로 하는 의사결정을 한다는 것이다.

6시그마 조직

6시그마를 실천하기 위해서는 탄탄한 조직을 갖추어야 한다. 조직의 구성을 살펴보면 다음과 같다.

- **리더십 그룹 혹은 위원회**: 비전창출, 6시그마 목표 설정, 6시그마 지원 등의 역할을 수행한다.
- **프로젝트 스폰서와 챔피언**: 6시그마를 감독하는 고위급 경영자로서 프로젝트 개선팀에게 명확한 지침을 제시해주어야 하며 팀이 조직 내에서 어려움에 처하게 되면 도와주어야 한다. 챔피언의 역할을 수행하려면 이틀간의 훈련이 요구된다. 개선을 방해하는 장애물을 없애는 방법과 6시그마 프로세스의 관리에 대하여 교육을 받는다.
- **6시그마 실행리더 혹은 코치(마스트 블랙벨트)**: 통계 측정 도구에서부터 관리 및 프로세스설계 전략 변경에 이르기까지 전 영역에 걸쳐 프로세스 책임자와 6시그마 개선팀들에게 전문가적인 조언을 제공하는 역할을 한다. 블랙벨트 경험이 요구되고 전사적인 프로젝트의 경험이 요구된다. 블랙벨트를 훈련하고 블랙벨트의 멘토 역할을 한다.
- **팀 리더 혹은 프로젝트 리더(블랙벨트)**: 프로젝트에서 반복적으로 이루어지는 업무와 그 결과에 대해서 일차적으로 책임을 져야 하는 사람이다. 블랙벨트의 임무는 코치의 임무와 유사하나 팀 하나만을 상대한다는 것이 다르다. 4주간의 훈련이 요구된다. 시험을 통과하여야 하며 2개의 프로젝트를 완료해야 한다. 블랙벨트는 풀타임으로 프로세스 이슈에 대한 관리를 하며 그린벨트와 옐로우벨트를 훈련하고 프로젝트 수행에 있어

서 멘토 역할을 한다.

- **그린벨트**: 1주간의 훈련이 요구되며 하나의 프로젝트를 완료해야 한다. 그린벨트는 파트타임으로 자신의 부서에서 문제해결을 위해 노력한다.
- **옐로우벨트**: 이틀간의 훈련이 요구된다. 파트타임으로 그린벨트나 블랙벨트의 팀원으로 역할을 수행한다.

대부분의 기업의 경우에 프로그램을 시작하기 위해서 외부의 전문가를 이용하는 것이 보통이다. 약 6개월 후에는 마스트 블랙벨트를 정식으로 고용하여 가장 유능한 블랙벨트들을 마스트 블랙벨트가 되도록 훈련을 한다. 6시그마 공인인증에 관심이 있는 종업원은 품질 개선에 특화된 외부의 전문기관에 연락하면 된다.

6시그마의 실천을 위한 필수요소

Pande 등(2000)은 6시그마를 달성하기 위해서 다음과 같은 것이 갖추어져야 한다고 보고 있다.

- **고객에 대한 진정한 관심**: 고객에 대한 진정한 관심은 6시그마에서 최우선적으로 중요한 요소이다. 6시그마는 고객의 요구사항을 충족시키는 것이 궁극적인 목표이기 때문이다. 6시그마에서 줄이고자 하는 결함은 고객의 요구사항을 충족시키지 못하는 실패를 말하는 것이며 6시그마의 개선의 정도는 고객의 요구사항을 어느 정도 충족시키느냐에 달려 있다. 결국 6시그마에서 성과측정은 고객의 목소리에서 시작해서 그것으로 끝난다고 해도 과언이 아니다.
- **데이터와 사실에 의한 경영**: 6시그마는 프로세스의 개선을 위해 철저하게 객관적인 자료의 수집, 분석에 의존한다. 이러한 과정에서 통계학이 대폭적으로 이용된다.
- **프로세스 지향, 관리, 그리고 개선**: 6시그마에서 목표로 하는 것은 통합적인 업무의 개선이다.
- **전향적 경영**: 결함이 발생하고 그에 대처하는 것은 이미 때가 늦을 수도 있다. 결함이 발생하기 전에 예방차원에서 프로세스를 개선하는 것이 중요하다.

- **벽 없는 상호 협력**: 조직의 기능 간에는 보이지 않는 벽이 존재하는 경우가 있어 의사소통에 방해가 되고 공동의 목표를 향해 나아가는 데 장애물로 작용하는 경우가 많다. 이러한 것을 제거하여 오로지 고객의 요구사항을 충족시킨다는 공동의 목표를 향해 나아가자는 것이다.
- **완벽을 향한 노력 및 실패에 대한 용인**: 지속적인 개선을 통한 완벽성을 추구하는 것이 6시그마에서 요구된다. 6시그마에서 가장 큰 위험은 실패에 대한 두려움이다. 실패를 두려워하여 변화를 추구하지 않는 것은 개선이 없음을 의미한다.

6시그마의 장단점

6시그마의 장점은 다음과 같다.

- 근본 원인 확인을 통한 잘 고쳐지지 않았던 문제의 제거
- 효과적인 고객 중심의 비용초점의 품질 기법
- 혁신적인 프로세스 개선
- 프로젝트 수행으로 인한 수익성 향상

그러나 6시그마가 모든 상황에서 적합한 도구는 아니다. 아래와 같은 단점이 있다.

- 6시그마 프로젝트 수행에 시간이 걸린다. 대체적으로 3~6개월 소요된다.
- 종업원 훈련에 예산이 소요된다.
- 장기적으로 경영진이 느슨해져서 프로젝트 수행의 장애물을 제거하는 데 소홀해진다.
- 6시그마 프로그램은 작은 품질개선을 위한 다른 품질개선기법을 이용한 후에 적용하는 것이 효과가 좋다. 주로 5S를 포함한 린 도구를 사용한 후에 6시그마를 적용하는 것이 일반적이다.

DMAIC 5단계 접근법

6시그마가 다른 기법과 특별히 다른 점은 개선활동을 어떻게 실행하라는 구체적인 실행절차를 제시한다는 점이다. 프로젝트로 진행되는 개선프로젝트는 기업에 따라 세분화되기는 하지만 기본적으로 정의, 측정, 분석, 개선, 관리의 5단계로 구성된다.

6시그마 프로젝트를 본격적으로 수행하기 전에 정지작업을 할 필요가 있다. 정지작업이라 함은 개선하기 전에 프로세스를 검토하여 아예 제거가 가능한 프로세스의 경우에는 제거를 하고 또한 린 도구를 적용하여 정리할 필요가 있다. 이를 통하여 문제가 아예 해결되는 경우도 있고 아니더라도 문제를 확인하는 것이 쉬워지며 6시그마 프로젝트가 단순해진다.

6시그마 프로젝트가 성공하기 위해서는 프로젝트를 신중하게 선정하는 것이 매우 중요하다. 프로젝트는 비용절감이나 고객만족에 있어서의 잠재적인 혜택이 어느 정도인가에 기반을 두고 선정되어야 한다. 모든 6시그마 프로젝트가 비용을 절감하는 것이 아니다. 만일 특정 문제가 고객만족이나 제품이나 서비스의 품질에 영향을 미친다면 그러한 문제를 고치는 것은 올바른 것이다.

다음은 품질팀이 6시그마 프로젝트의 대상으로 선정하기에 적합한 영역이다.

- 고객불평
- 폐기자재
- 재작업
- 고객 반품
- 보증 클레임
- 잔업
- 과잉재고
- 제품이나 서비스의 전달비용

- 고객서비스비용
- 사업평균보다 낮은 운영수준

6시그마는 품질문제의 해결을 위해 5단계 접근법을 이용한다. 즉 정의, 측정, 분석, 개선, 관리의 5단계(DMAIC: Define, Measure, Analyze, Improve, Control)를 적용한다.

정의

기본적으로 정의(define) 단계에서는 6시그마 프로젝트의 범위를 정하는 단계이다. 문제가 무엇인지 어떻게 측정할 것인지가 분명해진다. 연구의 범위가 정해지고 문제가 고객의 인식에 어떻게 영향을 미치는지가 정해진다.

정의 단계는 다음과 같은 절차로 이루어진다.

- 문제를 분명하게 서술한다. 상황을 명확히 하고 프로세스계획이나 개선의 기회를 분명하게 설명할 수 있도록 문제점/기회 진술서를 만들어야 한다.
- 고객의 요구사항을 파악한다. 문제에 영향을 받는 고객과 접촉하여 그들의 요구사항이 무엇인지에 대하여 의견을 듣는다. 이때에 Kano 모델(13장 참조)이 이용될 수 있다.
- 분석대상이 되는 프로세스를 파악한다. 조사를 통하여 프로세스가 정상적으로 어떻게 작동을 해야 하는지를 파악한다. 이때에 도움이 되는 것이 SIPOC 다이어그램(11장 참조)이다.
- 프로젝트의 범위를 결정한다. 프로젝트의 범위는 특정 시설에서 프로세스의 시작에서부터 끝이다.

측정

이 단계에서는 기본적으로 현행 프로세스의 성과를 측정하는 단계이다. 측정(measure) 단계에서 가장 어려운 것은 어떤 척도를 사용할 것이지를 결정하는 것이다. 기본적으로 프로세스는 어떻게 수행되고 있는지, 변동이 고객에 미치는 영향은 무엇인지, 이 문제의 원인은 어디에 있는지 등과 같은 구체적인 물음에 답하기 위해 어떤 자료를 수집해야 하는지를 결정하면 된다. 중요한 것은 프로세스가 왜/어떻게 고객요구사항을 만족하고 있는지 아닌지에 대한 해결의 실마리를 가져다 줄 수 있는 자료여야 한다. 이 단계는 다음과 같은 절차로 이루어진다.

첫째, 고객의 요구사항에 대한 성과측정을 계획하고 실행에 옮긴다. 이를 위해서 다음을 실천한다.

- ✤ 무엇을 측정할 것인가를 선택한다.
- ✤ 여러 사람이 수행하는 데이터의 수집과 해석의 일관성을 유지하기 위하여 무엇을 관찰하고 측정할지를 명확히 정의한다.
- ✤ 기존의 데이터를 이용할 것인지 아니면 새롭게 수집할 것인지를 결정한다.
- ✤ 데이터 수집 및 샘플링계획안을 준비한다.
- ✤ 측정 프로세스를 실행하고 보강한다.

둘째, 프로세스의 시그마 성과를 측정하고 개선기회를 파악한다. 이를 위해 다음을 실천한다.

- ✤ 프로세스 전체의 현재의 시그마 수준을 계산한다.
- ✤ 부적합품질비용(COPQ: Cost of Poor Quality)을 측정한다.

분석

분석(analyze) 단계에서는 데이터 분석이나 프로세스 분석을 통하여 불량의 원인을 찾아내는 것이다. 데이터 분석은 패턴이나 추세 등을 찾아내기 위해 수집하는 데이터를 이용하는 것이고 프로세스 분석은 기존의 프로세스를 세밀히 관찰하여 문제가 있는 부분을 찾아내는 것이다. 데이터 분석의 경우에 다음과 같은 절차를 이용한다.

- ✤ **탐색**: 수집된 데이터를 이용하여 문제점의 근본 원인에 대한 단서를 발

견한다. 파레토도(12장 참조), 막대그래프 등이 유용하다.

- **가설 도출**: 탐색단계에서 알아낸 정보를 이용하여 결함 원인에 대한 아이디어를 도출한다. 생선뼈 다이어그램(11장 참조) 등이 유용하다.
- **원인 증명**: 추가적인 분석을 통하여 가설이 맞는지를 확인한다. 통계학의 상관 분석, 회귀 분석 등이 유용하다.

프로세스 분석의 경우에는 다음과 같은 절차를 이용한다.

- **탐색**: 프로세스 맵을 작성한다. 흐름도(12장 참조)가 유용하다.
- **가설 도출**: 프로세스의 어느 단계에서 부가가치를 창출하지 않는지를 분석한다.
- **원인 증명**: 프로세스의 변화를 시도하여 문제점들이 사라지는지를 검토한다.

개선

개선(improve) 단계에서는 프로세스에서의 문제를 어떻게 해결할지를 결정한다. 즉 해결방안을 만들고, 선별하고, 실행한다. 이 단계에서는 다음과 같은 절차를 따른다.

- 문제를 해결할 방안을 도출한다. 브레인스토밍이 유용하다.
- 가장 적은 비용과 복잡성으로 문제를 해결할 방안을 선택한다.
- 시범적용을 해본다.
- 전면적으로 확대 실행한다. 시범 적용시에 발견되지 않은 문제점들이 있을 수 있으므로 이러한 문제에 대한 분석을 위해 FMEA기법(11장 참조)이 유용하다.

관리

관리(control) 단계는 개선된 프로세스가 상태를 유지하도록 하는 것이다. 프로세스 개선 후에 관리 프로세스를 실행하여 만일 프로세스가 다시 문제가 있는 상태로 돌아가면 경고신호를 보내도록 한다. 이 단계는 다음과 같은 절차로 진행한다.

- 안정적이고 예측 가능한 프로세스 유지를 위해 조직적인 차원에서의 교육 및 훈련과 더불어 평가를 통한 포상이 이루어져야 한다.
- 개선 사항을 문서로 기록하여 공유에 문제가 없도록 한다.
- 지속적인 프로세스관리를 위한 척도를 확립하여 모니터링의 토대를 만든다. 관리도(12장 참조)가 유용하다.

6시그마 단계별 유용한 도구

프로세스 분석도구로 SIPOC, 생선뼈 다이어그램, FMEA가 이용된다.

SIPOC

SIPOC(Supplier Input Process Output Customer) 다이어그램은 개선 작업을 시작하기 전에 프로세스 개선과 관련되는 모든 요소들을 확인하는 데 이용되는 도구이다. 전체적인 그림이 잘 그려지지 않는 복잡한 프로젝트를 정의하는 데 도움이 된다. 프로세스 맵핑과 유사하지만 보다 추가적으로 상세한 정보를 제공한다.

SIPOC는 다음과 같은 경우에 특히 유용하다.

- 프로세스에 인풋을 공급하는 개체가 불분명한 경우
- 인풋에 어떠한 특성이 요구되는지가 불분명한 경우
- 프로세스의 진정한 고객이 누구인지가 불분명한 경우
- 고객의 요구사항이 불분명한 경우

SIPOC 다이어그램을 작성하는 데는 공급자, 인풋, 프로세스, 아웃풋, 고객 등 다섯 가지에 대한 정보가 요구된다. 예를 들어, 자동차 수리는 <표 11-2>에서와 같은 정보가 요구된다.

▸ 표 11-2 SIPOC의 예: 자동차 수리

공급자	인풋	프로세스	아웃풋	고객
-자동차 소유주 -고객서비스 담당자 -시설 관리자 -부품 부서	-수리문의 -수리대상 자동차 -수리승인 -수리용 부품 -관찰	-자동차 입고 -문제진단 -작업준비 -부품준비 -수리진행 -수리종료 통보	-약속 일시 -수리 추천 및 비용견적 -작업주문 -승인된 수리용 부품 -전화/메시지 통보	-자동차 소유주 -작업자 -고객 서비스 담당자

생선뼈 다이어그램

프로세스에 투입되는 모든 것을 깊이 확인하는 데 우수한 도구이다. 생선뼈 다이어그램(fishbone diagram)은 일본인 개발자 이름을 붙여 이시카와 다이어그램이라고도 하며 다음과 같은 절차로 작성한다.

- ✤ 수평선과 오른쪽 끝에는 박스를 만든다.
- ✤ 프로세스의 목적을 박스에 넣는다.
- ✤ 4개의 생선뼈를 만든다.
- ✤ 4M(Men, Machine, Method, Material) 각각의 측면에서 프로세스가 필요로 하는 것을 확인한다.

보다 상세한 내용은 12장의 <그림 12-2>를 참고하기 바란다.

FMEA

실패유형 및 영향 분석(FMEA: Failure Mode and Effects Analysis)은 잠재적인 디자인이나 프로세스의 실패를 발생하기 전에 확인하고 디자인 변경이나 운영절차의 제안으로 실패의 위험을 최소화하는 데 그 목적이 있다.

FMEA의 효과를 정리해보면 다음과 같다.

- ✤ 설비와 하부 시스템을 확인한다.
- ✤ 잠재적인 실패유형과 원인을 확인한다.

✤ 각각의 실패유형이 시스템에 미치는 영향을 평가한다.
✤ 각각의 실패유형과 관련되는 위험을 제거하거나 줄이기 위한 방법을 확인한다.
✤ 결론을 입증하기 위해 필요한 테스팅 방법을 확인한다.
✤ 운영자나 관리자가 최상의 성과를 얻도록 시스템의 능력이나 한계에 대한 정보를 제공한다.

▸ 표 11-3 FMEA 양식

프로세스 단계	실패 유형	실패 원인	실패의 영향	발생 가능성	탐지 어려움	심각성	위험 프로파일 점수	실패감축 방법
1								
2								
3								

FMEA에 포함되는 내용들은 <표 11-3>에서와 같다.

✤ 실패가 발생한 부품이나 프로세스
✤ 실패의 유형
✤ 실패의 원인
✤ 실패로 인한 영향
✤ **발생 가능성**: 1~10-가능성이 높을수록 높은 점수 부여
✤ **실패의 탐지 어려움**: 1~10-탐지가 어려울수록 높은 점수 부여
✤ **실패의 심각성**: 1~10-심각성이 클수록 높은 점수 부여
✤ **위험 프로파일 점수**: '발생 가능성×탐지 어려움×심각성'으로 산출한다.
✤ 실패의 발생을 감축하기 위한 방법

FMEA를 수행하는 절차는 다음과 같다.

단계 1 FMEA의 대상이 되는 프로세스를 선정한다. 이때 너무 광범위한 프로세스를 선정하는 것은 무리가 있으므로 규모가 작은 하부 프로세스를 선정한다.

단계 2 다기능 팀을 구성한다. 프로세스와 관련이 있는 부서의 사

람들이 포함 되도록 한다.

단계 3 팀은 프로세스에서의 모든 단계에 대한 리스트를 만든다. 이때에 흐름도가 유용하게 이용될 수 있다.

단계 4 실패유형과 원인에 대한 리스트를 만든다. 각각의 실패유형에 대해서 모든 가능한 원인을 찾는다.

단계 5 각각의 실패유형에 대해서 위험 프로파일 점수(RPN: Risk Profile Number)를 계산하기 위하여 실패의 발생 가능성, 탐지의 어려 움, 심각성에 대한 점수를 부여한다.

- ✤ 실패의 발생 가능성을 평가하여 1~10점을 부여한다.
- ✤ 실패의 탐지 어려움을 평가하여 1~10점을 부여한다.
- ✤ 실패의 심각성을 평가하여 1~10점을 부여한다.

단계 6 각각의 실패유형에 대한 RPN을 계산한다.

위험 프로파일 점수＝발생 가능성×탐지 어려움×심각성

위험 프로파일 점수는 1점에서 1,000점까지 가능하며 점수 순으로 상위 10개의 실패유형을 확인한다.

단계 7 RPN을 이용하여 개선에 대한 계획을 수립하라. RPN이 가장 높은 것이 아마 가장 중요한 개선의 대상이 되는 부분일 것이다. 이를 바탕으로 실패유형으로 인한 손상을 줄이는 행동에 대한 계획을 수립하고, 개선을 실행할 경우의 RPN을 계산해 봄으로써 개선에 대한 평가를 할 수 있고, 장시간에 걸쳐서 개선을 모니터링하고 추적하는 데도 RPN의 이용이 가능하다.

참고문헌

Biolos, Jim, "Six Sigma Meets the Service Economy (2002)," *Harvard Management Update*, Harvard Business School Publishing, November.

Blakeslee, Jerome A. (1999), "Implementing the Six Sigma Solution," *Quality Progress*, July, pp. 77－85.

Cook, B. M. (1990), "In search of Six Sigma; 99.9997 Defect－Free," *Industry Week*, October.

Harry, Mikel J. and Richard Schroeder (2000), *6－시그마 혁신전략*, 안영진 옮김, 김영사.

Harry, Mikel J. (1998), "Six Sigma: A Breakthrough Strategy for Profitability," *Quality Progress*, May, pp. 60－65.

Pande, Peter S., Robert P. Neuman, and Ronald R. Cavanagh (2000), *The Six Sigma Way : How GE, Motorola, and Other Top Companies Are Honing Their Performance*, McGraw Hill.

Pearson, Thomas A. (2001), "Measure for Six Sigma Success," *Quality Progress*, February, pp. 35－40.

Plotkin, Hal (1999), "Six Sigma: What it is and How to use it," *Harvard Management Update*, Harvard Business School Publishing, June.

Yang, Kai (2005), *Design for Six Sigma for Service*, McGraw－Hill

chapter 12

관리도와 공정능력

통계적 프로세스관리의 대가인 Shewhart는 모든 제조공정은 자연적인 변동을 생성하게 되며 비정상적인 변동이 발생할 때에 품질문제가 일어난다고 했다. Shewhart는 통계학을 이용하여 프로세스의 자연적인 변동을 측정했으며 비자연적인 변동의 발생을 탐지하였다. 이 장에서는 변동을 제거함으로써 생산 프로세스를 통계적 관리 상태로 만들기 위하여 통계기법을 어떻게 사용할지에 대하여 설명한다. 이러한 관리와 변동제거를 통하여 고객에게 높은 품질의 제품이나 서비스를 제공할 수 있다.

통계적 프로세스관리의 기초

통계적 프로세스관리(SPC: Statistical Process Control)는 변화를 탐지하기 위하여 통계적 도구와 기법을 이용하여 생산 프로세스를 측정하는 것으로 정의된다. 높은 품질의 제품을 생산하기 위해서 일관성 있는 프로세스를 가져야만 하는데, 이때 SPC가 프로세스에서의 변화를 탐지하는 데 도움을 준다. 비록 통계적 프로세스관리라는 말이 복잡하고 어렵게 들리지만 SPC의 기본 아이디어는 상당히 간단하다. 즉 생산 프로세스로부터 샘플을 뽑아 측정하고 차트에 그 측정치를 기록하여 저품질의 제품이나 서비스를 생산하거나 제공하기 전에 문제를 발견하여 고칠 수 있다는 것이다.

SPC는 통계적 도구를 사용하여 지속적인 개선을 추구하는 아이디어를 수용하는 철학이며 다음과 같은 네 단계로 구성된다.

- ✤ 생산 프로세스의 측정
- ✤ 변동을 제거하여 프로세스의 일관성 확보
- ✤ 프로세스의 모니터링
- ✤ 프로세스를 최대한 고객이 원하는 목표치에 가깝도록 개선

SPC는 통계학을 생산 프로세스의 모니터링 활동에 적용한다. 프로세스의 모니터링을 통하여 변화가 발생했는지를 탐지할 수 있고 불량 제품이나 서비스를 생산하기 전에 변화에 대한 이유를 추적할 수 있다. SPC는 제조 프로세스에만 이용되는 것이 아니며 사무실 환경에서도 이용할 수 있다. 사무실 환경에서는 오류를 감축할 수 있으며 데이터 입력, 송장 처리, 주문처리, 구매요청 등과 같은 업무의 효율성을 개선한다.

통계를 이용한 프로세스의 변동 탐지

전통적인 품질관리에서는 제품이 생산된 후에 검사를 하여 고객의 사용에 적합한지를 판단하게 된다. 반면에 SPC는 고객의 스펙에 맞지 않는 제품을 생산하기 전에 문제를 탐지하기 위하여 생산 프로세스의 성과를 통계적 도구를 이용하여 지속적으로 모니터링하는 것이다. 여기서 중요한 가정은 제품을 생산하는 어떠한 프로세스라도 약간의 변동성은 가지고 있다는 것이다. 어떠한 기계와 사람의 조합도 매번 정확하게 같은 제품은 생산할 수 없다. 예를 들어, 직경이 13.5mm인 구멍을 뚫는다고 하자. 새로운 드릴비트를 사용하여 정확하게 직경이 13.5mm인 구멍을 뚫기 시작한다고 가정하자. 정말 구멍의 직경이 13.5mm인가? 정밀하게 측정을 한다면 13.5mm를 중앙으로 하여 특정 범위 내에 있을 것이다. 예를 들어, 만일 소수점 아래 세 자리까지 측정한다면 직경이 13.490mm과 13.510mm 사이에 있을 수가 있다. 직경이 이러한 범위 내에 있다면 고객에게는 받아들여질 수 있을 것이다. 그러나 시간이 지나면서 드릴비트가 닳을 것이고 구

멍의 직경이 점점 작아질 수도 있고 드릴 자체가 정렬이 되지 않아 직경이 목표치에서 벗어날 확률이 높다.

이러한 변동은 통계기법을 이용하여 탐지할 수 있다. 만일 측정치들을 그래프로 나타내면 정규분포를 나타낼 것이며 이러한 정규분포 그래프는 프로세스의 변동을 알려주는 데 중요한 역할을 한다. 예를 들어 그래프가 폭이 넓게 퍼질수록 프로세스의 변동이 큼을 의미하며, 그래프의 중앙값을 이용하여 고객이 원하는 수치에 가까운지를 체크할 수 있다.

SPC 도구

SPC는 프로세스 측정 도구 중의 하나를 의미하는 것이 아니라 품질개선에 이용되는 도구나 기법을 통틀어서 지칭하는 것이다. 대부분의 SPC 도구는 이용하기 쉬우며 몇 가지 도구를 조합하여 이용하면 생산 프로세스에 대하여 알고 싶은 것 대부분을 얻을 수 있다. 비록 많은 개념들이 전문적인 통계에 기반을 두고 있지만 프로세스의 품질개선을 위해 이용하는 데에는 모든 수학적인 통계적인 내용을 이해할 필요는 없다. 통계학을 알면 프로세스를 이해하는 데 도움이 되지만 도구의 결과물을 이해하는 데에는 통계학의 전문가일 필요는 없다는 것이다.

다음은 SPC에서 이용되는 도구들이다. 이러한 도구를 7가지 품질관리 도구라 한다.

파레토도

파레토도(Pareto diagram)는 <그림 12-1>과 같이 막대그래프나 선그래프를 그릴 때 x축에 데이터의 수치가 큰 카테고리부터 나열하는 방법이며 중요한 아이템이 어느 것인지 확연하게 볼 수 있다는 장점이 있다. 품질개선에 있어서 가장 효율적인 도구인 파레토도는 품질문제를 야기하는 요인 중에서 가장 빈도가 많은 것을 보여주며 가장 중요한 문제를 먼저 해결하도록 방향을 제시해준다. 파레토도에는 누적 선그래프도 포함하는

▸ 그림 12-1 파레토도

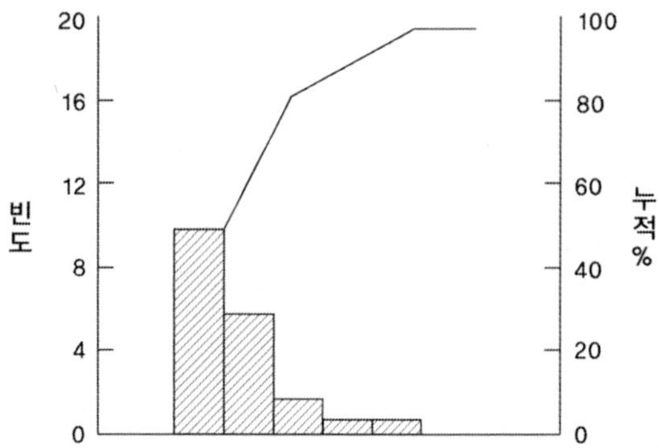

것이 일반적이다.

원인과 결과도

원인과 결과도(cause and effect diagram)는 Ishikawa가 개발한 것으로 어떠한 현상에 대한 원인을 체계적으로 규명하는 방법이다. <그림 12-2>에서와 같이 원인은 우선적으로 사람, 기계, 자재, 방법, 측정, 기타 요인이 1차적인 원인으로 분류되고, 1차적인 원인은 다시 다양한 2차적인 원인으로 분류된다. 이 다이어그램은 생긴 모양이 생선뼈와 비슷하여 생선뼈 다이어그램(fishbone diagram)이라고도 한다.

▸ 그림 12-2 원인과 결과도

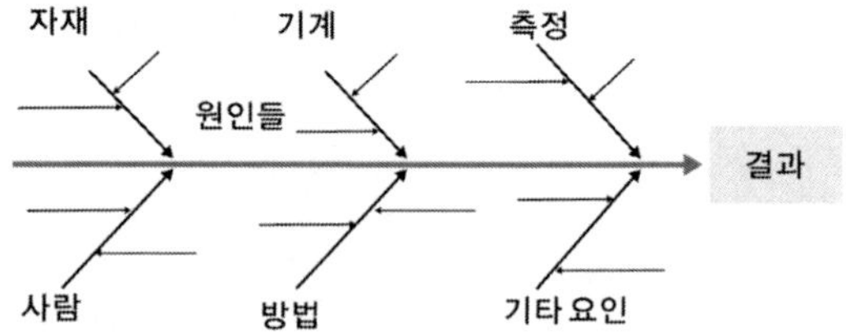

점검표

점검표(check sheets)는 <그림 12-3>과 같이 관찰한 데이터를 체계적으로 기록할 수 있도록 만든 표이며 횟수를 세어 기록할 수 있는 표, 직접 측정치를 기록할 수 있는 표, 현상이 나타나는지의 여부를 체크하는 표 등 종류는 매우 다양할 수 있다. 점검표는 자료의 수집과 분석을 단순화하는 데 도움이 되며 문제의 발생 지역, 형태, 원인 등을 확인하는 데 도움이 된다.

▶ 그림 12-3 점검표

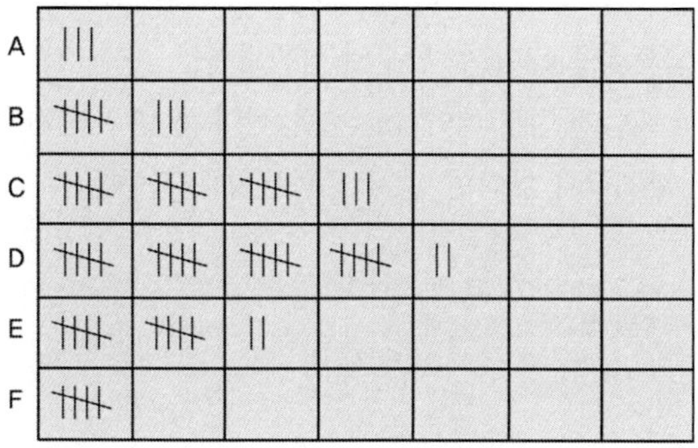

막대그래프

막대그래프(histogram)는 통계적 공정관리 도구 중에서 가장 우선적으로 이용되는 것이다. 막대그래프는 품질 데이터의 평균, 변동, 변동의 패턴 등에 대한 정보를 보여준다. 또한 <그림 12-4>와 같이 규격상한과 규격하한을 표시하여 공정능력을 나타내는 데 사용할 수도 있다.

▸ 그림 12-4 막대그래프

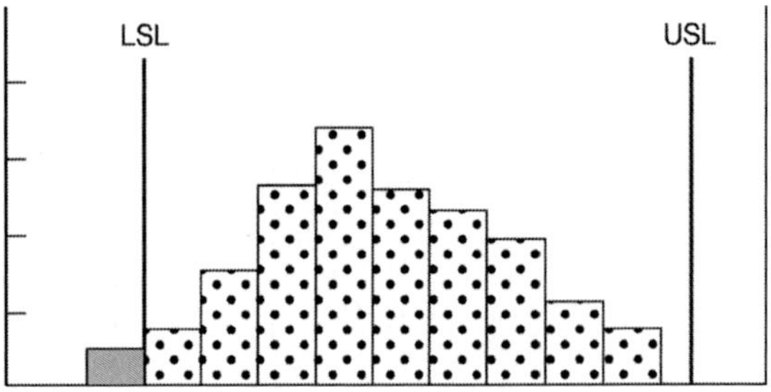

산포도

산포도(scatter diagram)는 <그림 12-5>에서와 같이 두 변수에 대한 데이터를 좌표로 점을 찍어 두 변수의 상관관계를 알 수 있다. 예를 들어, 압력과 온도에 대한 짝지은 데이터를 점을 찍어 두 변수의 관계가 양의 관계인지, 음의 관계인지 아니면 관계가 없는지를 확인할 수 있다.

▸ 그림 12-5 산포도

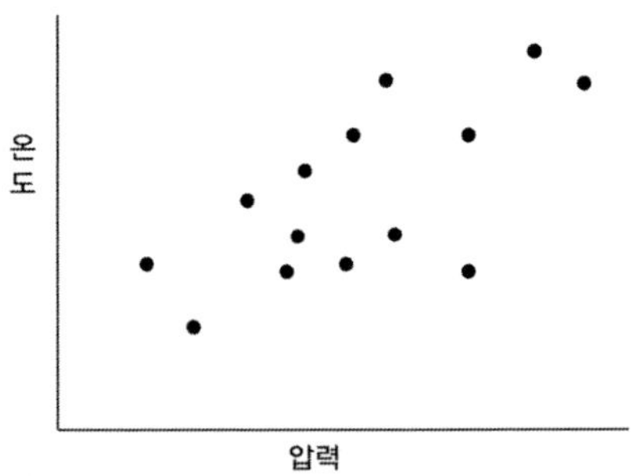

흐름도

흐름도(flow charts)는 <그림 12-6>에서와 같이 프로세스의 흐름을 나타내는 그림이다. 프로세스에 대한 세부적인 지식을 표현하는 것이며,

프로세스의 흐름과 프로세스 단계 간의 상호 작용을 확인하는 데 도움이 된다. 또한 잠재적인 관리 지점을 확인하는 데도 도움이 된다.

▸그림 12-6 흐름도

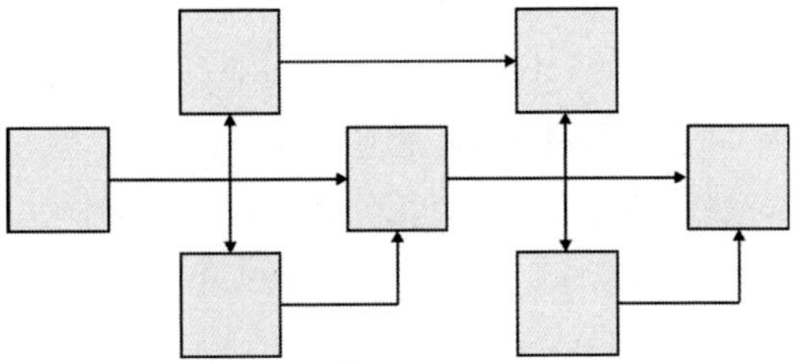

관리도

관리도(control charts)는 <그림 12-7>과 같이 프로세스가 관리되고 있는지 아닌지를 확인하는 데 이용되는 단순하면서도 강력한 도구이다. 만일 데이터가 관리한계선 내에 있으면 프로세스가 관리되고 있음을 나타낸다. 보다 상세한 것은 다음 절에서 설명된다.

▸ 그림 12-7 관리도

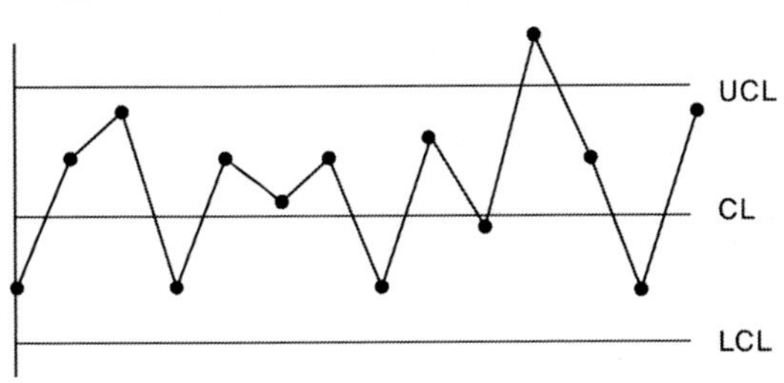

SPC의 장단점

SPC는 장기간 프로세스의 개선을 탐지하고 모니터링하는 데 초점을 맞추고, 생산 프로세스를 개선하는 데 적합한 활동을 하도록 인도하는 장점이 있다. 그리고 목표를 달성할 수 있는 자신의 능력에 대하여 이해하는 데 도움을 준다. 또한 수익성을 향상하는 데 도움을 주는데, 수익성 향상이 가능한 이유는 제품이나 서비스의 품질 향상, 낭비의 감축, 생산성 향상, 프로세스의 효율성 향상, 고객 서비스 개선 등의 효과가 있기 때문이다.

그러나 SPC는 통계학에 대한 이해가 요구되고, 고객에게 항상 나쁜 제품이나 서비스를 제공하지 않는다는 보장이 없으며, 다른 도구와 마찬가지로 사용하는 사람의 수준에 따라 얻는 가치가 다르다는 단점도 있다.

관리도의 효과적인 사용

SPC를 통하여 정말 알기를 원하는 것은 생산 프로세스가 고객의 요구사항에 맞게 생산을 하고 있느냐이다. 관리도는 주의를 기울여야 하는 비정상적인 변동을 탐지하는 최고의 도구이다.

다음은 관리도를 이용하는 절차이다.

1. 일정 간격으로 샘플을 뽑는다.
2. 관리도에 기록한다.
3. 프로세스가 관리되고 있는지 검토한다.
4. 프로세스가 관리되고 있지 않다면 원인을 찾아 고친다.

관리도가 유용한 이유는 다음과 같다. 첫째, 프로세스의 문제가 발생하면 신속하게 탐지가 가능하여 불량품이 대량으로 발생하기 전에 그 원인을 파악할 수 있도록 하는 데 도움을 준다. 둘째, 관리도는 프로세스의 능력을 결정하는 필요한 파라미터를 추정하는 데 이용된다. 셋째, 프로세스를 개선하는 데 필요한 정보를 제공한다. 넷째, 프로세스의 변동성을 제거하는 데 효과적이다.

다음 섹션에서는 관리도의 원리와 프로세스가 제대로 운영되고 있는지를 확인하기 위해서 어떻게 관리도를 사용할지를 설명한다.

변동의 탐지

모든 관리도는 비정상적인 변동을 탐지하는 목적을 가지고 있다. 변동에는 다음 두 가지가 있다.

- ✤ **일반적인 원인으로 인한 변동**: 프로세스 자체에 내재된 변동이다. 프로세스가 변하지 않으면 이러한 변동도 변하지 않는다. 이러한 변동은 시스템자체, 프로세스 운영방식, 프로세스관리 방식 등의 이유로 발생한다.
- ✤ **특수 원인으로 인한 변동**: 이러한 변동은 프로세스에 예외적인 사항으로 인하여 발생한다. 예를 들어, 특정 기계, 특정 생산 교대조, 특정운영자, 특정 자재 배치 등과 같이 특정한 것에 국한하여 발생하는 변동이다.

SPC 프로세스를 적용하는 이유는 바람직하지 않은 변동의 확인 및 제거이다. 만일 변동을 설명할 수 있고 변동이 바람직한 것이라면 그대로 두지만 바람직하지 않다면 변화의 원인을 추적하여 제거해야 한다. SPC를 이용하는 데 있어서의 핵심은 변동을 일반적인 원인으로 인한 것이냐, 아니면 특수 원인으로 인한 것이냐를 확인하는 것이다.

관리도의 구성 요소

관리도를 만들기 전에 관리도가 어떻게 작동하는지를 이해하기 위해서는 다음과 같은 용어의 의미를 알아야 한다.

모집단, 샘플, 평균, 범위

모집단: 측정하거나 수를 세는 것의 대상이 되는 것 전체이다. 만일 생산 프로세스에서 생산되는 제품이 측정대상이 된다면, 그 생산 프로세스에서 생산되는 모든 제품을 의미한다.

샘플: 모집단의 일부이다. 대부분의 경우에 생산된 것을 모두 테스트할 수 없다. 이 경우에 모집단을 대표할 수 있는 샘플을 테스트한다.

평균: 측정치의 수학적인 평균이다. 측정치를 모두 더한 다음 이것을 측정치의 개수로 나눈다.

범위: 측정치의 가장 큰 값에서 가장 작은 값을 뺀 값이다.

표준편차(시그마)

표준편차는 각 측정치가 평균으로부터 떨어진 평균거리이다. 표준편차는 다음과 같은 절차로 계산된다.

1. 각 측정치에서 평균을 뺀다.
2. 1에서 얻은 값들을 모두 제곱한다.
3. 2에서 얻은 값들을 모두 더한다.
4. 3에서 얻은 값을 (샘플의 수−1)로 나눈다. 이렇게 얻어진 값이 분산이다.
5. 표준편차는 4에서 얻은 값의 제곱근이다.

예를 들어, 5개의 측정치가 1, 2, 3, 4, 5라고 하자. 그러면 평균은 $(1+2+3+4+5)/5=3$이다. 위의 절차대로 표준편차를 구하면 다음과 같다.

1. $1-3=-2$, $2-3=-1$, $3-3=0$, $4-3=1$, $5-3=2$
2. 4, 1, 0, 1, 4
3. $4+1+0+1+4=10$
4. 분산$=10/(5-1)=2.5$

5. 표준편차(시그마) = $\sqrt{2.5} = 1.58$

표준편차(시그마)는 다음과 같이 이용된다.

- 측정치의 69%가 평균을 기준으로 (평균+1시그마)와 (평균−1시그마) 사이에 있다. 즉 위의 예의 경우에 측정치의 69%가 3+1.58과 3−1.58 사이에 있다는 것이다.
- 측정치의 95%가 (평균+2시그마)와 (평균−2시그마) 사이에 있다.
- 측정치의 99%가 (평균+3시그마)와 (평균−3시그마) 사이에 있다.

관리한계

SPC 관리도에는 관리상한과 관리하한이 이용된다. 프로세스에 변동이 있는 것은 당연하지만 프로세스가 안정적이라면 변동이 특정 한계 내에 머물 것이라는 것이다. 일반적으로 관리상한(UCL: Upper Control Limit)과 관리하한(LCL: Lower Control Limit)은 평균이나 목표치를 기준으로 (평균+3시그마)와 (평균-3시그마)이다.

관리도의 종류

여러 종류의 관리도가 있다. 어떠한 관리도를 이용할 것인지는 수집되는 데이터에 따라 다르다.

데이터는 다음과 같이 크게 두 종류가 있다.

- **속성 데이터**: 존재 여부 혹은 횟수, yes/no 형태의 데이터
- **수치 데이터**: 길이, 직경, 온도 등과 같이 수치로 측정되는 것

수치 데이터의 경우에 가장 흔하게 이용되는 관리도는 다음과 같다.

- **$\overline{\text{X}}$ 차트**: $\overline{X}$는 평균을 의미한다. 따라서 샘플을 뽑을 때마다 샘플의 측정치의 평균을 기록하게 된다. 가장 흔하게 이용되는 관리도이다.
- **R 차트**: *R*차트는 샘플을 뽑을 때마다 샘플의 측정치의 범위를 기록한다.

일반적으로 위의 두 가지의 차트가 함께 이용된다.

속성 데이터의 경우에는 다음과 같은 관리도가 이용된다.

- ✤ p 차트: p는 불량률을 의미한다.
- ✤ np 차트: np는 불량개수를 의미한다.
- ✤ u 차트: u는 단위당 결점수를 의미한다.
- ✤ c 차트: c는 결점수를 의미한다.

수치 데이터 관리도 작성

관리도를 작성하는 절차는 다음과 같다.

단계 1 샘플 데이터를 수집한다. 예를 들어, 1회당 샘플의 크기는 5로 하여20회 샘플을 추출하는 것으로 한다.

단계 2 만들고자 하는 관리도에 적합한 통계치를 계산한다. $\overline{X}$ 차트의 경우에는 매회 추출된 샘플 5개의 평균($\overline{X}$)을 계산한다.

단계 3 단계2에서 산출한 평균들의 평균과 표준편차를 구한다. 즉, 20개의 평균이 계산되었고 이 20개의 평균들의 평균과 표준편차를 구한다. 이때 평균들의 평균을 $\overline{\overline{X}}$라고 하자.

단계 4 관리한계를 계산한다.

관리상한 $= \overline{\overline{X}} + 3\times$(평균의 표준편차)
중심선 $= \overline{\overline{X}}$
관리하한 $= \overline{\overline{X}} - 3\times$(평균의 표준편차)

참고: $3\times$(평균의 표준편차) 대신에 계산을 편리하게 하기 위하여 $A2\times\overline{R}$를 이용하기도 한다. 여기서 A2 값은 <표 12−1>과 같은 관리도표에서 샘플 크기(n)만 알면 찾을 수 있는 값이고 $\overline{R}$는 범위들의 평균을 의미한다. 범위는 가장 큰값에서 가장 작은 값을 뺀 값이다.

▶ 그림 12-8 $\overline{X}$ 관리도

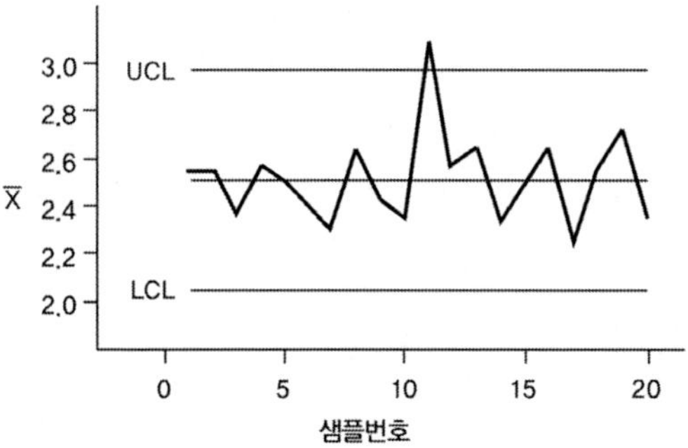

단계 5 <그림 12-8>과 같이 중심선과 LCL, UCL을 그린다. 그리고 **단계 2** 에서 계산한 샘플의 평균들을 타점한 후 선으로 연결한다.

완성된 관리도에는 다음이 나타나 있다.

- X축에는 샘플 횟수가 기록된다.
- Y축에는 $\overline{X}$ 값이 나타나 있다.
- 중심선은 $\overline{\overline{X}}$, 즉 모든 샘플평균들의 평균이다.
- 관리상한선과 관리하한선이 표시되어 있다.
- 차트상의 점들은 1회부터 20회까지의 샘플평균들이고 이 점들이 선으로 연결된다.

다른 관리도를 그릴 때에는 $\overline{X}$ 대신에 원하는 통계치를 사용하여 동일한 단계로 만들면 된다. 예를 들어, R 차트를 그리기 위해서는 각 샘플의 $\overline{X}$ 대신에 범위를 계산하여 이용하면 된다.

R 차트의 경우에는 중심선이 R들의 평균인 $\overline{R}$이고 관리상한과 관리하한은 다음과 같다.

관리상한 $= \overline{R} + 3 \times$ (R의 표준편차)

관리하한 $= \overline{R} - 3 \times$ (R의 표준편차)

▶ 표 12-1 관리도표의 일부

n	A_2	D_3	D_4
2	1.880	0.000	3.267
3	1.023	0.000	2.575
4	0.729	0.000	2.282
5	0.577	0.000	2.114
6	0.483	0.000	2.004
7	0.419	0.076	1.924
8	0.373	0.136	1.864
9	0.337	0.184	1.816
10	0.308	0.223	1.777

참고: 관리상한＝D4×$\overline{R}$, 관리하한＝D3×$\overline{R}$로 사용하기도 하는데 $\overline{X}$ 차트에서와 같이 D4와 D3는 <표 12−1>의 관리도표에서 얻을 수 있는 값이다.

관리도의 해석

관리도가 작성되면 관리도가 프로세스에 대하여 무엇을 말해주는지를 파악해야 한다. 기본적인 아이디어는 프로세스가 관리한계선 안에 있어야 한다는 것이다. 만일 그렇다면 프로세스가 관리되고 있다고 말할 수 있다. 그러나 관리한계선 밖에 있는 점 이외에 다른 요인들도 살펴볼 필요가 있는데 이러한 요인들이 특수 원인으로 인한 변동을 일으킬 수 있으며 프로세스의 잠재적인 문제일 수 있기 때문이다.

관리도에서의 패턴 검토

관리도의 평가는 통계적인 논리에 기반을 둔다. 먼저 데이터와 중심선과의 관계에 주목한다. 프로세스가 관리되고 있다면 데이터는 중심선 근처에 있어야 하며 중심선 위쪽에 있을 확률과 아래쪽에 있을 확률은 0.5일 것이다. 샘플은 독립적이므로 2개의 샘플 데이터가 모두 위쪽이나 아래쪽에 있을 확률은 0.5×0.5=0.25이다. 이렇게 한 쪽에 연속적으로 샘플 데이터가 위치할 확률은 매우 작으므로 그러한 패턴이 보인다면 프로세스는 문제가 있다고 보는 것이 타당하다.

다음은 관리도를 평가할 때에 주의해서 보아야 할 패턴이다.

- **중심선을 기준으로 7개의 점이 연속적으로 한쪽에 위치하는 경우**: 이것은 $\overline{X}$ 차트의 경우에 적용된다. 이 경우는 통계적으로 거의 불가능하므로 검토를 해야 한다.
- **6개의 점이 연속적으로 서서히 증가하거나 감소하는 경우**: 도구가 닳고 있음을 보여주는 패턴이다.
- **14개의 점이 연속적으로 위 아래로 교대로 나타나는 경우**: 이 경우는 교대 작업조와 같이 2개의 교대 요인이 있는 경우이다.
- 설명할 수 없는 이상한 패턴

관리한계선의 구분

관리도를 패턴 분석을 위해 3개의 구역으로 구분하는 것이 일반적인 평가 관례이다. 중심선과 관리상한과 관리하한 사이를 A, B, C 3개의 구역으로 나눈다.

구역 C: 중심선과 (중심선+1시그마) 사이의 구역
구역 B: (중심선+1시그마)과 (중심선+2시그마) 사이의 구역
구역 A: (중심선+2시그마)와 (중심선+3시그마) 사이의 구역

관리도 구역에서 주의를 기울여야 할 패턴은 다음과 같다.

- **3개의 점 중에서 2개가 연속적으로 구역 A에 있거나 그 밖에 있는 경우**: 이 패턴은 프로세스가 이동되었음을 의미한다. 즉 프로세스가 한 방향으로 변화가 되어서 이제는 평균이 이동했음을 의미한다.
- **5개 점 중에서 4개가 연속적으로 구역 B나 그 밖에 있는 경우**: 이것도 프로세스가 이동되었음을 의미한다.
- **15개 점이 연속적으로 구역 C에 있는 경우**: 이 패턴은 프로세스변동이 변했

음을 의미하는데 변화가 반드시 나쁘다는 것을 의미하는 것은 아니며 관리한계를 더 철저하게 할 기회를 의미한다.

속성 데이터 관리도 작성

속성 데이터 관리도 중에서 대표적인 p 관리도에 대해서 살펴본다. p 관리도의 작성절차는 다음과 같다.

단계 1 샘플 데이터를 수집한다. 예를 들어, 1회당 샘플의 크기는 100으로 하여 20회 샘플을 추출하는 것으로 한다.

단계 2 매회 추출된 샘플 100개 중에서 불량품의 수를 파악하고 불량률(P)을 계산한다.

단계 3 **단계 2** 에서 산출한 불량률들의 평균을 구한다. 즉 **단계 2** 에서 20개의 불량률이 계산되었고 이 20개의 불량률의 평균을 $\overline{P}$ 라고 하자.

단계 4 관리한계를 계산한다.

$$\text{관리상한} = \overline{P} + 3 \times \sqrt{\frac{\overline{P}(1-\overline{P})}{n}}$$

$$\text{중심선} = \overline{P}$$

$$\text{관리하한} = \overline{P} - 3 \times \sqrt{\frac{\overline{P}(1-\overline{P})}{n}}$$

단계 5 중심선과 관리상한, 관리하한을 그림에 표시하고 **단계 2** 에서 산출한 불량률들을 타점한다.

변동에 대한 대처

너무 통계에 신경을 쓰다가 프로세스에서의 변동을 신속하게 탐지하여 불량이 발생하기 전에 프로세스를 제자리로 돌려놓을 시간을 확보하는 것을 잊어버려서는 안 된다. 변동을 탐지하면 어떻게 해야 하는가? 첫 단계는 그 변동이 특수 원인 형태인지 아니면 일반적인 원인 형태인지를 결정해야 한다. 관리도가 문제가 있음을 경고할지는 몰라도 무엇이 그 문제를 야기했는지는 보여주지 않는다.

다음은 문제의 원인을 찾는 데 도움이 된다.

특수 원인 변동

만일 관리도로 검토한 생산 프로세스가 관리도 패턴 검토 섹션에서 언급한 패턴을 보이면 특수 원인 변동에 의하여 관리가 되지 않고 있다고 볼 수 있다. 만일 특수 원인이 해가 된다면 제거해야 한다. 만일 특수 원인이 도움이 된다면 확인을 하고 공식적인 프로세스의 일부로 만들어야 한다. 차트는 특수 원인이 좋은지 나쁜지를 말해주지 않는다. 원인을 찾아야 한다. 특수 원인을 찾으면 다음과 같은 단계를 밟는다.

- ✤ **문제와 피해를 즉각 고친다:** 이 단계에서는 진정한 원인을 찾을 때까지 단기적인 처방으로 고친다. 장기적인 처방을 너무 급하게 서두르지 마라. 예를 들어, 도구가 닳을 경우에 단기적인 처방은 부품을 교체하는 것이다. 장기적인 처방은 부품이 덜 닳도록 프로세스를 바꾸는 것이다.
- ✤ **변동의 원인을 찾는다:** 생산 프로세스에 관여한 모두를 인터뷰하여 변동을 설명할 수 있는 이상한 일이 발생한 적이 있는지를 묻는다. 개인을 비난하지 말아야 한다. 왜냐하면 미래에 그들의 협조가 필요하기 때문이다. 프로세스에 대한 신중한 기록을 유지하여야 한다. 왜냐하면 이러한 문제 혹은 유사한 문제가 미래에 발생 가능하기 때문이다.
- ✤ **변동에 대한 특수 원인을 확인한 후에 장기적인 해결책을 개발해야 한다:** 특수 원인이 프로세스에 부정적인 영향을 미치면 제거해야 한다. 만일 긍정적인 영향을 미치면 프로세스의 공식적인 일부가 되도록 한다.

일반 원인 변동

프로세스가 일관성이 있더라도 나쁜 제품이나 서비스를 생산할 수 있다. 일반 원인 변동을 감축하여 품질수준을 높이고 비용을 줄일 수 있더라도, 일반 원인 변동을 찾고 제거하는 것이 특수 원인 변동을 찾고 제거하는 것보다 어렵다. 다음은 일반 원인 변동을 찾고 제거하는 데 일반적으로 이용되는 프로세스이다.

- **계층화**: 카테고리별로 데이터를 분류하는 것이다. 패턴을 찾기 위해 여러 카테고리에 대한 계층화와 카테고리 내의 수준별 계층화를 이용할 수 있다. 카테고리는 단일 변수로 구성될 수도 있고 다변수로 구성될 수도 있다. 계층화 후 카테고리간의 작은 차이에 너무 많은 의미를 부여하는 것은 주의를 해야 한다. 큰 차이만이 관심의 대상이 된다. 차이가 있다고 해서 자동적으로 프로세스에서 문제의 원인이 되는 것은 아니며 실제 원인의 실마리일 수도 있다.
- **실험**: 비록 이론을 지지할 데이터가 거의 없지만 문제의 원인에 대한 이론을 테스트하는 것이다. 통계적 프로세스관리에서 PDCA 사이클을 이용한다. 이 사이클에서는 문제의 근본 원인을 찾기 위해서 실험과 관찰이 이용된다. 생산 프로세스의 지속적인 개선을 위해서 실험을 반복할 수 있다. 생산에 대한 새롭고 혁신적인 해결책을 찾기 위해서는 창조적이고 분석적인 사고가 요구된다.
- **분해**: 문제의 원인을 분리하기 위해서 프로세스를 구성요소로 분해하는 것이다. 프로세스를 전체적으로 검토하였을 때에 드러나지 않는 문제를 발견하기 위하여 계층화나 실험과 함께 사용한다. 분해를 숲과 나무를 동시에 보는 방법으로 이해하면 된다. 주의할 것은 프로세스의 최종 목적을 희생하면서 프로세스의 일부만을 최적화해서는 안 된다는 것이다.

관리한계의 변경

만일 긍정적인 특수 원인 변동을 발견하여 프로세스의 일부로 반영한다면 관리도의 관리한계를 다시 계산해야 한다. 이러한 변화는 데이터 패턴 중의 하나와 같은 프로세스에서 탐지한 것에 기반을 둔 것일 수도 있고 새로운 기계나 새로운 공급자와 같이 프로세스에 들어간 새로운 변수에 기반을 둔것일 수도 있다.

SPC에서는 프로세스의 과거가 아닌 미래의 활동에 관심이 있다. 새로운 현실을 반영하여 관리한계를 변화시킬 필요가 있다. 관리한계를 다시 계산할 수 있다는 것이 SPC의 장점인데 SPC는 프로세스가 시간이 지나면서 변화할 수 있다는 것을 인지한 개념이기 때문이다.

프로세스 능력의 계산

생산이나 서비스전달 프로세스가 올바른 것을 만들고 있다는 것을 파악하는 것과 더불어 SPC의 중요한 개념 중의 하나는 프로세스 능력이라는 개념이다. 프로세스 능력은 프로세스가 얼마나 잘 운영되고 있는지를 나타내는 것이다.

프로세스 능력이 나타내는 중요한 정보는 다음과 같다.

- ✤ 고객의 요구사항에 일치하는 제품이나 서비스를 생산할 수 있는지의 여부
- ✤ 프로세스 특성에서의 변동

프로세스 능력은 다음과 같은 질문에 대하여 답변을 한다. 즉 생산이나 서비스전달 프로세스가 충분히 좋은가? 이에 대한 정확한 답을 위해서는 관리한계 내에 있다는 것과 고객의 규격한계에 일치하는 것의 차이를 알아야 한다. 프로세스 능력은 다음과 같은 특성이 있다.

- ✤ 만일 프로세스가 관리되고 있으면 모든 데이터 점은 관리한계 안에 있다.
- ✤ 고객은 보통 규격한계를 제시하며 토론의 대상이 아니다.
- ✤ 관리한계 내에 있다고 해서 항상 고객의 요구사항을 충족시키는 것은 아니다.

다음 절에서는 프로세스의 능력을 확인하는 공식을 제시하고 평균을 고객의 요구사항에 될 수 있으면 가까이 맞추는 것이 얼마나 중요한지를 설명한다.

프로세스의 능력 확인

프로세스의 능력은 능력지수(capability index)라는 것을 사용하여 측정한다. 이것은 프로세스가 고객의 요구사항에 얼마나 잘 맞추는지를 보여준다.

능력지수의 공식은 다음과 같다.

✤ **능력지수**=고객이 명시한 범위/6시그마

능력지수의 관리한계는 중심선을 기준으로 위와 아래 3시그마이다. 능력지수는 얼마나 여유 있게 프로세스가 관리한계 내에 있는지를 말해준다.

다음은 프로세스의 능력과 관리도와의 관계를 보여준다.

✤ 만일 모든 점이 중심선에 가까이 위치하면, 프로세스가 능력이 우수하다고 할 수 있다.

✤ 많은 점들이 관리한계선에 가까이 위치하면 프로세스가 간신히 능력이 있다고 할 수 있다.

✤ 일부 점들이 관리한계선 밖에 있을 경우에는 프로세스가 능력이 없다고 할 수 있다.

능력지수는 수학적으로 프로세스가 위의 세 가지 경우 중에 어디에 속하는지를 보여준다. 능력지수가 클수록 프로세스가 능력이 있음을 의미한다.

능력지수에 대한 평가는 <표 12-2>에서와 같다.

예를 들어, 측정치의 표준편차가 1.58이라고 하자. 만일 고객의 규격상한이 10 하한이 5라고 하면 능력지수는 다음과 같이 계산된다.

✤ **능력지수**=(10−5)/(6×1.58)=0.53

이 경우에 능력지수<1이므로 프로세스의 변동이 규격을 넘어섰고 다량의 불량품을 생산하고 있다고 할 수 있다.

능력지수는 관리도에서 점들이 중심선을 기준으로 위아래 고르게 분포되어 있을 때에 적합하다. 그러나 만일 관리도에서 점들이 위나 아래 한쪽에 치우쳐 있다면 다음과 같은 공식을 적용하는 것이 좋다.

(고객의 규격상한-평균)/(3시그마) 혹은 (평균-고객의 규격하한)/(3시그마) 중에서 작은 것을 능력지수로 이용하면 된다.

▸표 12-2 능력지수의 평가

능력지수	평가
능력지수<1	프로세스의 변동이 고객의 요구규격을 넘어섰다. 다량의 불량품을 생산하고 있다.
능력지수=1	프로세스가 간신히 고객의 요구규격을 충족시키고 있다. 소량의 불량품이 생산되고 있다.
능력지수>1	프로세스의 변동이 고객의 요구규격보다 작다. 거의 불량품을 생산하고 있지 않다.

고객의 요구규격에 가깝게 프로세스의 이동

변동이 관리되면 다음 단계는 프로세스의 평균값을 가능한 한 고객이 요구하는 값에 가깝도록 만드는 것이다. 즉 프로세스의 이동이 필요한데 이는 새로운 설비의 도입, 종업원에 대한 더 좋은 훈련 제공, 실수를 줄일 수 있도록 절차의 단순화 등을 통하여 가능하다.

참고문헌

Anderson, David R., Sweeney, Dennis J. and Williams, Thomas A. (2008) *Statistics for Business and Economics*, 10th Edition. Thompson South–Western.

Box, George E., William G. Hunter, and J S. Hunter. *Statistics for Experimenters: An Introduction to Design, Data Analysis, and Model Building*, New York: John Wiley & Sons.

Deming, W. E. (2000). *Out of the Crisis: Quality, Productivity and Competitive Position*, MIT Press.

Imai, Masaaki (1986), *Kaizen: the Key to Japan's Competitive Success, 1st Edition*, New York: Random House.

Ishikawa, Kaoru (1985), *What Is Total Quality Control? The Japanese Way*, 1st Edition, Englewood Cliffs, New Jersey: Prentice–Hall.

Liptak, Bela G.(1995), *Process Control, Instrument Engineers' Handbook*, CRC Press.

Montgomery, Douglas (2005), *Introduction to Statistical Quality Control, Hoboken*, New Jersey: John Wiley & Sons, Inc.

Nancy R. Tague (2004), *Seven Basic Quality Tools, The Quality Toolbox. Milwaukee*, Wisconsin: American Society for Quality.

Oakland, J. S. (2007), *Statistical Process Control*, 6th Edition, Routledge.

Shewart, W A (1931), *Economic Control of Quality of Manufactured Product*, Van Nordstrom.

Shewhart, W. A. (1986), *Statistical Method from the Viewpoint of Quality Control*, Dover.

Wheeler, D. J. (2000), *Normality and the Process–Behaviour Chart*, SPC

Press.

Wheeler, D. J. and Chambers, D. S. (1992), *Understanding Statistical Process Control*, SPC, Inc.

Wheeler, Donald J. (2000), *Understanding Variation: the key to managing chaos*, SPC Press.

chapter 13

DFSS

DFSS(Design for Six Sigma)는 기업으로 하여금 적기에 적절한 비용으로 올바른 제품이나 서비스를 창출하는 데 도움을 주는 기법을 제공하여 수익성의 향상에 기여하는 프로세스라고 할 수 있다. DFSS는 제품개발 단계에서 고객의 요구를 파악하고 이른 시기에 디자인에 반영함으로써 디자인 잘못으로 인한 손실을 최소화하는 데 초점을 맞춘다. 결국 처음부터 디자인을 잘하자는 것이다. 그러므로 DFSS는 고객의 요구사항 파악, 품질특성의 확인, 디자인 개념 선정과 같은 사항을 수행하기 위해 체계적으로 도구와 방법과 프로세스를 통합하는 방식을 제공하는 데 초점을 맞춘다.

DFSS의 필요성

신제품이 시장에서 성공할 확률은 생각만큼 높지가 않다. 그 이유로서 다음과 같은 것들이 포함된다.

- 시장분석의 미흡
- 제품의 불량
- 마케팅 노력 미흡
- 예상치를 초과하는 비용
- 경쟁
- 시장진입 시기 문제
- 생산 및 기술적 문제

DFSS는 신제품의 시장 실패 확률을 낮추는 데 도움을 줄 수 있다. 기업들은 디자인–실험–수정–재시험의 과정을 반복하는 것이 일반적이다. 이러한 과정을 반복하게 되면 개발비용이 상승하고 시장진입 시기가 늦어지며 품질수준이 낮아지고 경쟁력이 떨어지게 된다. 요즈음과 같이 경쟁이 치열한 상황에서 리드타임의 단축, 개발 및 생산비용의 감축, 높은 품질수준 등이 기업에 요구된다. 그러므로 적기에 적절한 비용으로 높은 수준의 품질 디자인을 보장하는 전략이 필요한데 이때에 이용할 수 있는 전략이 DFSS라고 할 수 있다.

DFSS 방식

DFSS에서는 DMADV(Define, Measure, Analyze, Design, Verify) 프로세스가 이용된다. 이 프로세스는 결국 리드타임을 단축하고, 개발비용을 감축하며, 효과성을 최대화하고, 고객 만족을 향상시키는 것을 목표로 한다.

정의 단계

정의(define) 단계는 다음과 같은 활동을 수행하게 된다.

> 프로젝트 헌장의 개발 ➜ 프로젝트 계획 개발 ➜ 변화관리 계획 개발 ➜ 위험관리 계획 개발

프로젝트 헌장

프로젝트 헌장이란 최고경영진과 프로젝트 수행팀 사이에 맺어지는

일종의 협정이며 프로젝트의 수행을 통하여 얻고자하는 것 혹은 예상하는 것에 대한 동의를 바탕으로 작성된다. 따라서 헌장의 목표는 프로젝트의 비전을 마련하고, 프로젝트팀의 방향을 설정하며, 프로젝트의 범위를 정하기 위함이다. 헌장을 통하여 프로젝트 수행팀의 역할이 분명해지고 팀의 활동이 조직의 우선순위와 일치되도록 한다.

프로젝트 헌장의 구성요소는 다음과 같다.

- ✤ **문제점**: 현재 상황을 묘사하며 고객이 경험하는 문제를 서술한다.
- ✤ **기회**: 문제점 해결을 통한 시장기회나 재무적 기회를 서술한다.
- ✤ **중요성**: 프로젝트를 지금 수행해야 하는 이유를 설명한다.
- ✤ **예상되는 아웃풋**: 프로젝트의 예상되는 결과물에 대해서 서술한다.
- ✤ **범위**: 프로젝트의 범위를 서술한다.
- ✤ **스케줄**: 프로젝트 수행 스케줄을 서술한다.
- ✤ **프로젝트 수행팀**: 팀의 구성원과 역할을 서술한다.
- ✤ **프로젝트의 정당성**: 프로젝트의 재무적인 정당성을 서술한다.

프로젝트 계획

프로젝트 계획에는 다음과 같은 구성요소가 포함된다.

- ✤ 프로젝트 스케줄
- ✤ 변화관리 계획
- ✤ 위험관리 계획

프로젝트 스케줄을 수립하는 데 간트차트, PERT/CPM, 활동 네트워크 다이어그램 등을 이용한다. 프로젝트 스케줄이 수립이 되면 그 스케줄을 어떻게 관리할지에 대한 관리계획이 수립되어야 한다. 프로젝트를 기간 내에 완료하는 것도 중요하지만 안전, 환경적인 문제, 윤리적 문제, 문서관리 등과 관련한 관리를 어떻게 할 것인지에 대해서 구체적인 안을 마련해야 한다.

변화관리 계획

프로젝트에 필요한 자원이 필요시에 가용할 수 있도록 하는 것이 중요하다. 디자인 프로젝트는 조직의 여러 분야에 영향을 미치게 된다. 따라서 프로젝트 수행시에 어떤 분야가 언제 영향을 받게 되는지에 대해서 검토하여 미리 변화에 대한 준비를 요청하는 것이 중요하다. 이를 위해서 단순한 의사소통만으로도 가능한 경우도 있고 아니면 프로젝트에 참여시키는 방법도 있다. 사람들은 변화에 대해서 저항을 하는 것이 일반적이다. 따라서 변호가 필요한 경우에 왜 변화가 필요한지를 분명하게 의사소통하고 사람들이 자유롭게 변화에 대한 우려를 표현할 수 있도록 하고 이에 대한 답변을 할 수 있는 메커니즘을 마련하는 것이 중요하다.

위험관리 계획

디자인 프로젝트에는 알려진 혹은 잠재적인 위험이 따르기 마련이다. 따라서 이러한 위험을 확인하고 이를 언제 어떻게 대처할지에 대한 계획이 수립이 되어야 한다. 지속적인 위험검토를 통하여 위험에 대한 평가가 이루어지고 위험을 완화하거나 제거하는 활동에 대한 계획이 수립되어야 한다. 일반적으로 알려진 위험으로는 다음이 포함된다.

- 적절하지 못한 고객 및 비즈니스 정보
- 디자인에 대한 부적절한 측정
- 경영환경의 급격한 변화
- 범위의 확대
- 자원 가용성의 변화
- 복잡성
- 증명되지 않은 신기술 등

측정 단계

측정(measure) 단계에서는 다음과 같은 활동을 수행하게 된다.

VOC(Voice of Customer) 수집 및 분석 ➜ CTQ(Critical to Quality)로 전환 ➜ CTQ 우선순위 결정

이 단계에서 중요한 것은 VOC를 수집하여 분석하고 이를 통하여 CTQ를 결정하는 것이다. 이 단계에서는 다음과 같은 다양한 도구들이 이용된다.

- ✤ 데이터 수집 계획
- ✤ 소비자 리서치
- ✤ 인터뷰
- ✤ 포커스 그룹
- ✤ 설문조사
- ✤ VOC
- ✤ 카노 모델
- ✤ 벤치마킹
- ✤ 품질기능전개(QFD)

VOC 수집 및 분석

VOC 데이터는 어떠한 제품, 프로세스, 서비스를 제공하거나 혹은 개선할지를 결정하고 또한 디자인이나 개선노력이 사업전략과 일치하도록 하는 데 도움을 준다. 또한 제품, 프로세스, 서비스에서 고객의 핵심적인 요구사항이 무엇인지를 확인하고 고객만족에 있어서의 핵심 동력을 확인하는 데도 도움이 된다. VOC 데이터를 수집하고 분석하는 데 도움이 되는 도구로서 카노 모델이 유용하다.

품질특성으로의 전환

고객의 요구사항을 디자인팀의 언어(주로 엔지니어링 언어)로 전환한 것이 품질특성(CTQ: Critical to Quality)이다. CTQ에는 품질특성, 측정치, 목표치, 스펙 한계가 포함된다. 예를 들어, 고객의 요구사항이 “정시에 배송이

이루어지기를 원한다"일 경우에 CTQ로 다음이 포함된다.

- ✤ 품질특성=배송의 정시성
- ✤ 측정치=정시배송률
- ✤ 목표치: 99%
- ✤ 스펙 한계: 95%

CTQ의 우선순위 결정

고객의 요구사항을 품질특성으로 전환하고 CTQ의 우선순위를 결정하는데 도움을 주는 도구가 QFD이다.

분석 단계

분석(analyze) 단계에서는 다음과 같은 활동을 수행한다.

> 핵심기능의 파악 ➜ 기능의 우선순위 결정➜ 디자인 컨셉 개발 ➜ 디자인 컨셉의 평가와 분석

이 단계에서는 고객의 요구사항을 충족시키기 위하여 여러 디자인 컨셉이 개발되고 컨셉들에 대한 분석을 통하여 어떤 컨셉을 이용할 것인지 결정하는 단계이다.

핵심 기능의 파악

고객의 요구사항을 충족시키기 위한 제품, 서비스 혹은 프로세스의 핵심기능을 파악하는 단계이다.

기능의 우선순위 결정

핵심기능들이 확인이 되면 이 중에서 디자인에 중요한 기능들이 파악되어야 한다. 이 과정에서 QFD가 도움이 된다.

이러한 기능들이 파악되면 그러한 기능을 중심으로 다음과 같은 것을

결정할 수 있다.

- ✤ 어느 기능이 가장 많은 자원을 필요로 하는지
- ✤ 어느 기능이 혁신적인 디자인을 필요로 하는지
- ✤ 어느 기능이 기존의 디자인을 이용할 수 있는지
- ✤ 어느 기능이 벤치마킹을 통하여 복제가 가능한지

컨셉 디자인의 개발

고객의 요구사항을 충족시키기 위한 제품, 서비스, 혹은 프로세스의 기능들이 결정되면 이 기능들을 실현시킬 컨셉 디자인 대안들이 만들어져야 한다. 컨셉 디자인이 모두 새로운 것일 필요는 없다. 일부는 기존의 디자인이 이용될 수 있다. 이때에 벤치마킹이 도움이 된다.

컨셉 디자인의 대안 평가와 분석

기존의 기술이나 이미 알려진 컨셉 디자인이 고객의 요구사항을 모두 충족시킬 수 있으면 대안에 대한 평가나 분석이 필요가 없다. 그러나 그렇지 않은 경우에는 새로운 컨셉 디자인이 개발이 되고, 여러 대안들에 대한 평가와 분석을 통하여 어떤 컨셉 디자인을 이용할 것인지 결정해야 한다. 이때에 FMEA(11장 참조)와 같은 기법이 이용될 수 있다.

디자인 단계

디자인(design) 단계에서는 개략적인 디자인과 세부적인 디자인이 이루어지는 단계이다. 개략적인 디자인은 디자인 성과와 실현 가능성에 대한 평가를 위해 개발이 되는 것으로 여러 대안들이 개발되고 이들의 평가를 통하여 디자인이 선정된다. 선정된 디자인에 대해서 실행이 가능하도록 세부적인 디자인이 개발된다.

이 단계에서 다음과 같은 기법들이 유용하다.

- ✤ **다구치(Taguchi) 기법**: 강성 설계를 위한 파라미터 결정에 도움을 주는

기법

- ✤ 고장유형영향분석(FMEA): 11장 참조
- ✤ 시뮬레이션
- ✤ 품질기능전개(QFD)
- ✤ 시제품화
- ✤ 실험계획

확인 단계

시장에 직접 진입하기 전에 파일럿 테스팅이 필요하다. 따라서 확인(verify) 단계에서는 다음과 같은 활동이 수행된다.

파일럿 계획 수립 ➜ 파일럿 테스팅 및 평가 ➜ 실행 ➜ 프로젝트 종료

파일럿 테스팅은 규모 축소 모델, 베타버전, 테스트 마켓, 시범 사용 등 여러 가지 방법으로 진행할 수 있다. 이러한 파일럿 테스팅을 통한 자료의 수집과 분석을 통하여 실행 여부를 결정하게 된다.

DFSS 단계별 유용한 도구

카노 모델과 QFD가 유용한 도구로 이용된다.

카노 모델

고객의 요구를 정리하고 우선순위를 부여하는 유명한 기법이 카노(Kano) 모델이며 카노(N. Kano) 교수가 1980년에 고객의 요구를 분석하는

접근법으로 개발한 모델이다. 이 모델은 고객 품질의 개념에 기반을 두고 있으며 고객의 요구를 정리하기 위한 순위정하는 방법을 제공한다.

카노 모델은 고객의 욕구를 다음의 세 가지 속성으로 구분한다.

- ✤ **당연적 속성(must-haves)** 제품이나 서비스가 반드시 갖추어야 할 필요조건이나 품질을 말한다. 이러한 것이 포함되었다고 해서 반드시 만족도가 높아진다고는 할 수 없으나 없을 경우에는 자동적으로 고객의 불만족을 야기한다. 고객은 당연적 속성이 포함된다고 가정한다. 이것의 예로서 자동차 브레이크를 생각할 수 있다. 당연적 속성은 분계 속성(threshold attributes)이나 기본 속성(basics)으로 불리기도 한다.
- ✤ **일원적 속성(one dimensional attributes)** 이 속성은 어떻게 기능을 하느냐에 따라 고객을 만족시키게 된다. 만일 제품이나 서비스의 성능이 높을 경우에는 고객이 만족한다. 만일 성능이 낮을 경우에는 고객이 만족하지 못하게 된다. 고객들은 보통 이러한 속성이 필요하다는 것을 알고 있으며 면밀하게 보게 된다. 이러한 속성의 예는 스포츠카의 엔진 마력이다. 이것은 성과 속성(performance attributes) 혹은 선형적 속성(linear attributes)이라 불리기도 한다.
- ✤ **매력적 속성(attractive attributes)** 존재할 경우에는 만족도를 높이며, 그렇다고 없다고 해서 불만을 야기하는 것은 아니다. 포함시키면 고객에게 감동을 주는 기회를 가지는 것이고 이는 경쟁자와의 차별화기 되는 것이다. 이것의 예는 고가의 스포츠카의 좋은 연비 같은 것이다. 이것은 만족 속성(satisfiers)이나 흥분 속성(exciters)으로 불리기도 한다.

물론 고객의 기대는 시간이 지나면서 변한다. 자동차의 컵홀더는 처음에는 매력적 속성이었으나 고객들이 얼마나 유용한지를 알게 되면서 일원적 속성이 되었다. 지금은 당연적 속성이 되어 이제는 이것이 없는 자동차를 사지 않게 되었다. 고객들이 제품이나 서비스를 어느 속성에 넣는지를 지속적으로 모니터링하여 어느 속성이 고객에게 가장 중요한지를 알아야 한다.

카노 모델을 이용하려면 다음과 같은 단계를 거쳐야 한다.

단계 1 분석하고자 하는 제품이나 서비스의 중요 특성을 결정한다. 어느 특성이 가장 중요한지를 결정하는데 여러 가지 방법을 이용할 수 있다. 많은 시장조사기관이 포커스 그룹 인터뷰를 이용한다. 예를 들어, 스키에 대한 중요한 특성이 다음과 같다고 하자.

- 회전이 쉬움
- 가벼운 무게
- 도난 방지 장치 있음
- 흠집에 강함
- 디자인 좋음
- 무료 유지보수 서비스
- 구형스키 교체시 혜택 제공

단계 2 각각의 특성에 대하여 한 쌍의 설문을 만든다. 질문 중 하나는 긍정적인 것으로 예를 들어 특정 특성이 존재하는 것에 대하여 어떻게 생각하는지 묻는 것이고, 나머지 하나는 부정적인 것으로, 특정 특성이 없다면 어떻게 생각하는지를 묻는 것이다. 각각의 질문에 대해서는 다섯 가지 중의 하나로 답하게 디자인한다. 예를 들어, 회전이 쉬움이라는 특성에 대한 설문지는 다음과 같이 만든다.

만일 당신의 스키가 회전이 쉽다는 것에 대하여 어떻게 생각하는가?

1. 현 상태로 좋다.
2. 당연히 그래야 한다.
3. 중립적이다.
4. 현 상태로 참을 수 있다.
5. 현 상태를 싫어한다.

만일 당신의 스키가 회전이 쉽지 않다면 어떻게 생각하는가?

1. 현 상태로 좋다.
2. 당연히 그래야 한다.

▶ 표 13-1 속성 결정을 위한 표

		부정적 질문				
		1. 좋음	2. 당연함	3. 중립적	4. 참음	5. 싫어함
긍정적 질문	1. 좋음	Q	A	A	A	O
	2. 당연함	R	I	I	I	M
	3. 중립적	R	I	I	I	M
	4. 참음	R	I	I	I	M
	5. 싫어함	R	R	R	R	Q

A(attractive): 매력적, I(indifferent): 중립적, M(must-haves): 당연적,
O(one dimensional): 일원적, Q(questionable): 의심스러운, R(reverse): 반대적

3. 중립적이다.
4. 현 상태로 참을 수 있다.
5. 현 상태를 싫어한다.

두 질문에 대한 답을 이용하여 <표 13-1>을 이용하여 어느 속성에 속하는 지를 결정한다.

예를 들어, 어떤 응답자가 긍정적인 질문에 대하여 "1. 현 상태로 좋다"라고 답을 하고, 부정적인 질문에 대하여 "4. 현 상태로 참을 수 있다"로 답을 하였다면 그 응답자에게 스키의 회전이 쉬움이라는 속성은 A로 분류된다. 만일 150명의 응답자가 설문에 응하였다면 회전이 쉬움이라는 속성에 대하여 150개의 결과를 얻을 것이고 이를 속성별로 빈도를 산출하여 <표 13-2>와 같이 정리한다. 회전이 쉬움은 O의 빈도가 50%로 가장 크므로 일원적 속성으로 분류한다. 이렇게 하여 모든 속성들에 대한 카테고리가 정해지면 이 결과를 다음과 같이 이용한다.

- ✤ 제품이나 서비스가 모든 당연적 속성을 갖추도록 한다.
- ✤ 매력적 속성을 추가하거나 기존의 것의 품질을 개선할 가능성을 검토하라.
- ✤ 일원적 속성의 경우에 다른 여러 제약조건을 고려하여 최대화하도록 하라.
- ✤ 그리고 가능하면 고객이 관심이 없는 속성을 제거하라.

▶ 표 13-2 속성별 빈도 조사표

	A	O	M	I	R	0	합계	카테고리
회전이 쉬움	15 (10%)	75 (50%)	30 (20%)	24 (16%)	3 (2%)	3 (2%)	150 (100%)	0
가벼운 무게								
⋮								

QFD

품질기능전개(QFD: Quality Function Deployment)는 일본의 도쿄공과대학의 미즈노(S. Mizuno) 교수에 의하여 개발된 것으로 1972년 미츠비시 고베조선소에 처음 적용되었다. 도요타에서도 1970년대 말에 미니밴 생산에 QFD를 적용하여 비용의 절감 효과를 얻었고, 미국에는 1984년도에 제록스에 소개되었다. 실상 QFD는 제조산업이나 서비스산업에 관계없이 거의 모든 기업에 적용할 수 있는 기법이며 고객의 요구사항을 제품이나 서비스에 반영하기 위해 사용되는 계획 도구이다.

품질의 핵심은 고객이 제품이나 서비스에 부여하는 가치이고 이러한 가치는 제품의 특성이 얼마나 고객의 요구를 충족시키느냐에 의하여 결정된다. QFD는 고객의 요구를 수집하고 이를 제품이나 서비스 특성으로 전환하는 접근법이다. QFD를 정확하게 실행하면 품질뿐만 아니라 생산성 향상이 기대되며 비용과 제품개발시간 등이 단축된다. 누구도 원하지 않는 제품이나 서비스를 생산하는 것은 시간과 돈의 낭비이다. 따라서 처음부터 품질을 제품이나 서비스에 반영해야만 한다.

QFD는 고객의 목소리(VOC)라고 하는 고객의 기대치 혹은 고객의 요구사항에 초점을 맞춘다. QFD는 잠재적인 고객으로부터 정보를 수집하여 평가하고 이를 엔지니어링 특성인 제품의 명세로 전환한다. 이렇게 전환된 정보는 다음을 통하여 전개 혹은 이용된다.

- ✤ 제품계획
- ✤ 부품계획
- ✤ 프로세스계획
- ✤ 생산계획

QFD는 제품개발프로세스에 고객의 요구사항을 반영하는 팀 중심의 도구이다. 팀 중심이라 함은 여러 부서로부터 모인 사람들로 구성되는 팀이 QFD를 수행한다는 의미이다. 시장조사를 통하여 고객의 요구사항을 파악하고 서로 상충되는 요구사항들이 이른 시기에 확인이 되므로 생산이 시작되기 전에 문제가 해결된다. 디자인 단계에서 고객의 요구사항에 집중을 하므로 재디자인이나 디자인 변경에 소모되는 시간이 단축되며 이러한 시간 단축을 통하여 개발비용의 감축 및 제품의 조기 시장진입이라는 긍정적인 효과를 얻게 된다. 따라서 전문가들은 QFD를 동시공학(CE: Concurrent Engineering)의 일종의 청사진으로 고려한다. 고객으로부터 얻은 정보는 품질의 집(House of Quality)이라는 매트릭스 형태로 정리한다.

QFD는 처음에는 신제품개발의 시작비용을 줄이기 위해서 이용되었다. 실제로 여러 기업들은 이러한 비용절감을 비롯하여 다음과 같은 다양한 효과를 얻게 된다.

- ✤ 제품을 개발하는 시간이 단축된다.
- ✤ 품질이 향상된다.
- ✤ 고객만족도가 향상한다.
- ✤ 고객이 원하지 않는 제품이나 서비스를 시장에 진입하는 위험을 줄인다.
- ✤ 고객가치 측면에서 경쟁자에 대비한 자신의 제품 위치를 결정할 수 있다.
- ✤ QFD 매트릭스는 이슈를 이해하는 데 도움이 되고 디자인팀, 생산팀, 마케팅팀 간의 의사소통을 증진시킨다.

QFD를 통하여 이러한 효과를 얻게 되는 이유는 QFD가 다음과 같은 특성을 지니기 때문이다. 첫째, 고객의 요구사항에 초점을 맞추고 자신과 경쟁자를 비교하여 어느 곳에 자원을 우선적으로 투여할 것인지를 결정하게 된다. 둘째, 생산하기 전에 디자인 갈등이 해결되므로 디자인 변경 횟수가 줄어들게 되며 전체적으로 실행에 걸리는 시간이 줄어들게 된다. 셋째, 조직의 여러 분야로부터의 인풋이 요구되므로 각 부서들은 다른 부서들이 무엇을 하는지를 알게 되고 의사소통의 기회가 확대된다. 즉 팀워크가 향상되므로 효율성과 생산성의 증대가 기대된다. 마지막으로 각종 정보가 품질의 집이라는 매트릭스 형태로 정리되어 문서화되므로 미래의 디자인 개선이나 프로세스개선에 유용하게 이용될 수 있다.

QFD의 중심은 고객의 요구사항이다. 이에 대한 사항은 이미 살펴보았듯이 카노 모델을 이용하여 고객의 요구사항을 파악하면 도움이 된다. 고객들이 자신들이 기대하는 것을 묘사하는 데 사용하는 단어를 종종 고객의 목소리라고 한다. 고객의 기대사항을 결정하는 데 유용한 정보의 원천으로 포커스그룹, 설문조사, 불평사항 등이 이용된다. 고객의 기대사항은 모호한 경우가 많으며 또한 너무 폭이 넓은 경우가 많다. 이러한 기대사항을 세부적인 요구사항으로 만드는 것은 QFD 팀의 일이다.

고객의 정보는 상당히 다양한 형태가 있으며 기업이 수집하는 방법도 상당히 다양할 수 있다. 우선적으로 기업이 고객에게 정보를 요청하는 경우도 있고 고객이 자발적으로 기업에게 정보를 제공하는 경우도 있다. 이러한 정보들은 계량적으로 측정이 가능한 객관적인 정보와 주관적 정보로 구분된다. 또한 정보가 일상적인 것일 수도 있고 임의적인 것일 수도 있다.

고객의 요구사항 파악과 관련하여 QFD 팀이 알아야 할 것은 고객의 기대사항을 가능한 많이 충족시키는 것도 중요하지만 고객의 기대사항을 초월하는 것도 중요함을 알아야 한다. 따라서 기존의 제품이나 경쟁자의 제품보다 매력적으로 만들어야 하는 데 있어서 단순히 고객의 기대사항을 충족

▸ 그림 13-1 품질의 집의 구성

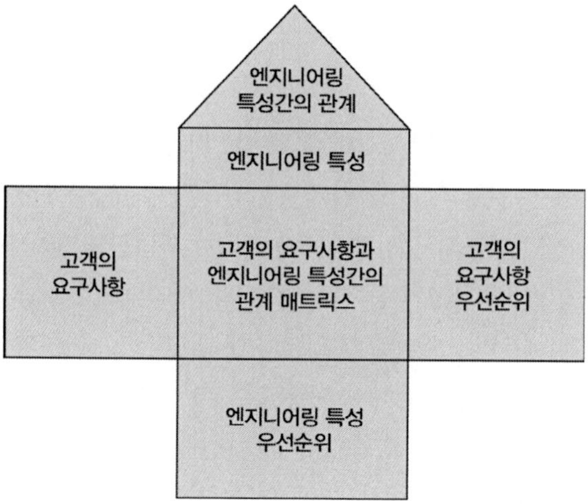

시키는 것에 만족하지 않고 고객이 기대하지 않는 것을 제공하는 것도 한 가지 전략이 될 수 있다. 예를 들어, 자동차의 경우에 컵홀더는 처음에는 고객이 기대하지 않는 것을 제공하였으나 이제는 고객의 기대사항이 되었다.

고객으로부터 수집한 정보를 품질의 집이라는 매트릭스로 정리를 한다. 품질의 집은 고객의 목소리를 디자인 요구사항으로 전환하는 역할을 한다. QFD는 기업이 원하는 만큼 복잡해질 수 있으나 기본적으로 다음과 같은 내용이 포함된다.

즉 품질의 집은 <그림 13-1>과 같이 기본적으로 기초(바닥), 왼쪽 외벽, 오른쪽 외벽, 내벽, 천장, 지붕 등 여섯 부분으로 구성된다.

- ✤ 왼쪽 외벽에는 고객의 요구사항이 기록된다.
- ✤ 오른쪽 외벽에는 고객의 요구사항에 대한 우선순위가 기록된다.
- ✤ 천장에는 엔지니어링 특성이 기록된다.
- ✤ 지붕에는 엔지니어링 특성간의 관계가 기록된다.
- ✤ 내벽에는 고객의 요구사항과 엔지니어링 특성과의 관계가 기록된다.
- ✤ 기초(바닥)에는 엔지니어링 특성의 우선순위가 기록된다.

세분화된 시장별로 품질의 집을 따로 만들 필요가 있다. 왜냐하면 시장별로 소비자의 특성이 다르기 때문이다.

<그림 13-1>의 품질의 집은 고객의 요구사항을 엔지니어링 특성으로 변환하는 절차를 보여준 것이며 이는 QFD 프로세스의 일부이다. QFD의 전체적인 프로세스는 다음과 같이 4단계로 진행된다.

단계 1 **제품계획**: 개별 고객의 요구사항에 대한 엔지니어링 특성을 결정한다.

단계 2 **부품계획**: 단계 1 에서 만들어진 엔지니어링 특성을 바탕으로 부품 특성을 결정한다. 즉 엔지니어링 특성을 바탕으로 특정 부품에 대한 세부적인 사항이 결정된다.

단계 3 **프로세스계획**: 단계 2 에서 만들어진 부품 특성을 바탕으로 핵심 프로세스 운영계획이 만들어진다.

단계 4 **생산계획**: 단계 3 에서 만들어진 핵심 프로세스 운영계획을 바탕으로 생산계획이 만들어진다. 최종적으로 시제품이 제작되고 생산이 본격적으로 시작된다.

이 단계를 그림으로 나타내면 <그림 13-2>와 같다. 이러한 QFD 프로세스의 이해를 돕기 위하여 일본에서 자동차의 부식 문제로 인한 보증비용의 증가를 QFD 프로세스로 해결한 예를 소개한다.

❶ **제품계획**: 내구성이라는 고객의 요구사항을 충족시키기 위해 3년 내에는 외관상 부식이 일어나지 않는다는 엔지니어링 특성을 결정

❷ **부품계획**: 엔지니어링 특성을 달성하기 위한 부품 특성 결정, 즉 최소의 페인트 두께, 최대의 크리스탈 표면 처리 필요

❸ **프로세스계획**: 부품 특성을 달성하기 위해 핵심 프로세스로서 3중 페인팅 프로세스 적용 및 딥 탱크(dip tank) 이용

❹ **생산계획**: 부품 특성과 고객의 요구사항을 달성하기 위하여 통제가 되어야 하는 핵심 프로세스의 파라미터 결정

▸그림 13-2 QFD 프로세스 4단계

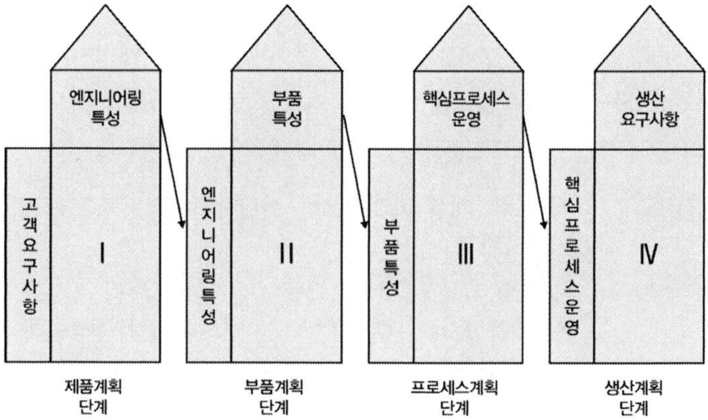

출처: Hauser and Clausing(1988)

DMAIC와 DFSS의 차이점

DMAIC는 사후 문제의 탐지 및 해결에 초점을 맞추고 있는 반면에 DFSS는 사전 문제예방에 초점을 맞추고 있다. 또한 DMAIC는 기존의 제품이나 서비스를 대상으로 하는 반면에 DFSS는 주로 새로운 제품, 서비스 혹은 프로세스의 디자인을 대상으로 한다. DMAIC는 제조 프로세스에 초점을 맞추는 반면에 DFSS는 마케팅, R&D, 디자인에 초점을 맞춘다. DMAIC의 재무적 성과는 DFSS에 비하여 더 신속한 실현이 가능하다. DMAIC는 문제가 발생한 부서 사람들 위주로 팀이 구성되는 반면에 DFSS 팀은 디자인 프로세스와 연관되는 모든 부서에서 참여하는 것이 보통이며 디자인 엔지니어, 생산 엔지니어, 테스트 엔지니어, 신뢰성 엔지니어, 유지보수 엔지니어, 부품 엔지니어, 품질 엔지니어 등이 참여하게 된다. 이를 요약하면 <표 13-3>과 같다.

▶ 표 13-3 DMAIC와 DFSS의 비교

	DMAIC	DFSS
초점	문제해결	문제예방
대상	기존제품	신제품
대상 기능	제조프로세스	디자인
재무적 성과	단기	장기
프로젝트팀 구성	참여 부서 제한적	전 부서 참여

참고문헌

ASQ Quality Press (1989), *Benchmarking: The Search for Industry Best Practices That Lead to Superior Performance*, ASQ Quality Press.

Breyfogle F.W., J.M. Cuppelo and B. Meadows (2000), *Managing Six Sigma*, John Wiley.

Brue, G. (2003), *Design for Six Sigma*, McGraw–Hill.

Chowdhurry S. (2003), *The Power of Design for Six Sigma*, Dearborn Trade Publishing.

Conner, P.D.T. (2002), *Practical Reliability Engineering*, Wiley.

Creveling, C.M., J.L. Slutsky and D. Antis (2003), *Design for Six Sigma in Technology and Product Development*, Prentice–Hall.

Harry, M. and R. Schroeder (2000), *Six Sigma–The Breakthrough Management Strategy*, Doubelday.

Hauser, John R. and Don Clausing(1988), "The House of Quality," *Harvard Business Review*, May–June, 63–73.

Pande, P.S., R.P. Neuman and R.R. Cavannagh (2002), *The Six Sigma Way*, McGraw–Hill.

Pyzdek, T. (2001), *The Six Sigma Handbook*, McGraw–Hill.

Roozenberg, N.F.M. and J. Eckels (1996), *Product design: Fundamentals and Methods*, Wiley.

Welch, J. and J.A. Byrne (2001), *Jack, Straight from the Gut*, Waner Brothers Books.

Yang, K. (2005), *Design for Six Sigma for Service*, McGraw–Hill.

Yang, K. and B. El–Haik (2003), *Design for Six Sigma*, McGraw–Hill.

chapter 14

6 Sigma와 TQM의 비교

6시그마의 등장으로 인하여 종합적 품질경영(TQM: Total Quality Management)을 과거에 유행했던 프로그램으로 생각하기 쉽지만 TQM의 대부분의 요소들은 여전히 유효하며 폭넓게 이용되고 있다. TQM은 단순히 몇 가지의 데이터 분석 도구를 지칭하는 것이 아니고 품질과 관련된 모든 것에 대한 문화적인 태도를 말한다. TQM은 지속적인 개선에 모든 종업원이 참여하는 고객 중심의 조직을 위한 경영 시스템이라고 정의될 수 있다. 즉 단순히 품질을 개선하는 기법이 아닌 고객만족 향상을 통한 기업 전체의 경쟁력을 향상시키는 철학이다. 따라서 TQM은 기업의 모든 자원을 고객만족의 방향으로 집중 및 통합시키며 생산운영관리의 기반을 제공함과 동시에 전략, 데이터, 효과적인 의사소통을 이용하여 품질규율을 조직의 문화와 활동에 통합시킨다. 그러나 TQM이 만능은 아니며 TQM을 실천한다고 해서 문제가 모두 해결되는 것은 아니다. 본 장에서는 TQM에 대하여 살펴보고 6시그마와의 비교를 통하여 6시그마의 특성을 보다 분명하게 하고자 한다.

TQM이란?

TQM이란 고객의 요구나 기대치를 상회하여 만족시키기 위하여 인적자원과 계량적인 방법을 적용하여 기업의 모든 프로세스를 지속적으로 개선하는 철학 혹은 원칙이다. TQM의 목적은 고객에게 높은 품질의 제품을 제공하고 동시에 생산성 향상 및 비용절감을 달성하여 시장에서의 경쟁우위를 확보하는 것이다. 또한 TQM은 기업이 수익 및 성장목표를 달성하는데 도움을 주고 작업자들에게는 만족스러운 작업환경을 제공한다.

TQM에서 Total, Quality, Management의 의미는 다음과 같다.

- ✤ Total이 의미하는 것은 전체이다.
- ✤ Quality는 제품이나 서비스가 제공하는 탁월성의 정도를 의미한다.
- ✤ Management는 관리를 의미한다.

즉, TQM은 탁월성을 얻기 위하여 전체를 관리하는 것을 의미하며 각 기업들은 각자의 상황에 맞게 TQM을 변경 적용한다. 그러나 공통적인 테마는 '애초에 올바른 방법으로 올바른 것을 한다'는 것이다. TQM은 제품이나 서비스의 디자인, 생산, 전달 시스템뿐만 아니라 비즈니스와 조직의 모든 면을 포함한다. 따라서 인적자원, 재무, 구매 등의 모든 지원 시스템도 포함하며 조직의 모든 직위의 사람들이 모든 프로세스의 지속적인 개선을 위해 참여하고 관심을 가져야 한다는 의미이다. 이러한 차원에서 최고경영자는 조직의 비전을 개발하고 방향을 제시하며 비전을 전달하기 위한 전략과 전술을 확립해야 한다. 비전은 경영진의 리더십에 협조하는 종업원들의 인풋에 의하여 달성된다.

TQM은 E. Deming, J. Juran, P. Crosby, K. Ishikawa 등의 거장들이 이루어낸 품질혁신의 결과이다. 다른 훌륭한 아이디어와 마찬가지로, 각 혁신자의 최상의 기법들을 조합하여 하나의 총체적인 프로그램으로 만든 것이며 기업인들이 품질 개선을 위해 프로세스 단계를 보도록 가르친 품질 시스템이다.

TQM의 특성

ASQ(American Society for Quality)에서는 TQM의 특성으로 여덟 가지를 제시하고 있다. 본서에서는 '공급자와의 파트너십' 이라는 특성을 추가하여 모두 아홉 가지로 한다. 공급자와의 파트너십은 Deming의 14가지 TQM 실천 요점, ISO 9000, Malcolm Baldrige 품질상의 평가기준 등에 모두 포함되어 있는 특성이다. 기업들은 이러한 TQM의 주요 특성들을 조직이 따라야 하는 일련의 핵심가치와 원칙으로서 정의하여 이용하고 있다.

고객 중심

고객이 궁극적으로 품질을 결정한다. 즉 기업이 품질개선을 위하여 다양한 노력을 기울이더라도 그러한 노력의 가치에 대한 평가는 결국 고객이 한다는 의미이다. 그러므로 품질의 측정치로 고객만족이 중요하며, TQM에서는 고객의 기대치를 상회하여 고객감동의 수준까지 추구한다. 품질을 고객의 관점에서 정의하고 고객만족이 기업의 최우선 목표가 되어야 하며, 내부고객(종업원 등)과 외부고객을 동시에 만족시키도록 노력해야 한다. 이를 위해 고객의 요구를 파악하는 것과 지속적으로 고객으로부터 피드백 정보를 수집하는 것이 중요하다. 고객의 피드백 정보로는 고객의 불만사항, 품질요인의 우선순위, 경쟁자와의 비교, 고객의 요구, 개선해야 할 부분 등이 포함된다.

전사적 종업원의 참여

TQM은 전사적인 일이어서 모든 종업원이 공동의 목표를 달성하기 위한 노력에 참여해야 한다. 이러한 종업원의 참여를 통하여 지속적인 품질개선 및 생산성 향상이 가능하다. 품질개선 및 생산성 향상을 위해 팀을 구성하여 활동하게 하는 것이 매우 효과적이므로 모든 사람이 프로젝트팀에 효과적으로 참여할 수 있도록 동기부여를 해야 한다. 동기부여의 요인으로는 사기 진작, 작업 방법의 개선, 의사소통, 안전한 작업환경, 고용 보장 등이 포함된다. 전사적인 종업원의 참여와 관심은 종업원에게 권한이 부여되고 경영진이 적절한 환경을 제공해야 얻어질 수 있는 것이다. 자율적으로 운영되는 작업팀이 권한부여의 한 형태이며, 종업원에게 의사결정에 참여하는 기회를 줌으로써 기업의 목표달성에 더욱 적극적이 되게 할 수 있다. 이 이외에도 TQM의 성공을 위해서는 종업원에 대한 교육과 훈련, 성과향상을 위한 성과 측정 및 평가 시스템의 수립, 그리고 보상체제의 확립이 중요하다. 종업원 참여가 품질개선 및 생산성 향상의 효과가 있는 이유는 다음과 같다.

- 종업원들이 보다 나은 의사결정을 할 수 있고,
- 자신들이 의사결정에 참여한 경우에 프로젝트의 실행 및 지원에 적극적이며,
- 품질개선이 필요한 부분에 대한 판단이 좋아지고,
- 즉각적인 문제를 해결하려는 노력을 하게 되며,
- 경영진과 노동자와의 관계가 좋아지고,
- 종업원들이 조직에 꼭 필요한 사람이라는 느낌을 가지게 되어 사기가 높아진다.

프로세스 중심

TQM의 기초 중의 하나는 프로세스 사고방식에 초점을 맞추는 것이다. 프로세스는 공급자로부터 인풋을 받아 아웃풋으로 전환하여 고객에게 전달하는 일련의 단계이다. TQM에서는 프로세스를 수행하는 데 필요한 단계들이 정의되고 성과측정치가 지속적으로 관찰되어 예상 밖의 변동이 탐지되어야 한다.

통합적인 시스템

비록 여러 기업의 기능들이 수직적으로 구성되어 있더라도 이러한 기능들은 수평적으로 상호 연결되어야 한다. 미시적인 프로세스들이 모여서 더 큰 프로세스를 구성하고 모든 프로세스들이 비즈니스 프로세스로 통합되어 전략을 수행하게 된다. 모든 이들이 조직의 품질정책, 목적, 핵심 프로세스뿐만 아니라 비전, 미션, 지침들을 이해해야 한다. 사업성과는 지속적으로 관찰되어야 하며 의사소통되어야 한다. 통합적인 비즈니스 시스템은 볼드리지 품질상 기준이나 혹은 ISO 9000 기준을 적용하여 구성하면 된다. 모든 조직은 독특한 문화를 가지고 있으며 좋은 품질문화를 정착하기 전에는 제품이나 서비스의 탁월성을 성취하기는 거의 불가능하다.

전략적 접근법

품질관리의 중요한 부분은 조직의 비전, 미션 목표를 달성하는 데 있어서의 전략적인 접근법이다. 전략적 계획 혹은 전략경영으로 불리는 이 프로세스에는 품질을 핵심요소로 하는 전략계획의 구성이 포함된다.

지속적인 개선

TQM의 주요 동력은 지속적인 프로세스 개선이다. 지속적인 개선은 더 경쟁적이고 더 효과적으로 이해관계자의 기대치를 충족시키도록 기업에게 분석적이고 창조적인 동력을 제공한다. TQM의 목표는 사업과 생산 프로세스를 지속적으로 개선하여 완벽성을 추구하는 것이다. 프로세스 개선은 제품이나 서비스의 품질향상으로 인한 고객만족도의 향상으로 정의되어야 하며 이러한 개선을 달성하는 방법으로는 낭비요소 제거, 오류 감축, 고객의 기대치에 부응 혹은 상회, 프로세스의 안전성 증대, 프로세스 실행자의 만족도 증대 등이 있다.

프로세스 개선에 대하여 J. Juran의 접근법이 유용하다. 주란은 품질계획, 품질관리, 품질개선으로 구성되는 3단계 접근법을 제시하였다. 품질계획은 다음과 같은 단계로 이루어진다. 우선 고객 및 고객의 요구를 파악하고, 고객의 요구에 기초한 제품을 개발하며, 고객의 기대치를 상회할 수 있는 제품을 생산할 수 있는 작업 방법이나 프로세스를 개발하고, 마지막으로 이러한 계획의 결과를 실행하는 것이다. 품질관리는 다음과 같은 단계로 구성된다. 실제성과를 평가하고, 실제성과와 목표치를 비교하며, 목표치와 실제성과와의 차이가 있으면 즉각적인 조치를 취한다. 품질개선은 다음의 단계로 이루어진다. 지속적인 품질개선을 위한 기반을 구축하고, 개선이 필요한 프로세스나 방법을 확인하며, 개선 프로젝트를 수행할 팀을 구성하고, 프로젝트팀이 문제를 진단하고 원인을 파악하며 해결책을 도출할 수 있도록 자원과 훈련을 제공한다. 품질개선을 위한 도구로서 문제해결방법의 틀을 도입하여 기회의 확인, 범위의 정의, 기존 프로세스 분석, 새로운 프로세스 개발, 변화의 실행, 측정 및 평가, 지속적인 개선의 순으로 진행하는 것이 좋다.

사실에 근거한 의사결정(성과측정)

기업이 얼마나 성과를 내고 있는지를 알기 위해서는 성과측정치에 대한 자료가 필수적이다. TQM은 기업이 지속적으로 데이터를 수집하고 분석하여 의사결정의 정확성을 높이고 의견일치를 성취하며 과거 자료에 기인한 예측을 하도록 요구한다. '측정 없이는 개선도 없다'라는 말이 있듯이 성과측정은 반드시 필요한 것이다. 성과측정의 목적으로 추세의 확인, 개선대상 프로세스의 확인, 목표와의 일치 여부 판단, 개인 혹은 팀의 평가, 사실적 경영 등이 포함된다. 측정대상으로는 고객, 종업원, 생산, R&D, 공급자, 마케팅, 일반관리 등이 있다.

의사소통(리더십 포함)

조직의 변화가 진행되는 동안 혹은 일상적인 운영에서의 의사소통은 종업원의 사기 유지와 동기부여에 중요한 역할을 한다. 의사소통에는 전략, 방법, 적시성이 포함된다. 품질개선 노력의 실패에 대한 주요 요인으로 지적되는 것이 바로 최고경영자의 참여 결여인 것처럼 최고경영층의 참여가 절대적으로 필요하다. TQM 실행을 위해서는 품질위원회를 구성하여 명확한 비전, 장기적 목표수립, 품질정책 등을 수립해야 하며, 품질개선 프로젝트의 결정, 프로젝트팀의 구성 및 모니터링, 보상체제 수립, 성과측정치의 결정, 품질실패비용에 대한 모니터링, 교육 및 훈련 계획수립 등의 임무를 수행해야 한다. 또한 최고경영층은 조직의 문화를 정의하는 조직의 핵심가치를 개발하여야 한다. 핵심가치에는 고객지향의 품질, 리더십, 지속적인 개선, 종업원 참여, 신속한 대응, 디자인 품질 및 예방, 장기적인 시각, 사실적 경영, 파트너십 개발, 기업의 사회적 책임 등이 포함된다. 그리고 최고경영층은 TQM의 중요성에 대한 인지도를 높이기 위한 의사소통 노력도 해야 한다.

공급자와의 파트너십

높은 수준의 품질을 확보하기 위해서는 공급자와의 파트너십 관계를 유지하여야 한다. 즉, 공급자들 역시 고객만족이라는 목표를 가지고 신뢰와 충성도에 기반을 둔 장기적인 관계를 유지함으로써 품질개선, 효율성증대, 비용절감, 시장점유율 증가, 혁신기회의 증대, 지속적인 개선 등의 효과를 기대할 수 있다는 것이다. 파트너십의 성공을 위해 중요한 것은 장기적인 관계유지, 신뢰, 비전공유 등이다. 이를 위해 기업에서는 공급자의 선택이 매우 중요한데 공급자 선택의 기준으로 공급자의 경영 시스템의 안전성, 기술적인능력, 품질수준, 생산능력, 가격, 계약준수 가능성, 품질개선

시스템의 보유여부, 신뢰성, 기밀유출의 위험성 등을 고려할 수 있다.

TQM의 기원 및 진화

TQM은 한 번에 만들어진 것이 아니고 과거에서부터 개발되어 온 품질관련 기법이나 철학들이 누적된 것이라고 보는 것이 타당하다. 그 과정을 살펴보면 다음과 같다. 1920년대에는 과학적 관리가 태동하였고, 호손연구에서 작업자의 심리 혹은 참여가 생산성에 영향을 미치게 됨을 알게 되었다. 1930년대에는 Shewhart의 품질의 통계적 분석 및 관리 기법이 개발되었고, 1950년대에는 Deming이 일본에서 통계적 분석 및 관리 기법을 전수하였다. 또한 Juran이 품질관리를 강의하였고, Feigenbaum이 TQC(Iotal Quality Control) 개념을 소개하였으며, Crosby가 무결점주의를 장려한 시기이기도 하다. 1968년에는 일본이 전사적품질관리를 CWQC(Company-Wide Quality Control)로 부르기 시작하였으며 Ishikawa가 일본의 품질관리에 기여하였다.

이러한 기법이나 철학들이 결합되어 오늘날 TQM은 품질을 관리하는 광범위하고 시스템적 접근법에 대한 철학으로 인식되고 있으며 ISO 9000, Deming상, Malcolm Baldrige 품질상 등에 TQM을 구성하는 원칙과 프로세스가 반영되고 있다.

TQM의 효과

TQM은 다음과 같은 효과가 있다.

- 경쟁적 지위가 강화된다.
- 변화하거나 새로운 시장 환경 및 정부의 환경적 규제를 포함한 모든 규제에 대한 적응력이 높아진다.
- 생산성이 높아진다.
- 시장 이미지가 높아진다.
- 불량과 낭비요소가 제거된다.
- 비용이 감축되고 비용관리가 개선된다.
- 수익성이 높아진다.
- 고객 중심과 고객만족이 개선된다.
- 고객충성도와 유지가 증가된다.
- 고용안정이 증가된다.
- 종업원 사기가 증대된다.
- 주주의 가치가 높아진다.
- 프로세스가 개선되고 혁신적이 된다.

TQM의 실천

TQM은 철학으로서 그 의미가 크지만 그 실천에 있어서는 6시그마의 DMAIC와 같은 분명한 로드맵이 없어서 어려움이 있다. 물론 TQM에서도 DMAIC에 대응하는 PDCA(Plan–Do–Check–Act)사이클이 있기는 하지만 DMAIC에 필적할 수준은 아니다. 그럼에도 불구하고 Deming의 TQM 실천 요점은 매우 도움이 된다.

Deming의 TQM 실천을 위한 14가지 요점

첫째, 제품이나 서비스를 개선하는 목적에 대한 불변성(항구성)을 창출하라. 기업의 역할은 비즈니스를 지속하고 일자리를 제공하는 것이며 이를 위해서는 연구, 혁신, 지속적인 개선이 필수적이다.

둘째, 새로운 철학을 적용하라. 저품질과 나쁜 태도는 수용할 수 없으므로 더 이상 참지 말아야 한다.

셋째, 대규모 검사에 의존하는 것을 중지하라. 검사가 하는 것은 불량품을 추려내고 재작업을 하거나 폐기하는 것인데 이는 너무 비용이 많이 들고 만족스럽지 않다. 품질이라는 것은 제품을 만드는 프로세스를 철저하게 개선하는 데서 비롯된다.

넷째, 가격 하나만으로 공급자를 보상하는 관행을 중지하라. 가장 저렴한 가격을 제시하는 공급자로부터 부품을 구매하면 문제가 생긴다. 공급자 선정시에 품질과 가치를 고려하고, 공급자와 장기적인 관계를 유지하는 것이 좋다.

다섯째, 생산 시스템과 서비스를 지속적으로 영원히 개선하라. 낭비요소를 제거하면서 프로세스, 제품, 서비스를 개선하는 것이 경영진의 책무이다.

여섯째, 종업원 훈련을 실시하라. 대부분의 서구의 작업자들이 어떻게 작업을 수행해야 할지를 모를 정도로 훈련을 도외시 해왔다.

일곱째, 리더십을 발휘하라. 리더십이 무엇인지 파악하고 실천하라. 주문을 하거나 위협하는 것이 아니라 이끌고 돕고 촉진하는 것이다.

여덟째, 두려움을 제거하라. 많은 작업자들이 일을 제대로 수행하지 못하는 것은 물어보거나 제안하는 것이 두렵기 때문이다. 두려움이 품질에 거대한 영향을 미친다.

아홉째, 부서간의 장벽을 없애라. 기업의 목표를 달성하기 위해서는 사람들이 팀으로 일을 해야 한다.

열 번째, 작업자에 대한 슬로건, 권고, 목표 등을 제거하라. 작업자들을 아이 취급한다는 느낌을 주면 작업자들의 사기를 저하시킬 뿐 큰 도움이 되지 않는다. 만일 팀이 스스로 자신들의 슬로건을 만들기를 원한다면 허락을 하라.

열한 번째, 수량적 할당치를 제거하라. 할당치는 품질이나 프로세스가 아니라 수량이 중요하다는 신호를 주게 된다. 이러한 것이 사람들로 하여금 낭비나 기업의 명성에 어떠한 영향을 미치는지는 고려하지 않고 할당치를 달성하도록 강요를 하게 된다.

열두 번째, 장인정신에 대한 장벽을 제거하라. 모든 사람은 자신의 일을 잘하기를 원한다. 그러나 이러한 사람들에게 필요한 리더십, 훈련, 도구, 프로세스 등에 대한 것을 제공하지 않는 경향이 있다.

열세 번째, 엄격한 교육 및 재훈련 프로그램을 실행하라. 모든 종업원이 전사적 품질관리, 통계도구, 팀워크에 대한 교육을 받아야 한다.

열네 번째, 전환을 성취하기 위한 행동을 취하라. 이것을 최고경영자에서 일반 작업자까지 모두의 일로 만들어라. 모두가 참여해야 하며, 특히 최고 경영진의 절대적인 지원이 요구된다.

TQM의 일반적 실행 모델

TQM의 개념은 어렵지 않으나 TQM이 성공하는 것은 그리 쉬운 일이 아니다. TQM의 도입을 위해서는 조직의 문화가 바뀌어야 되므로 상당한 저항이 있는 것이 당연하다. 따라서 인내심을 가지고 장기적으로 추진하여야 한다. TQM은 지속적인 개선을 추구하는 것이므로 급격하게 일을 추진하는 것보다는 순차적으로 추진하는 것이 좋다.

TQM을 실행하는 데 있어서 모든 상황에 적용될 수 있는 단일 해결책이란 없다. 각 조직은 문화, 경영관행, 제품이나 서비스를 만들고 제공하는 데 이용하는 프로세스 측면에서 서로 다르다. 따라서 TQM 전략은 조직마다 다를 수밖에 없다. 그러나 TQM의 실행에는 다음과 같은 기본적인 요소들이 포함되어야 한다.

- ✤ 최고경영층은 TQM에 대해서 배우고 적극적인 관심을 기울이며 TQM은 조직의 전략의 하나로 고려된다.
- ✤ 현재의 문화, 고객만족, 품질관리 시스템에 대한 평가가 이루어진다.
- ✤ 최고경영층은 핵심 가치와 원칙을 개발하고 이를 종업원에게 의사소통한다.
- ✤ TQM 계획이 개발된다.
- ✤ 고객의 요구사항을 확인하고 우선순위를 결정하며 제품이나 서비스가 요구사항을 충족시키도록 한다.
- ✤ 경영진은 조직이 고객의 요구를 충족시키는 데 필요한 중요 프로세스를 구상한다.
- ✤ 경영진은 프로세스 개선을 위한 팀의 구성을 감독한다.
- ✤ TQM 활동은 지도위원회가 관리한다.
- ✤ 관리자들은 계획, 훈련, 감독, 혹은 다른 방법을 통하여 개인적으로 공헌을 한다.
- ✤ 일상적인 프로세스관리와 표준화가 이루어진다.
- ✤ 진행상황이 평가되고 필요하면 계획이 수정된다.
- ✤ 지속적인 종업원의 자각과 상황에 대한 피드백이 제공되고 보상 프로세스가 수립된다.

PDCA 사이클

벨 연구소에서 있을 때에 통계적 프로세스관리를 개발한 Shewhart가 1930년대에 PDCA 사이클 기법을 개발했다. 그리고 품질 관리의 대가인 Deming이 1950년대에 이 방법을 널리 확산시켰다. 이 사이클의 아이디어는 프로세스 개선이라는 것이 일회성 이벤트가 아니라는 것이다. 이 사이클은 오랫동안 프로세스를 점점 더 좋게 만드는 활동들의 지속적인 사이클을 의미한다.

PDCA 사이클은 4단계로 구분하여 이 단계가 반복된다. 다음은 각 단계에 대한 설명이다.

단계 1 계획(Plan)

프로세스의 개선을 위하여 잘 못되고 있는 것을 확인하고 더 좋게 만드는 아이디어를 창출하는 단계이다.

계획단계는 다음과 같은 내용을 포함한다.

- 문제를 명확히 정의하고 노력에 대한 측정할 수 있는 목표를 수립해야 한다.
- 문제에 영향을 미치는 프로세스들을 확인하고 수정을 위해 프로세스 하나를 선정한다.
- 선정된 프로세스의 내부단계를 확인하고 문제의 잠재적인 원인을 확인하기 위해 검토한다.
- 문제의 근본원인을 확인하기 위해서 문제와 관련된 자료를 수집하고 분석한다.

예를 들어, 소프트웨어의 버그의 수를 줄이려고 한다고 가정하자. 그러면 버그의 수에 가장 크게 영향을 미치는 영역을 알아내기 위하여 소프트웨어 개발프로세스를 검토할 것이다.

단계 1 실행(Do)

정상적인 활동에 대한 혼란을 최소화하기 위하여 작은 변화를 한 번에 조금씩 실행한다. 그러면 명확하게 변화의 효과를 알게 된다. 어떠한 해결책을 선정할지에 대한 기준을 수립하고 잠재적인 문제가 발생하는 것을 최소화하기 위하여 파일럿 베이스로 실행하라.

소프트웨어 예에서 버그수가 줄어드는지 코드검토프로세스를 추가한다.

단계 3 체크(Check)

작은 변화가 원하는 결과를 가져오는지 체크한다.

이 단계에는 다음이 포함된다.

- 실행에 옮기는 해결책에 대한 적합한 자료를 수집한다.
- 원하는 결과를 달성했는지 자료를 분석하고 원하는 결과를 달성하지 못했을 경우에 Plan 단계로 돌아간다.

  코드검토를 3개월간 지속한 후에 버그의 수가 줄어들었는지 버그의 수를 알아본다.

단계 4 조치(Act)

발견한 것에 대한 조치를 취하고 프로세스 전체에 긍정적인 변화를 실행한다.

알아낸 것을 프로세스의 일부로 만드는 데 필요한 변화를 확인하고 새로운 문제의 야기를 예방하기 위하여 해결책에 대한 지속적인 모니터링을 할 것에 대한 계획을 수립한다.

만일 버그의 수가 감소했다면 코드검토를 소프트웨어개발 프로세스의 영구적인 일부로 만든다. 만일 버그의 수가 감소하지 않았을 경우에는 Plan 단계로 돌아가 다른 해결책을 알아본다.

단계 5

문제가 해결되고 프로세스가 개선되면 다음 문제에 대한 해결책을 알아보는 Plan단계를 다시 시작한다. 이러한 개선 사이클은 끝없이 진행된다.

TQM과 ISO 9000과의 관계

ISO 9000과 TQM을 동일시할 수 없다는 것이 일반적인 시각이다. ISO 9000은 종합적 품질 환경이 아닌 상태에서 적용하는 경우가 빈번하며 또한 전통적인 환경에서 운영의 개선에 효과가 있다. 성숙한 종합적 품질 상황에서는 ISO 9000이 중복이며 ISO 9000과 TQM은 서로 경쟁관계에 있는 것은 아니다.

ISO 9000과 TQM의 태생은 매우 다르다. ISO 9000이 탄생하게 된 것은 국내 및 국제적인 품질표준이 달라서 발생하는 혼란을 없애는 차원에서 보편적으로 수용 가능한 국제표준을 만들어야 할 필요성에서 시작되었으며 TQM은 조직을 국제 경쟁력을 갖춘 조직으로 전환할 필요에서 시작되었다. ISO 9000의 실행 동기로는 운영개선, 품질관리 시스템의 창출 및 개선, 품질의 일관성 개선, 고객의 요구사항 충족 등이 포함되며, TQM의 실행 동기는 조직의 모든 측면을 지속적으로 개선하는 데 있다. 이렇게 ISO 9000과 TQM은 차이가 있으나 ISO 9000이 TQM의 부분집합이 될 수 있으므로 양립 가능하다고 할 수 있다. ISO 9000의 획득은 TQM 실행에서의 유리한 시작을 했음을 의미한다. 또한 TQM 프로세스를 개발하는 데 있어서 ISO 9000이나 Malcolm Baldrige 품질상의 평가기준을 준용하는 경우도 있다.

TQM과 6시그마의 비교

6시그마의 등장으로 품질에 대한 시각이 달라진 것은 사실이다. 6시그마의 목표는 무결점 지향(변동성 최소화)이며, 철학은 고객 지향, 그리고 전략은 통계적 사고라고 요약할 수 있다. 이미 언급을 했듯이 TQM은 과거에 개발되었던 품질관련 모든 것을 포함하는 총체적인 개념이다. 따라서 TQM은 지속적으로 진화되고 있다고 보면 된다. 여기서는 6시그마와의 차이점을 부각하는 차원에서 과거의 전통적인 품질경영을 여러 가지 측면에서 6시그마와 비교한다. <표 14-1>은 TQM과 6시그마를 비교한 것이다.

<표 14-1>을 보면 TQM과 6시그마가 많이 다른 것처럼 보이지만 사실상 6시그마는 TQM에서 진화한 개념으로 보는 것이 옳을 것이다. 물

▸ 표 14-1 TQM과 6시그마의 비교

구분	TQM	6시그마
측정지표	불량률	시그마
방침결정	Bottom-up	Top-down
목표설정	제조공정 만족	고객 만족
문제의식	현재화된 것	잠재적인 것까지 포함
개선방법	경험+직무능력	경험+직무능력+통계적 능력
적용범위	제조공정중심(결과중시)	경영 전부문(프로세스 중시)
개선범위	Spec 이탈(품질개선)	Spec 내(산포개선)
활동기간	제약이 적음	한정적(보통 3~4월 이내)
활동단위	소집단(직장내)	소집단(cross function)
추진담당	자원자 중심	전임제
교육훈련	자발적	체계적(벨트제)
기본기법	PDCA(Plan-Do-Check-Act)	DMAIC(Define-Measure-Analyze-Imrpove-Control)
적용도구	QC 7 도구	QC 7 도구+검증 도구

론 6시그마에서 DMAIC라는 5단계가 새롭게 탄생하고 시그마라는 용어가 이용되며 벨트제 교육을 하는 것이 새롭기는 하지만 핵심적인 것은 큰 차이가 없다고 보는 것이 합당할 것이다. 그리고 TQM과 6시그마는 서로 배타적인 것이 아니라 양립이 가능한 개념이라는 것을 잊지 말아야 한다.

참고문헌

Besterfield, Dale H., Carol Besterfield−Michna, Glen H. Besterfield, and Mary Besterfield−Sacre(1995), *Total Quality Management*, Prentice Hall, NJ.

Feigenbaum, A. V.(1983), *Total Quality Control; Engineering and Management*, 3rd ed., McGraw Hill.

Garvin, David A.(1983), "Quality on the Time," *Harvard Business Review*, September−October, pp. 65−75.

Garvin, David A.(1988), *Managing Quality: The Strategic and Competitive Edge*, The Free Press, NY.

Garvin, David A.(1991), "How the Baldrige Award Really Works," *Harvard Business Review*, November−December pp. 80−93.

George, S. and A. Weimerskirch (1994), *Total Quality Management; Strategies and Techniques Proven at Today's Most Successful Companies*, John Wiley & Sons, Inc.

Gilmore, H. L.(1990), "Continuous Incremental Improvement; An Operations Strategy for Higher Quality, Lower Cost and Global Competitiveness," *Advanced Management Journal*, pp. 21−25, Winter.

Goetsch, David L. and Stanley B. Davis (2000), *Quality Management, International Edition*, Prentice Hall, NJ.

Hostage, G. M. (1975), "Quality Control in a Service Business," *Harvard Business Review*, July−August, pp. 89−106.

Ishikawa, Kaoru(1972), *Guide to Quality Control*, Asian Productivity Organization.

Juran, J. M. and F. M. Gryna, Jr.(1980), *Quality Planning and Analysis*, 3rd ed., McGraw Hill.

Juran, J. M.(1988), *Turn on Planning for Quality*, Free Press, New York.

Krantz, K. T.(1989), "How Velero Got Hooked on Quality," *Harvard Business Review*, September−October, pp. 34−40.

Pall, Gabriel (1990), *Quality Process Management*, Prentice Hall, Inc.

Perez−Wilson, Mario (1999), *Understanding the Concept, Implications, and Challenges*, Advanced Systems Consultants Press.

Sarkar, Debashis (2006), *5S for Service organizations and Offices: A lean Look at Improvements*, ASQ Quality Press.

Schonberger, R. J.(1986), *World Class Manufacturing; The Lessons of Simplicity Applied*, The Free Press.

Snyder, N. H., J. J. Dwd and D. M. Houghton (1994), *Vision, Values & Courage; Leadership for Quality Management*, The Free press.

Takeuchi, Hirotaka and John A. Quelch (1981), "Quality is more than making a good Products," *Harvard Business Review*, November−December.

Talley, D. J.(1991), T*otal Quality Management*, ASQC Quality Press.

Thurow, L. C.(1992), "Who Owns the Twenty−First Century?," *Sloan Management Review*, 33;3, pp. 5−17.

Weaver, C. N.(1991), *Total Quality Control; A Step−by−step Guide to Implementation*, ASQC Quality Press.

찾아보기

국문

ㄱ

가동 51
가설 도출 243
가지 88
가치 흐름의 확인 136, 138
가치에 대한 정의의 명확화 136
가치흐름 17
간접비 37
간트차트 274
개선 9, 19, 140, 243
개선활동 154
개혁 9, 26, 140
거래 164
결과 중심 209
경영철학 15
경쟁우위 18
경쟁우위확보 160
경쟁적 환경 162
경제적 주문량 70, 73, 123, 124
경제적 주문량모형 122
경제적 포장 및 수송 177
계절성 제품 129
계층화 266
계획 303
계획부하 67
고객 244
고객가치창출 160
고객만족 18, 68
고객에 대한 진정한 관심 238
고객중심 163, 293
고장유형영향분석 279
공급사슬관리 159
공급사슬의 디자인 167
공급사슬의 형태 166
공급자 115, 244
공급자와의 파트너십 297
공급자 중심 163
공장자동화 44
공정중재고 37, 50
공정중재고수준유지 시스템 78
공정표준화 178
공통제품 180
과잉공정 17
과잉생산 17
과잉생산의 낭비 223
과잉재고 17
과잉재고의 낭비 226
과정 중심 209
관계 164
관리 19, 243
관리도 244, 255, 256
관리도에서의 패턴 검토 262
관리도의 구성 요소 257
관리도의 종류 259
관리도의 해석 262
관리도표 260
관리상한 259
관리하한 259
관리한계선의 구분 263

교차수송 114
구매통합전략 175
구역건너뛰기 189
구조적 원인 169
규모의 경제 178, 188, 189
균형잡힌 공장 46
그린벨트 238
글로벌 최적화 6, 35, 160
기계배치 149
기능 165
기능적 제품 166
기능형 관리 149
기다림 17
기다림의 낭비 224
기본 속성 280
기초(바닥) 286

ㄴ

낙관시간 94
낭비요소 17
낭비요소 제거 21, 222
내벽 286
내적 통합 175
네트워크 88
네트워크 경쟁 165
노동유연성 149
능력지수 268
능력지수에 대한 평가 268

ㄷ

다구치(Taguchi) 기법 278
다기능작업자 149
다품종 소량생산 139, 182
단위시간당 단축비용 96
당연적 속성 280
대기시간의 단축 154
대량맞춤 165, 182
대량생산시스템 15
대안 평가 278
대응 시간 184
더 골 7, 10
Deming상 298
Deming의 14가지 TQM 실천 요점 293
Deming의 TQM 실천 요점 299
Deming의 TQM 실천을 위한 14가지 요점 300
데이터와 사실에 의한 경영 238
도요타 생산시스템 7, 15, 77, 147, 148, 183
도착량 73
동시공학 176, 181, 284
동시 및 병렬 공정 177
드럼 55, 59, 60, 61, 66
디스플레이 장치 217
디자인 278

ㄹ

라인균형화 154, 215
로지스틱스 173
로컬 최적화 6
로트크기 74, 76, 77
로프 55, 59, 60, 62, 66
리더십 297
리더십 그룹 237
리드타임 68, 74, 75, 76, 77, 184
리드타임 감소 51, 141, 170
리스크 풀링 178, 185
린 15, 17, 141

린 공급사슬관리 161, 162
린 기업 139
린 사고 20
린 6시그마 27, 28
린의 기본 원칙 135
린의 다섯 가지 원칙 17
린의 원칙 7, 141

ㅁ

마디 88
마스트 블랙벨트 237
막대그래프 253
만족 속성 280
매력적 속성 280
멀티태스킹 85
모듈러 디자인 176, 179, 180, 182
모듈화 전략 179
모집단 258
모토로라 18
목적함수 100
목표재고수준 114
목표 제품가용성수준 127
문제해결업무 138
물리적 기능 166
물리적으로 효율적인 공급사슬 167
물질적 변환업무 138
미즈노(S. Mizuno) 교수 283
민첩성 168

ㅂ

발생 가능성 246
발주량 73
배송 및 유통 네트워크 디자인 184
배치크기 11, 54, 69
배치크기 축소 51, 204
백만 기회당 결함수 236
버퍼 55, 61
버퍼관리 60
범위 258
베타분포 94
변동성 18, 40, 46, 47, 48, 53, 70, 82
변동성의 감소 170
변동성의 감축 20
변동에 대한 대처 264
변동의 탐지 257
변화관리 계획 274, 275
병목 54, 141
병목(제약) 관리 21
병목자원 10, 49
병목풀 시스템 78
병목풀프로세스 42
병목현상 50
보유재고 74
보유재고수준 115
부분최적화 34, 35, 160
부적합품질비용 242
부품계획 284, 287
부품의 공동화 178
부품표준화 178
분계 속성 280
분산화 185
분석 19, 242, 277
분해 266
불량의 낭비 228
불량품 17
불필요한 공정 단계의 낭비 226
불필요한 수송 17
불필요한 수송의 낭비 225
불필요한 움직임의 낭비 227

불필요한 이동 17
불확실성의 감소 169
블랙벨트 237
비관시간 94
비병목자원 10, 49, 51
비용 3, 28
비용감축 10
비용최소화 36
비협력적인 공급사슬 117, 119

ㅅ

사실에 근거한 의사결정 296
사이클 서비스수준 128
사이클 타임 23, 54, 204
산포도 254
샘플 258
생산계획 284, 287
생산능력 4
생산능력 균형화 11, 22, 40
생산능력제약자원 59
생산량 통제 147
생산리드타임의 단축 153
생산성 39
생산스케줄링 16
생산유연성 확보 153
생산자 직접배송 186
생산준비시간의 단축 153
생산지시칸반 150
생산템포 219
생산평준화 149, 152, 204
생산 푸쉬 163
생선뼈 다이어그램 245, 252
선행활동 88
선형계획법 100, 102
선형적 속성 280
성과 속성 280
성과측정 9, 296
셀룰러 생산 방식 139
셀룰러 설비배치 201, 202
소그룹활동 149
소매점 113
소요시간 88
소품종 대량 생산 139
속성 데이터 259
속성 데이터 관리도 264
속성비용 96
속성시간 96
수송 164
수송비용 185
수요와 흐름의 균형 51
수요의 불확실성 127
수요 풀 164
수입 28
수치 데이터 259
순 소요량 73
순수익 39
순차적 공학 181
스루풋 39, 45, 52, 68
스루풋 관점 38
스루풋 세계관 26
스루풋 증대 10
스루풋 회계시스템 16, 36, 38
스파게티 다이어그램 221
시각적 통제장치 156
시각통제시스템 149
시간버퍼 59, 60
시간상 병합 188
시그마 235, 258
시설 및 취급비용 185
시설의 중앙집중화 185
시스템 개선 41

시스템 개선의 5단계 16
시스템적 사고 3, 33
시스템 최적화 35
시장 대응적인 공급사슬 167
시장수요 40, 68
시장제약 64
시장조정 기능 166
6시그마 15, 18, 235, 306
6시그마 실행리더 237
6시그마 조직 237
6시그마의 DMAIC 299
6시그마의 실천 238
6시그마의 장단점 239
6시그마의 특성 237
신속대응 51
신속대응전략 171
신호전달 시스템 24
실수방지 216
실패로 인한 영향 246
실패유형 및 영향 분석 245
실패의 심각성 246
실패의 원인 246
실패의 유형 246
실패의 탐지 어려움 246
실행 303
실험 266

ㅇ

아웃풋 244
안돈 156
안전요인 128
안전재고 120, 127, 128
여유능력 7
여유시간 90, 92
여유시간 낭비 메커니즘 84
여유시간 추가 메커니즘 83
역로지스틱스 189
연기 186
연속재고보충전략 171
연속적 17
연속적 리뷰시스템 124, 128
연속적인 흐름 139
열거법 90
옐로우벨트 238
5단계 접근법 141, 241
5단계 프로세스 41
오른쪽 외벽 286
오토노메이션 149, 155
완벽성 9, 17, 136, 140
완충재고 118
왜곡현상 136
외적 통합 175
왼쪽 외벽 286
운영관리 14
운영관리 지표 45
운영비용 39, 45, 52
운영효율성 36
원인과 결과도 252
원인 증명 243
원활한 흐름 219
위험관리 계획 274, 275
위험 프로파일 점수 246, 247
유연성 168
유지 196, 200
유통네트워크 186
유통네트워크의 디자인 185
유통센터 187
융합 22
의사소통 297
이동 배치 70
이시카와 다이어그램 245

이진정수계획법 109
인간성 존중 148
인수칸반 150
인풋 244
일반 원인 변동 265
일반적인 원인 257
입고수송비용 185

ㅈ

자동정지 장치 217
자원 종속성 82
자원버퍼 86
자재 투입 스케줄 60, 62
자재 투입 시기 24, 50
자재소요계획 71, 72
작동 51
작업의 표준화 149, 154
작업장 배치도 198
재고 4, 39, 45, 52, 164
재고과잉 114
재고관리 121
재고관리 모형 122
재고보충 방법 113
재고보충 시스템 25
재고부족 113, 114
재고부족비용 121
재고비용 121, 185
재고수준 73
재고유지비용 121
재고회전율 39, 113, 114, 116
재무비율 39
재주문점 127, 128
적정재고수준 121
전략적 접근법 295
전략적 제휴 171
전략적 파트너십 8, 170
전사적 생산보전 42, 220
전사적 종업원의 참여 293
전진적 연산 91
전향적 경영 238
점검표 253
정기적 리뷰시스템 124, 128
정돈 196, 197
정리 196, 197
정보 164
정보공유 168
정보관리업무 138
정상비용 96
정상시간 96
정수계획법 108
정의 18, 273
제안제도 149, 155, 211
제약버퍼 24, 118
제약이론 3, 10, 15, 36, 55
제약자원 24
제약조건 41, 42, 100
제품계획 284, 287
제품의 가용성 121, 128, 184
제품차별화의 지연 178
제품표준화 178
조달표준화 179
조립버퍼 63
조치 304
종속성 40, 46, 47, 48, 53, 82
종업원 개발 29
주경로 89
주문량 121
주문비용 121
주문시기 121
주사위 게임 46, 47
주생산스케줄 60

주활동 89
준비시간 42
준비시간의 단축 139, 149
중앙집중적 역공급사슬 191
중앙창고 114
지그 장치 217
지붕 286
지속적인 개선 9, 206, 295
지속적인 흐름 141
지역창고 114
직접노동비 37

ㅊ

차별화 연기 178
창고관리 164
창조적 사고 149
채찍효과 11, 168, 169
챔피언 237
천장 286
청결 196, 198
체인원리 5, 34
체크 304
초기재고 75, 76, 77
총 필요량 73
최빈시간 94
최소주문량 73, 75, 76, 77
최장경로 90
최적 사이클 서비스수준 129
추가기능 102
출고 수송비용 185
출하버퍼 24, 62, 63, 66, 118
측정 18, 241, 275

ㅋ

카노 모델 276, 279
카이젠 9, 26, 206
카이젠 전략 211
카이카쿠 9
칸반 25, 27, 141, 148, 149, 211
칸반 시스템 42, 77, 150, 212
칸반 시스템의 장단점 214
컨셉 디자인의 개발 278
코치 237
크로스 도킹 187

ㅌ

탁트 217
탁트타임 4, 22, 23, 40, 142, 204
탐색 242
통계적 프로세스관리 249
통합구매 116
통합적인 시스템 295
투입 시스템 24
투자수익률 114
특수 원인 257
특수 원인 변동 265
팀 리더 237

ㅍ

파레토도 251
파킨슨의 법칙 23
판매자 혹은 구매자간 병합 188
평균 258
평균결함수 236
포커스 그룹 인터뷰 281
표준원가회계시스템 36, 37

표준작업 205
표준편차 235, 258
표준화 177, 196, 200
푸쉬 163, 212
푸쉬 시스템 70, 213
풀 7, 8, 140, 163, 212
풀 시스템 8, 17, 69, 70, 71, 141, 161, 212, 213
품질개선 296
품질계획 296
품질관리 296
품질관리분임조 155
품질기능전개 276, 283
품질보증 148
품질분임조 211
품질의 집 284, 286
품질특성 19, 236, 276
프로세스 165, 244
프로세스 개선 5
프로세스 능력 267
프로세스 디자인 218
프로세스 배치 70
프로세스 중심 294
프로세스 지향 238
프로세스 템포 218
프로세스 흐름도 221
프로세스의 변동 탐지 250
프로젝트의 완료확률 95
프로세스의 이동 269
프로세스의 중앙오류 236
프로젝트 계획 274, 284, 287
프로젝트 관리 16, 81
프로젝트 네트워크 89
프로젝트 리더 237
프로젝트 버퍼 85
프로젝트 스케줄 274
프로젝트 스폰서 237
프로젝트 완료시간 19, 100
프로젝트 완료시간 단축 기법 96
프로젝트 헌장 273
피딩버퍼 86

ㅎ

하이킹 46, 53
하향대체 178
학생증후군 23, 84
한 단위 흐름 201, 203
해 찾기 102
행위적 원인 169
허브 시스템 137
혁신적 제품 166
협력적인 공급사슬 118
협력적인 공급사슬 117
혼합 모델 일정계획 203
혼합 모델 스케줄링 204
확인 279
확정주문 66
활동 네트워크 다이어그램 274
활동시간 이용법 90
활동 종속성 82
활동 중심의 원가회계시스템 37
효과성 52
효율성 28, 45, 51, 52
후진적 연산 92
흐름 11, 136
흐름 동기화 11
흐름도 247, 254
흐름의 균형화 40
흥분 속성 280

(R,S)모형 126
(s,Q)모형 124
(s,S)모형 125
(R,s,S)모형 126
BSC: balanced scorecard 접근법 9
c 차트 260
CCR 버퍼 63
CCR스케줄 66
ConWIP 시스템 78
CTQ의 우선순위 결정 277
DBR 시스템 16, 42, 55, 118
DFSS 방식 273
EOQ모형 124
FMEA의 효과 245
JIT 생산 212
JIT 유통 171
Juran의 접근법 296
Malcolm Baldrige 품질상 293, 298
MEA기법 243
np 차트 260
p 차트 260
PDCA(plan-do-check-act) 사이클 210, 299 302, 303
PERT/CPM 기법 82
PERT/CPM 네트워크 88
R 차트 259
SDCA 사이클 210
SIPOC 다이어그램 244
SPC 도구 251
SPC의 장단점 256
TOC 공급사슬관리 117
TOC와 Lean의 융합 25
TOC의 원리 34
TOC의 원칙 33
TOC이론 44
TPM의 목표 220
TQM과 6시그마의 비교 306
TQM과 ISO 9000과의 관계 305
TQM의 기원 및 진화 298
TQM의 일반적 실행 모델 301
TQM의 특성 293
TQM의 효과 299
u 차트 260
U자 형태 203
U형태 201
VMI시스템 171
X 차트 259

영문

A

Act 304
activity–based costing 37
analyze 19, 242, 277
Andon 156
ASQ: American Society for Quality 293
assembly buffer 63
attractive attributes 280
Autonomation 149

B

backward pass 92
Baldwin and Clark 179
basics 280
beta distribution 94
binary 109
BOM: Bill of Material 72
branch 88
buffer 55, 61
Bullwhip Effect 169

C

capability index 268
carrying cost 121
cause and effect diagram 252
CCR: Capacity–Constrained Resource 59
CE: Concurrent Engineering 284
cellular layout 201
centering error 236
Check 304
check sheets 253
Chopra and Meindl 160, 184
Christopher 160
concurrent engineering 181
consolidating across time 188
consolidating across vendor or buyer 188
constraint buffer 118
continuous replenishment strategy 171
continuous review system 124
control 19, 243
control charts 255
COPQ: Cost of Poor Quality 242
CPFR: Collaborative Planning, Forecasting, and Replenishment 172
CPM: itical Path Method 87
crash time 96
critical activity 89, 93
critical chain 16, 68, 81, 82, 83
critical path 82, 89, 93
Crosby 292, 298
cross docking 187
CTQ: Critical to Quality 19, 276, 236
cycle time 204
cooperating chain 117

D

DBR 59
define 18, 241, 273
Dell 182

demand pull 164
Deming 298, 302
design 278
DFSS: Design For Six Sigma 19, 288
distribution center 187
DMADV: Define, Measure, Analyze, Design, Verify 19, 273
DMAIC: Define, Measure, Analyze, Improve, Control 240, 241 288, 307
Do 303
DPMO: Defects per Million Opportunities 236
drop shipping 186
drum 55, 61

E

E. Deming 292
EF: earliest finish time 90
EOQ: Economic Order Quantity 73, 122
ERP: Enterprise Resource Planning 116
ES: earliest start time 90
exciters 280

F

feeding buffer 86
Feigenbaum 298
fishbone diagram 245, 252
Fisher 166
5S 195, 211
flow 11, 136
flow charts 254
FMEA: Failure Mode and Effects Analysis 245, 279
fool proofing 216
forward pass 91
4M: Men, Machine, Method, Material 245
FTL: Full Truck Load 185, 187, 188

G

Goldratt 15, 16, 83, 112, 120
Goldratt & Cox 7, 10, 40, 44, 69, 142
GR: Gross Requirement 73
Guide 191

H

heijunka 204
histogram 253
holding cost 121
Holt 117
House of Quality 284

I

Identify the Value Stream 136
IKEA 177
Imai 206
improve 19, 243
integer 109
Inventory 39, 45
Inventory Level 72
Ishikawa 252, 292, 298

Isn't It Obvious? 112
ISO 9000 293, 298, 305

J

JC Penny 173
Jidoka 149, 155
JIT: just in time 8, 148 150, 211
Juran 292, 298

K

kaikaku 9, 140
kaizen 9, 26, 140, 206
kanban 27, 211
Kano 279
Kimberly–Clark 173
K–mart 173

L

LCL: Lower Control Limit 259
Lead Time 72
Lean 14, 15, 17, 19, 20, 21, 22
lean enterprise 139
Lean thinking 20
leveling 204
LF: latest finish time 91
line balancing 215
linear attributes 280
local maximization 34
Lot for Lot 73, 75, 76
LS: latest start time 91
LTL: Less than Truck Load 187, 188

M

mass customization 182
measure 18, 241, 275
mixed model scheduling 203
Moore and Scheinkopf 25
most likely time 94
MPS 63, 74
MPS(Master Production Schedule) 63, 72, 74
MRP: Material Requirements Planning 67, 68, 71 75, 77
MRS: Material Release Schedule 62
muda 17

N

NCR 173
node 88
normal cost 96
normal time 96
NR: Net Requirement 73
non–cooperating chain 117

O

one piece flow 201, 203
one–touch setup 154
operating expense 39, 45
operations management 14
optimistic time 94
ordering cost 121

P

PAB: Planned Available Balance 73
Pande 238
Pareto diagram 251
Parkinson's law 23
perfection 9, 136
performance attributes 280
periodic review system 124
PERT: Program Evaluation and Review Technique 87, 94
PERT/CPM 274
pessimistic time 94
Plan 303
planned load 67
point to point 137
poka–yoke 216
POR: Planned Order Release 73
postponement 186
PR: Planned Receipt 73
process batch 70
process flow chart 221
Proctor & Gamble 172, 173
production push 163
production–ordering Kanban 150
project buffer 85
pull 7, 8, 163
push 163

Q

QCD: quality, cost, delivery 211
QFD: Quality Function Deployment 276, 277 283
quality control circle 155
quick response strategy 171

R

resource buffer 86
reverse logistics 189
risk pooling 178
rope 55, 62
RPN: Risk Profile Number 247

S

S–DBR(Simplified Drum–Buffer–Rope) 64, 66
safety stock 120
satisfiers 280
scatter diagram 254
Scheduled Receipt 73, 74
SCM: Supply Chain Management 159
Seiketsu 196
Seiri 196
Seiso 196
Seiton 196
sequential engineering 181
Shewhart 298
Shewhart 302
Shine 196
shipping buffer 62, 63, 118
Shitsuke 196
Shojinka 149
shortage cost 121
single setup 154
SIPOC: Supplier Input Process Output Customer 244
6 Sigma 14, 15, 18, 19, 20, 21, 22

slack time 90, 92
Soikufu 149
Sort 196
spaghetti diagram 221
SPC: Statistical Process Control 249
Specify Value 136
SR 75, 76
SR: Scheduled Receipt 73
Srinivasan 69, 77, 142
Standardize 196
Standardize－Do－Check－Act 210
Straighten 196
student syndrome 23
sumproduct 104
Sustain 196
Swaminathan 178

T

takt 217
takt time 4, 22, 204
The Goal 7, 50
3PL: third party logistics 174
threshold attributes 280
Throughout 39, 45
TOC: Theory of Constraints 3, 14, 15, 19, 20, 21, 22, 55 141
TPM: Total Productive Maintenance 42, 220
TPS: Toyota Production System 15, 147 211
TQC: Iotal Quality Control 298
TQM 211, 291, 292
transfer batch 70

U

UCL: Upper Control Limit 259

V

vendor managed inventory system 171
verify 279
VMI 172
VOC: Voice of Customer 276

W

Warner－Lambert 173
withdrawal Kanban 150
Womack & Jones 4, 7, 9, 11, 17, 20, 135, 139

Z

ZD: zero－defect 155
zone skipping 189

저자 약력

성균관대학교 경영학사
미국 펜실베이니아 주립대학교 MBA
미국 펜실베이니아 주립대학교 Ph.D. (경영과학)
현 계명대학교 경영학과 교수

저서: 경영과학, 공급사슬관리, 린프로세스관리(우수학술도서 선정), 서비스경영,
알기쉬운 통계학, 전략적운영관리, 품질경영 등

스루풋 맥스 전략(Throughput Max Strategy)—Toc, Lean, 6 Sigma

초판인쇄 2015년 6월 10일
중판발행 2020년 9월 10일

지은이 김남영
펴낸이 안종만 · 안상준

편 집 전채린
기획/마케팅 박세기
표지디자인 김문정
제 작 우인도 · 고철민

펴낸곳 (주) 박영사
서울특별시 종로구 새문안로3길 36, 1601
등록 1959. 3. 11. 제300-1959-1호(倫)
전 화 02)733-6771
f a x 02)736-4818
e-mail pys@pybook.co.kr
homepage www.pybook.co.kr
ISBN 979-11-303-0198-3 93320

정 가 20,000원